自己認識への道

禅とキリスト教

The Path to Self-knowledge

Toyofumi Kato

可藤豊文

法藏館

プロローグ

デルポイの神殿に掲げられた「汝、自らを知れ」という箴言を古人《いにしえびと》がどのような思いで見たのか、今となっては知る由《よし》もないが、われわれが社会生活を送る上で、ただ自らの分を弁え、自制するといった倫理的・道徳的な要請ではなく（それも必要なことではあるが）、人間存在の基本にかかわる根本的な問ではなかったのか。逆に言えば、自己に対して無知であることがわれわれ人間にとって如何《いか》に重大な結果を招くかを問い掛けていることにもなろう。

宗教は、ともすれば絶対者（神、仏）の信仰であるかのごとく思われてきた。確かに宗教が信仰で始まるという側面を持っていることは否めない事実であるが、アウグスチヌスも「信仰で始まり、見ることによって完成する」と言ったように、本来宗教は如何にして真理に目覚めるかということを主眼としている。しかし、何が今のわれわれをして直ちに真理を目睹することを許さないのであろうか。それは真理を求めているわれわれ自身の無知（仏教はそれを「無明」と言う）に原因がある。もちろん、自己を知らなくとも、学問がそうであるように、真理の探求ということはあり得る。しかし、それは宗教がいう真理（真の知識）ではない。後者の場合、その無知ゆえに真理は見えていないという性質のものであり、自らの足元を照らす灯明が消えているために、本当に求むべきものの見分けもつかないまま、手探りで闇の中を探しているようなものなのだ。

そこで宗教とは何かをさらに突き詰めて言えば、今の私は自己を知ること、すなわち自己認識への道を辿ることであると答えるであろう。しかし、問題はこの自己が何を指しているかということだ。それがわれわれの考える自己ならば、ことさら自己認識の道を辿る必要もない。なぜなら、われわれは自分のことは自分が一番良く知っているという思いがあるからだ。従って、自己認識への道は、いわゆる自己を知ることではなく、われわれが本当の自分とは何かを知らないことが前提となる。例えば、禅の思想家瑞岩《ずいがん》が毎日自らに「主人公」（本来の面目）と呼びかけ（『無門関』）、またグノーシスの宗教がわれわれ人間に「私とは誰か」という問を突きつけてくるのも、現在われわれが真の自己を知らないからこそなのだ。

グノーシスとは真の知識に目覚めることであるが、そのためにはまず自己の神的本性（神性）を知ることが必要なのだ。それは恰度、仏陀とは真理に目覚めた人という意味であり、そのために自己の本性（仏性）を覚知しなければならないというに同じだ。いずれもその逆ではなく、われわれが自らの本性（自性）を知るのでなければ真理に目覚めることもない。つまり、真の自己を知ることが真理に目覚めることなのだ。知られるべきは唯一つ、自己であり、自己を認識することが真の知識なのだ。いわゆる学問と宗教の違いはここにある。

今回取り上げた『廓庵の十牛図』と『トマスの福音書』に共通して言えることは、どちらも自己を認識することの重要さを説いていることだ。前者は悟りの階梯を十に開いたものであるが、それも真の自己（本来の面目）を知るプロセスなのだ。一方、後者は「すべてを知っていて、自己に欠ける者は、すべてのところに欠けている」とあるように、自己を知らない者はたとえ多くのことが理解できても何も知らないと同じだという意味と、たとえ多くのものを手にしようとも決定的に重要な何かを欠いているという意味なのだ。

もちろん、自己認識に至る道（方法）は宗教によってさまざまであろうが、自己を知ることにおいて東洋と西洋の違いなどどこにもない。そして、自己を知ることが真理への道ならば、すべてはあなた自身に委ねられている。何よりも真理を覆う無知（無明）のヴェールを除くかどうかはあなた次第であるからだ。そして、その道を歩み始めた者がどれだけいたとしても、本質的にその旅は全く独りの旅であるだろう。なぜなら、少なくとも真理へと辿る旅の始めは自分自身と向き合うことになるからだ。

ソクラテスをして「自らを知ることがいまだにできないでいる」（『パイドロス』）と言わしめた自己認識への道を禅とキリスト教のテキストを手掛かりに、その意味とわれわれ人間にとって如何に重要かつ困難な道かを読み解いてみよう。

自己認識への道—禅とキリスト教　目次

第二部　トマスの福音書

本文中挿図―徳力富吉郎『十牛図版画』（京都市・法輪寺蔵）

装幀——小林　元

第一部　廓庵の十牛図

悟りの階梯―真実の自己を求めて

総　序

廓庵の『十牛図』は悟りへの道を十の階梯に分けたものだ。しかし、真実の自己を求めてとはどういうことであろう。というのも、真実の自己を求めて旅を始めようとするその人は一体何者なのか。少なくとも今、その人は真実の自己ではないはずだ。これは奇妙な結論だ。一方、そんなことにかまっておれないと、笑って取り合わない人も、やはり真実の自己ではないだろう。真実を求めない人が真実で、真実を求める人だけが真実でないなど、おかしなことになるからだ。要するに、そうと自覚している訳ではないけれども、現在の私たちは本当の私（親鸞の言う「まことのひと」と解してもよい）ではないということだ。そして、本当の私ではない私が喜んだり、怒ったりしているのだから、ますます奇妙な光景（プラトンの言葉）と言わねばならない。世界はこういった人々の集合体であるから、われわれの社会とは、人類の歴史とは一体何なのかを根本的に問い糺してみる必要があるようだ。

仏教は世界を迷いの世界（サンサーラ）と悟りの世界（ニルヴァーナ）に分ける。しかし、これはいわゆる二元論ではない。世界はあくまで一つなのであるが、われわれの認識の構造に依って虚妄の世界ともなれば、真実の世界ともなる。つまり、認識の基盤としての心、あるいは意識が虚妄であるか、真実であるかに依って世界も二つに分かれるということだ。それは『大乗起信論』が世間（サンサーラの世界）と出世間（ニルヴァーナの世界）の相違はわれわれの心に心真如（真心）と心生滅（妄心）の二相があるとしたことからも分かる。妄心でもって世界に対するとき、見るもののことごとくが虚妄となり、真心でもって対するとき、見るものことごとくが真実になるということだ。また、無著が『摂大乗論』の中で「二分依他《えた》」を説くのも、そのことをよく表している。「生死とは、謂く依他起性の雑染分なり。涅槃とは謂く依他起性の清浄分なり」。つまり、サンサーラ（生死）は心の雑染分（妄心）に依るのであり、一方、ニルヴァーナ（涅槃）は心の清浄分（真心）に依ると。

では、なぜわれわれの心が真心と妄心の二つに分かれるかというと、『大乗起信論』のキー・タームの一つである心源（心の本源）、あるいは心性（心の本性）の覚・不覚に依るのだ。それを覚るならば、真心となって涅槃の世界（ニルヴァーナの世界）となるが、不覚ならば、妄心となって生死の世界（サンサーラの世界）となる、その違いなのだ。しかし、注意しなければならないことは、妄心というと何かに取り付かれた妄想と考え、私には関係ないと思うかも知れないが、そうではない。妄心とはわれわれが深くその起源を尋ねることもなく、普通に心と呼んでいるものであり、想念や感情など、途切れることなく妄りに湧き起こる心という意味である。それはまた、心本来の在り様（心の本性＝心性）から退転し、主観と客観に分裂した心であり、心理学が扱っているのもこの心なのだ。

　ところが、われわれは心の本性はもとより、そんな主客の分裂が心（意識）の深層においてすでに起こっていることなど知らないし、『成唯識論』が「二取（能取・所取＝主観・客観）の随眠《ずいめん》はこれ世間の体《たい》なり。唯《も》しこれのみをよく断ずるを出世間と名づく」と言ったように、主客の二元論がわれわれ人間をして生死の世界（世間）に繋ぎとめる根本原因になっていることなど全く気づいていない。このように、主客に基づく認識の構造にいささかも疑義を挟むこともなく、われわれは当然のことのように是非・善悪、利害・得失を判断するが、早くから心（意識）の成り立ちと構造を考えてきた仏教は、この心こそ無知と迷妄の元凶であり、この心でもって真実（存在のリアリティ）を知ることは絶対にできないとしたのである。心の本性（心性）が大海だとすると、心はそれを源として湧き起こる波のようなものであり、前者が宇宙に遍満する普遍的な心であるのに対して、後者はそれぞれに固有の限定された心と言えるであろう。良くも悪くも思考と分析を重ねながら自己の正当性を主張して止まない心である。

　心の本性はもとより浄いが（心性本浄）、そこに忽然と心が起こると（客塵煩悩）、たちまち心性はその背後に隠れてしまう。もちろん、それは隠れているだけで、なくなったのではない。しかし、われわれはそんな心の本性など全く考えも及ばないし、そこに浮び上った影に過ぎない欲望、感情、思考など、さまざまな想念（妄心）を自分の心と思い、良くも悪くもそれに巻き込まれてしまうのだ。このように客塵に過ぎない心を自己本来の心と見誤り、そのために生死の苦海に沈淪し、波々《はは》として生を渡るわれわれ人間を親鸞は次のように述懐する。

罪業もとよりかたちなし
妄想転倒のなせるなり
心性もとよりきよけれど
この世はまことのひとぞなき

（親鸞『愚禿悲歎述懐』）

心性（真心）は始めもなければ終りもない、不生不滅という意味で永遠であり、一方、心（妄心）は一遍が「妄想転倒の心」と呼んだものであり、生滅を繰り返しながら輪廻しているということから「輪廻の心」（『円覚経』）とも呼ばれる。しかし、これには始めがあるがゆえに終るということがある。波は鎮まって大海に溶け合うように、輪廻の心もその源である心源（心性）に消え去るということがあるのだ（第七「忘牛存人」参照）。つまり、生死輪廻には始まりがあり、終るということがある。言い換えれば、われわれ人間は生死の迷いの世界（サンサーラ）から涅槃の悟りの世界（ニルヴァーナ）へと帰って行くことが可能なのだ。

チベット密教ニンマ派に伝承されてきたゾクチェンが心を心（sems）と心性（sems-nyid）の二つに分けたように、また、先ほど来の説明からも分かるように、心は妄心と真心、時間（生滅）

と永遠（不生不滅）の二相に分けて理解する必要がある。さらに心の本性（心性）、あるいは心の本源（心源）は変わることなく清浄であるという意味で自性（本源）清浄心とも呼ばれ、本心、真心、心性、浄心、聖心など、禅はさまざまに呼ぶ。また、いかなる想念もない空《くう》なる心という意味で無心とも言われる。しかし今、この心（真心）は妄りに湧き起こる心（妄心＝客塵煩悩）に覆われて見えなくなっているのだ。「無始より以来《このかた》、本より心は空《くう》に住すれども、覆ふに妄想をもつてし、纏ふに煩悩をもつてす」（空海『吽字義』）。

仏教は心をその本性において知ることの大切さをことあるごとに主張する。実際、心の本性を知ることが悟りであり、心の本源以外あなたが辿るべきところなど本当はどこにもないのだ。というのも、心の本性（心性＝心源）はもとより仏であるからだ。だから『大乗起信論』は「心源を覚るをもってのゆえに究竟覚《くきょうかく》（悟り＝仏）と名づく」と言ったのであり、六祖慧能もまた「自らの本心を識《し》り、自らの本性を見れば、即ち仏と名づく」と言う。

このように、仏というのも本源清浄心（真心）を指すのであり、それは仏だけではなく、誰もが生まれながらに具えている本性（本源）であり、その共通の基盤をゾクチェンは原初（gzhi）と呼び、それを覚るとき「大いなる完成」があるという。つまり、人間として知るべき究極のものを知ったことになる。空海もまた悟りとは「実の如く自心を知る」ことであり、「自心の源底」を覚知することがわれわれ人間にとって究極のものを知ることになるとした（『十住心論』）。そして、われわれがこれから辿ろうとする『十牛図』はその基盤（源底）を「真源」と呼ぶ。

夫れ諸仏の真源は衆生の本有なり。迷いに因《よ》るや三界に沈淪《ちんりん》し、悟りに因るや頓《とん》に四生を出づ。所以《ゆえ》に諸仏として成るべき有り、衆生として作《な》るべき有り。

是《そ》の故に先賢悲憫して、広く多途《たと》を設く。理は偏円を出し、教は頓漸を興し、麁《そ》より細に及び、浅より深に至る。末後に青蓮を目瞬して、頭陀《ずだ》の微笑を引き得たり。正法眼蔵、此《こ》れより天上人間、此方《しほう》他界に流通す。其の理を得るや、宗を超え格を越えて、鳥道の蹤《あと》無きが如し。其の事を得るや、句に滞り言に迷い、霊亀の尾を曳《ひ》くが若《ごと》し。

間《この》ごろ清居《せいご》禅師なるもの有り、衆生の根器を観じて、病いに応じて方を施さんと、牧牛を作りて以て図を為し、機に随い教を設く。初めは漸《ようや》く白きに従って、力量の未だ充たざることを顕わし、次に純真に至って、根機の漸く熟することを表わす。乃《すなわ》ち人牛不見に至って、故《ことさら》に心法双《なら》び亡ずることを標《しめ》す。其の理たるや、已《すで》に根源を尽すも、其の法たるや、尚お莎笠《さりゅう》を存す。遂に浅根をし疑悞《ぎご》し、中下をして紛紜《ふんうん》たらしむ。或いは之を空亡に落つるかと疑い、或いは喚んで常見に堕つると作《な》す。

今、則公禅師を観るに、前賢の模範に擬《なぞら》え、自己の胸襟より出し、十頌の佳篇、光を交えて相映ず。初め失処より、終り還源に至るまで、善く群機に応じて、飢渇を救うが如し。

慈遠、是《ここ》を以《も》て妙義を探り尋ね、玄微を採り拾う。水母《くらげ》の以て飡《さん》を尋ぬるに、海蝦《えび》に依りて目と為すが如し。初め尋牛より、終り入鄽《にってん》に至るまで、強いて波瀾を起こし、横《よこし》まに頭角を生ず。尚お心として覓《もと》むべき無し、何ぞ牛として尋ぬべき有らん。入鄽に至るに洎《およ》んでは、是れ何の魔魅ぞ。況んや是れ、祖禰《そねい》了ぜざれば、殃《わざわ》いは児孫に及ぶをや。荒唐を揆《はか》らず、試みに提唱を為す。

（『十牛図』總序）

慈遠が『十牛図』に付した「総序」冒頭の言葉の中に、仏と衆生、悟りと迷い、出世間と世間、ニルヴァーナ（涅槃）とサンサーラ（生死）について、仏教の基本的な教えが凝縮されているように思う。確かに人間は、親鸞も言ったように、罪悪生死の凡夫に違いない。どんな試みも実を結ばぬ闇の業《わざ》であるかもしれない。それにもかかわらず、ことさら人間を貶めるのではなく、人間の内なる高貴な可能性と迷悟の鍵が真源（心源）にあることを簡潔に説いている。

寒山もまた、仏道修行と称して、あれやこれやと試み、わずかにその効果があって有頂天（非非想）に登ることはあっても、生死に浮沈を繰り返すばかりであろう。しかし、ひとたび真源を知りさえすれば、たちまち三界生死の世界（サンサーラ）を超えて、永劫に涅槃の世界（ニルヴァーナ）に遊ぶことになろうと言う。

畏《おそ》る可し　三界の輪　念念　未《いま》だかつて息《や》まず
わずかに始めて頭を出だせるに似るも　又た却《かえ》って沈溺《ちんでき》に遭《あ》う
たとい非非想なるとも　蓋《けだ》し福力多きに縁《よ》るのみ
いかでか真源を識《し》って　一得すれば即ち永得するに似《し》かん

（『寒山詩』）

「衆生本来仏なり」と白隠も言ったように、仏とわれわれ衆生（人間）の間にそれほど大きな違いがあるとは思えない。本質（本性）においては何ら変わりはないだろう。そこを慈遠は「諸仏の真源は衆生の本有なり」と言ったのだ。真源は仏だけではなく、私たち人間にとっても共通の基盤であり、本質でもあるというのだ。では、その違いはどこから生じてくるかというと、真源そのものに迷悟はないが、真源の覚・不覚に依って仏ともなれば衆生ともなる。真源に迷うや、われわれは三界（欲界、色界、無色界）に淪《しず》み、六道（天、人、阿修羅、畜生、餓鬼、地獄）・四生（胎生、卵生、湿生、化生）を彷徨う衆生となるが、覚れば一仏に帰し、不死なるものとなる、その違いなのだ。

悟らざれば即ち仏は是《こ》れ衆生なり、一念悟る時は、衆生も是れ仏なり。

（慧能『六祖壇経』）

このように衆生とは自分が本来仏であることを知らず、不覚ゆえに徒に生と死を繰り返しているわれわれ自身のことだ。そして、われわれが自分と呼んでいるものは心が仮構した仮の姿に過ぎないことを道元は次のように言う。

今生の身心は、四大・五蘊《うん》、因縁和合して仮になせり、八苦常にあり。

（道元『出家功徳』）

四苦八苦する「六道の苦身」を空海は「五蘊の仮我」と呼ぶ。人間というものは「色・受・想・行・識」の五蘊から構成されており、色蘊とは身体のことであり、それを開くと地・水・火・風の四大から成り、受・想・行・識（感情・思考・意志・意識）の四蘊はわれわれの心の働きを四つに開いたものであるから、まとめれば心ということになる。ここから、私たちは自分というものを身心からなると考えるが、それが仮の姿（仮我）に過ぎないということだ。

さらに、そういう自分とは何かについて深く探りを入れると、知覚や思考を通して経験されるさまざまな情報を蓄積している記憶が「私」という観念、あるいはイメージ（個性）を造り上げていると知るだろう。さらに、この「私」はあるべき自分の姿を未来に託し、思考をめぐらせては夢や願望を追い求め、その結果に一喜一憂する。ともあれ、われわれは自分自身が思い描くところのものになろうとして四苦八苦しているのだ。しかし、たとえあなたが何になろうとも、それもまた仮我なのだ。仮我は真源の不覚に依って生じてきた心（妄心）が仮構したものであり、善人が悪人に、罪人が聖人にさまざまに姿を変えるのもわれわれが仮我であるからだ。一方、真我は（仮我に対して「真実の自己」をそう呼ぶことにする）、仮我に覆われながらも変わることなく永遠だ。例えば、いろいろな役をこなす俳優がいたとしても、その人自身は同じひとりの人格であるように、仮我はいろんな姿、形をとるけれども、その内側には変わることのない真我があるのだ。禅はそれを「本来の面目」、「本来人」、「主人公」など、いろいろと呼ぶ。実は、われわれもまた真源を舞台にさまざまな悲喜劇を演じている主人公と言えるだろう。内に真の主人公が蔵《かく》れていることを知らないで……。

真源の覚・不覚が仏と衆生、同じことであるが真我と仮我に分けるのであって、衆生も覚れば仏に成る。しかし、これは仮我である「私」が真我、すなわち仏に成るということでは決してない。むしろ、仮我である私が真我を覆うヴェールになっているから、この「私」はいつかどこかで消え去らねばならないのだ（第八「人牛倶忘」参照）。そして、「私」が消えて無我になったところに真我が現成し、われわれがこれから尋ね求める真実の自己でもあるのだ。

臨済はそれを「一無位の真人」と言ったが、この「一」が大切なのだ。我もなく他者もなく、ただ一真人（一仏）のみが存在している。われわれはこの真人の影法師であり、欺くものと欺かれるもの、危《あや》めるものと危められるもの……どちらも同じ真人のリーラであるかも知れないのだ。もちろん、そこに因果の法則は厳然と存在するが、喜びや悲しみに囚われることなく、すべてを軽やかに受け容れていけるのも、あらゆる経験の背後に真我（真人）を見ていこうとするからではないだろうか。と言ってはみたが、そんなことは絶対に許せないだろうことを私はよく理解しているつもりである。われわれにとって真我などどこにも見あたらないし、仮我であろうとなかろうと、存在しているのはこの「私」だという妄執を離れることはそう容易なことではないからだ。しかし、事実はそうであっても、『十牛図』の意図するところは、すでに述べたように、その「私」は本当の私ではない仮我であるから、真実の自己（真我）を求めて旅を始めるとしたのだ。

「総序」冒頭の言葉は「諸仏として成るべき有り、衆生として作るべき有り」と続くように、真源には二つの道がある。ニルヴァーナ（悟り）の道とサンサーラ（迷い）の道、あるいは仏の道と人の道である。しかし、真源はサンサーラ（世間）となることによって、その絶対的な本質が曇らされることもなければ、ニルヴァーナ（出世間）となることによって、その輝きが増すのでもない。いわば不増不減の真源である。この二つの道がどうして起こるかというと、もうお分かりと思うが、それは真源の覚・不覚に依るのだ。つまり、覚ならば諸仏と成るべき仏の道、不覚ならば衆生と作るべき人の道である。

『大乗起信論』は真源（心源）の不覚に依って忽然と心（念）が起こることを「無明の忽然念起」と言った。真源は自性（本源）清浄心であるが、この心は妄心（不覚妄心）である。そして「心を起こせばすなわち是れ妄、浄心は妄中に在り」と慧能も言ったように、真源（心源）の上に浮び上った心からさまざまな迷いの世界（妄境界）が現れてくる。決して虚妄の世界（世間）があって、われわれがそこへ迷い込んだのではなく、心が造り出す幻影の世界、『楞伽経』が言うところの「自心所現の幻境」に自ら陥り、かえって種々の苦しみを受けているのだ。そして、浄心（真心）もまた失われてしまったのではなく、今も妄心の中にあるにもかかわらずわれわれはそれを知らない。この間の経緯を見事に表現しているのは次の言葉である。

自ら諸法の本源を運んで三界を画作して、還って自らその中に没し、自心熾然《しねん》にして備《つぶさ》に諸苦を受く。

（『人日経疏』）

「諸法の本源」とは存在するすべてのものが現象してくる源という意味であり、『十牛図』の真源に相当することは言うまでもない。われわれ人間は諸法の本源を内に運びながら、その不覚ゆえに、自ら如夢如幻の「三界を画作」して、かえって生死の苦海に沈淪しているのだ。そして、心（妄心）はその心にとってのみ意味のある世界をいくらでも造り出している。それらはいずれも本源（真源）から紡ぎ出された心像（幻境）に過ぎない。われわれは心そのものが世界を決する要因であるとも知らないで、思考でもっていろんな風に世界を解釈し、主義・主張を並べ立てるが、心が投影したもの（自心所現の幻境）をいくら心が理解し、解明しようとしても堂々巡りをするばかりで、とても納得のいく世界観は得られないであろう。

われわれはこんなところで議論の上に議論を重ねながら、人間という存在（人間も六道のうちの一つである）に固有の心（意識）が想い描く共同幻想の夢を追う。もっともわれわれが真面目に議論している事柄が幻想であるなどと、ついぞ思うはずもなく、その根底にあるという真源（本源）こそ幻想ではないかと、全く取り合わないだろう。

一体この世界は幻想の上に成り立っている。それなのにこの世界を人は現実と呼ぶ。それが目に見え、直接感覚に訴えてくるからだ。そして、この世界の存在の源となる形而上的なものを幻想と呼ぶ。本当は正反対なのだ。この世界こそ夢幻である。

（『ルーミー語録』）

真源には始まりもなければ終りもないが、存在するすべての基盤として、どうあれあなたもそこから現れてきたのだ。はじめ人間は自分が何であるかも分からない低次の意識レベルから次第に進化し、やがて人間という自意識を持つまでになった。しかし、ここでわれわれは行き詰っているのだ。どこに向かうべきか、その先が見えないまま、徒に生と死を繰り返している。なぜそうなるかというと、人間という形態だけが進化してきたのではなく、意識もまた進化の全プロセスを内蔵しながら発達し、理性的に考えられるまでになったが、心はその始まりからずっと時間の中を動いてきた。そこに思考が時間しか知らず、過去の情報（記憶）と習性に突き動かされ（それは煩悩や欲望という形をとって現れてくる）、絶えず未来を志向し、夢や理想を追い求めるという行動パターンが続いていくのだ。われわれは限られた情報と経験をもとに、思考を未来に馳せ、成功と失敗、進歩と挫折を繰り返しながら、そのプロセスには終るということがない。思考はただ自己増殖していくだけであって、われわれはその全体がどこに向かうのか、どういう意味を持つのか全く分からないまま、今後を、未来をおもんぱかっている（思い計っている）だけなのだ。

運命の赴く先を知らないで　人は勝手に企画する
哀れなものよ　その思惑は神の定めと喰い違う

（『ルーミー語録』）

ところが、そこに進歩的知識人といわれる人たちが現れて、かつて一度も実現されたことのない世界平和を論じ、輝ける未来を不用意に約束したりするが、そうすると過去は言うに及ばず、現在のわれわれはどうなるのか。来たるべき未来を背負う子供たちの礎に過ぎないのであろうか、愚かなことだ。彼らもまた同じ欲望の罠にはまり、あれもこれもと試みながら、やはり運命の赴く先を知らないであろう。時間の中を生きている限り、いつの時代であれ、過去の状況分析と未来を占うという行動パターンは変わらないのだ。

われわれが求める究極の真理は時間の中にはない。ということは、時間の中を動いている思考の中にもないということだ。真理はあなたの内なる実存に「本有の真源」としてある。それはかつて在ったし、今も在り、永遠に在り続けるものなのだ。従って真理は、今ここであなた自身が探りを入れるかどうかの問題であって、思考や努力によっていつか実現されるような性質のものでは決してない。もしそうなら永遠の真理が未来に存在するという不合理が生じてくるだろう。人間の尊厳は思考のうちにあると言ったのは確かパスカルであったと思うが、それは生の意味や究極目的について何も考えずに暮している人々、永遠から目をそらし、今がよければいいではないかと言う人々に当てはまるのであって、永遠の真理を問題にする場合、思考という時間はわれわれを誑かすだけではなく、障害になっているのだ。

要点はこうだ。真源は始まりもなければ終りもない永遠であるが、あなたが「我在り」と自らを意識したとき、あなたの始まりは真源であり、終りもまた真源になるということだ。なぜなら真源からさ迷い出たあなたはいつか真源へと帰る（還る）旅を始めることになるからだ。『十牛図』のプロセスの中に「返本還源」が組み込まれているのもそのためだ。始めに真源があり、終りに真源がある。そして、その間（あわい）が現在われわれが生息している生死際なきサンサーラの世界なのだ。従って、人間はどこから来て、どこへ行くのかという人類の問に対して、どこから来たかというと、それは真源であり、帰るべきところもまた真源であると答えることができるだろう。ところが、われわれは内に真源を運びながら「自心所現の幻境」に惑い、独り生死の円環を巡っている。しかも自分でサンサーラの輪を廻しながら、自分がどこへ流れゆくかを知らない。というよりも、どこに行き着くこともなく、同じ所を堂々巡りしているだけなのだ。それがサンサーラの本来の意味でもある。

以上見てきたところから、現在、存在は三つの範疇に分かれるようだ。一つは真実なるもの（ニルヴァーナ）、二つは虚妄なるもの（サンサーラ）、その間に第三の範疇として心を有する「私」が存在する。そして、私は存在を真実なるものとして経験することも可能だし、虚妄なるものの経験に留まることもあり得る。そのいずれであるかはわれわれの心が真心であるか、妄心であるかに拠るのだ。しかし、真に存在しているのは真実だけである。虚妄なるものは存在してはいるが、実際には存在しない夢のようなものであり、東洋ではそれを幻影《マーヤ》という（「夢裡《むり》、明明として六趣（六道）あり」永嘉玄覚『証道歌』）。元来、一真実のみが存在する存在一性（法界一相）の世界であるにもかかわらず、存在が三つの範疇に分かれるのは、心を有するものとしての「私」が存在しているからだ。もちろん、ここで言う心は真源の不覚に依って生じた妄心であり、「私」というのもその心が仮構した仮我（五蘊の仮我）に過ぎない。つまり、妄りに心が起こるがゆえに「私」は存在し、見るものことごとくが虚妄となるのだ。その結果として真実は背後に隠れてしまう（『十牛図』では第一図から第七図までがそれに当たる）。しかし、それは妄心が本有の真実を翳《かざ》しているだけであって、なくなってしまったのではない。この比喩としてよく引き合いに出されるのは雲と月の関係である。

雲霧日月を弊《かく》す。雲霧披《は》れて日月を見るに、日月今更に生ずるにあらず。これは密教に本有を顕はすの喩なり。

（空海『秘蔵記』）

妄心、仮我（主）そして虚妄なるもの（客）は一連のもので、別々に取り扱うことはできない。正確に言うと、妄心ゆえに主客の二元論的認識の妄執から離れることはできず、われわれは虚妄なるものを捉えて、あれやこれやと議論を戦わせるが、ここから存在の真実は見えてこない。真実なるものはこの世界（サンサーラ）の彼方に求められなければならないのだ。つまり、何らかの方法で（これが『十牛図』全篇のプロセスであるのだが）、虚妄を取り除きさえすれば、その背後から本有の真実が立ち顕れてくるのだ。

諸の凡夫は真を覆いて一向に虚妄を顕わす
諸の菩薩は妄を捨てて一向に真実を顕わす

（無著『摂大乗論』）

しかし、真実という言葉すら虚妄の対概念であるから、虚妄が除かれたら、それをことさら真実という必要もない。虚妄を除けば、在りて在るものが存在するだけ、初めからそれだけが存在しているのだ。もちろん、それとは真源（真人）であり、個々の人間だけではなく、有情・非情を問わずあらゆる存在の基盤である。そこからすべてのものが創造されるが、そのいずれでもないがゆえに本来無一物。そこに辿り着くことはあっても、極め尽せないがゆえに無極の深淵。それは場所をもたず、時間のうちにもなく、動いているのでも静止しているのでもないが、星辰はそれに依って巡る。形あるものはすべて、この形なきものから現象してくるというのに被造物はそれを知らない。人間の言葉でかつて語られたことも、記されたこともないのに、人はそれを舞台に数限りない生死の悲喜劇を繰り返す。この名もなければ形もない永遠なるものを仏教は法身と呼ぶ。

　衆生界とは即ち是れ如来蔵なり。如来蔵とは即ち法身なり……この法身の、恒沙《ごうしゃ》を過ぐる無辺の煩悩に纏われ、無始の世よりこのかた世間に随順し、波浪に漂流して生死に往来するを、名づけて衆生となす。

（『不増不減経』）

法身は現在、客塵煩悩に纏われ、その真の姿を顕すまでには至っていない。この状態にあるわれわれ衆生を「如来蔵」と呼ぶが、いつか仏となるべき可能性を内に蔵しているというほどの意味である。文脈にそって言えば、衆生もまた「諸仏の真源」を本来有しているということであり、それを覚るときわれわれも「頓に六道・四生を出て仏となる」ということだ。

　このように、仏教の基本的な教えは「総序」冒頭にあった、真源の覚・不覚の一事に尽きる。真源を「心源」（『大乗起信論』）、「原初」（『ゾクチェン』）、「本源」（『大日経』）……何と呼ぼうといいが、この世であれ、あの世であれ、あなたが存在の基盤である真源を覚らない限り、そこはいずれもあなたの心が造り出す幻影の世界（サンサーラ）なのだ。そうとも知らず、この世に直接手を下し改革しようとしたり、はたまたこの世に背を向け、死に急ぐなど全く愚かなことと言わねばならない。真源の覚・不覚に依って、今いるここが真実ともなれば虚妄ともなる。そのいずれであるかはあなた次第なのだ。

第一　尋牛

序の一

従来失せず、何ぞ追尋を用いん。背覚《はいかく》に由って以て疎《そ》と成り、向塵《こうじん》に在って遂《つい》に失す。家山漸《ますま》す遠く、岐路《きろ》俄《にわ》かに差《たが》う。得失熾然《しねん》として、是非蜂起《ほうき》す。

頌《じゅ》に曰《いわ》く

忙《ぼう》忙として草を撥《はら》い去《ゆ》いて追尋す
水闊《ひら》く山遥《はる》かにして路更《みちさら》に深し
力尽き神《しん》疲れて覓《もと》むるに処なし
但《た》だ聞く楓《ふう》樹に晩蝉《ばんぜい》の吟ずるを

これからわれわれは帰郷の旅を始めることになる。真源は時空を超えて遍在する生の源泉であり、誰もが生まれながらに具えている本性である。われわれもまたそこからやって来たのであり、いつ

第一　尋牛

か（今生ではないかも知れないが）そこへと帰って行くのだ。そして、その間（あわい）がサンサーラであり、今われわれはそこにいる。

真源は失われてはいないけれども現在われわれはそれを知らない。つまり、今もそれはわれわれの内なる実存に核として存在するが、その経験は失われているということだ。従って、真源は失われていないという意味で新たに求める必要のないものであるが（「従来失せず、何ぞ追尋を用いん」）、その経験が失われているという意味では求めねばならないものである。ここに宗教的な探求とわれわれが日常掲げる努力目標の違いがある。本来探求とはその始まりからすでにわれわれの内なる実存に予定されたものを求めることであり、われわれが目的に向かって努力し、得失・成敗に一喜一憂するような努力目標とは質的に異なる。

現在、われわれは真源を覚ることができず、それを捨て置いて、内から外へ、永遠から時間へとさ迷い出ているのだ。この背覚に依って生の源泉から離れ、ここが自らの心が造り出した幻影の世界（自心所現の幻境）であるとも知らず、向塵（世間）に在って、悲喜こもごも存在の意味も分からないまま、あたら六道・四生の苦海に身を淪め、妄りに生と死を繰り返しているうちに、いつしか帰るべき永遠の故郷があることをすっかり忘れているのだ（「背覚に由って以て疎《そ》と成り、向塵《こうじん》に在って遂に失す」）。空海はわれわれ人間が帰るべき永遠の故郷を「本居」と呼び、それを「一心」としたが、もちろん一心とは心の本源（真源）を指している。

三界は客舎の如し
一心はこれ本居なり

（空海『般若心経秘鍵』）

背覚合塵の人間は帰るべき永遠の故郷（本居）が存在することはもちろん、ここ（三界）が客舎であるとも知らず、また「三界は安きこと無く、猶《な》お火宅の如し。此は是れ你《なんじ》が久しく停住する処にあらず」（『臨済録』）と言われようとも、ひたすら仮の棲家に執着し、営々と生業に勤しむが、いつかは立ち去る運命にある。出会った者も必ず別れるのだ。その悲しみをわれわれは何度も経験しているが、どうしてわれわれの意に反してそうなるのか深く原因を尋ねることもなく、やがては力尽き、独り死出の旅へと赴く。ところが、しばらくすると再びこの地上に舞い戻ってきては、また一から仮の棲家を築き始めるのだ。同じ喜び、同じ悲しみを経験しながら……。

喜びも束の間、悲しみもそう。すべては巡るサンサーラの輪は、あなたがいつまでも「本源を運んで三界を画作し」、あなたがやってきた永遠の故郷に帰ろうとしないから廻り続けるのであって、誰の責任でもない。空海はわれわれが帰るべき永遠の故郷を「本宅」とも言う。

　衆生は狂迷して本宅を知らず、三趣（三界）に沈淪《ちんりん》し四生に跉跰《りょうびょう》す。苦源を知らざれば還本に心なし。

（空海『十住心論』）

　われわれ人間は狂迷して（もちろんそんな自覚はないが）、あちらこちらと三界・六道の辻をほっつき廻り、どれほど異郷の地に老い、朽ち果てたことだろう。それというのも四苦八苦する人間の根本原因（苦源）が本当に分からないために、闇路に闇路を踏みそえて、いつしか帰るべき永遠の故郷（家山）があることをすっかり忘れ、「家山漸《ますま》す遠く、岐路《きろ》俄かに差《たが》う」のだ。そして「還本」とは言うまでもなく、本源（本宅）に還る（帰る）という意味であり、われわれがひとたび本源（真源）へと辿り着くならば、その時にこそ人生の最終目的を達成して、永遠に安らぐであろうというのに、それが天国（六道のひとつ）であろうとも、客舎（六道）を渡り歩いていては、遂に安らぐどころか、すべては麻糸が縺れるように冗々と混乱するばかりであろう。

　世人　何事か吁嗟《なげ》く可《べ》き
　苦楽　交《こもご》も煎《せま》りて底涯《ていがい》なし
　生死往来すること多少《いくばく》の劫《ごう》ぞ

東西南北するは是れ誰家《たれ》ぞ
張王李趙は権時の姓
六道三途　事は麻に似たり
（『寒山詩』）

ところが人は何か得られるものがあるところへはそそくさと出掛けていき、自分にとって利益にならないところへは行かない。しかしこの世で得たもので、あなたのもとに永遠に留まるものなど何かあるだろうか、すべては過ぎてゆく。否、あなた自身が通り過ぎてゆくというのに、人は何と計算高く振る舞うことか。そして、その始まりからあなたの所有となっている永遠なるもの（本有の真源）を顧みず、あれもこれもとひたすら区々《くく》として外を駆けずる人の何と多いことか。「さらにもし外に馳求《ちぐ》すればいよいよ疎《そ》にして、いよいよ遠ざかる」（『馬祖の語録』）。あなたは内側でなくしたものを外側に捜し求めているのだ。

真源へと帰り着くためには、自らの心と取り組み、その本源へと深く入っていかねばならない。なぜなら、真源は心源でもあるから、自らの心を知ることが悟りへの道ともなる。いわば、「即心これ道」。しかし、心は妄心と真心の二相に分かれ、前者は真源の不覚に依って妄りに起こる心であるのに対して、後者はその本性（心性）、あるいは本源（心源）として自性（本源）清浄心と呼ばれたものであるが、それが仏に他ならないこともすでに説明した。しかし、「自心」が仏であることを知らず、六道・四生の間を巡っていることを空海は次のように言う。

奇哉の奇、絶中の絶なるは、それただ自心の仏か。自心に迷ふがゆえに六道の波、鼓動《くどう》し、心源を悟るがゆえに、一大の水、澄静なり。澄静の水、影、万像を落し、一心の仏、諸法を鑒知《かんち》す。

（空海『秘蔵宝鑰』）

人は言うに及ばず、仏（他仏）に帰依するのではなく「自心の仏」に帰依することを慧能は「自帰依」と言った。そして、自らの本性（自性）、あるいは心（心性）を知ってサンサーラからニルヴァーナの岸に渡ることを「自性自度」とも言う（「衆生は心を識《し》って自ら度《ど》す、仏は衆生を度すること能《あた》わず」）。しかし、これはわれわれが自らの意志と努力によって仏に成るということでは決してない。仏教の一般的なイメージとして、修行を重ね、功徳を積むことによって仏に成ると思われがちだが、また、そういう人が尊敬を集めてもいるようだが、すでに仏であるものが仏に成ることもできないし、その必要もない。それとも努力してよりよい仏にでも成ろうとしているのだろうか。「汝が心性は本より是《こ》れ仏にして、別に仏を求むるを用いず」（『馬祖の語録』）。

心うべきは、自らの意志と努力によって、仏に成ろうとしているのは実は妄心であり、そこからは妄境界（三界）しか現れてこないということだ。そんな心でもって仏に成ろうとするのは瓦を磨いて鏡を作るようなもので、全く不可能なことをしようとしている。むしろ、その心が真理を、自性の仏（法身）を覆うヴェールになっているのだ（「人の性は本と浄し、妄念に由るがゆえに真如を蓋覆うなり」慧能『六祖壇経』）。従って、この心はいつかどこかで消え去らねばならない。だから黄檗も「仏の一切の法を説くは、一切の心を除かんが為なり」と言ったのだ。つまり、われわれに求められているのはこの心を除いて、心の本源（心源）へと立ち帰ることなのだ。なぜなら、本源清浄心は本源清浄仏でもあるからだ。そして、この心（心源）を知るのはあなたをおいて他にはない。たとえそれが仏であっても、あなたにそれを示すことはできないであろう。というのも、仏とはそれを覚った人のことであり、あなたもまたそれを覚ってサンサーラからニルヴァーナへと渡って行くことになるからだ。慧能が「衆生は心を識《し》って自ら度《ど》す、仏は衆生を度すること能《あた》わず」と言った本当の意味はここにある。

さて『十牛図』に登場してくる「牛」が心を象徴していることは次第に明らかになっていくと思うが、第一「尋牛」ではまだ牛は姿を見せていない。ということは、この段階ではまだ悟りへの道が自らの心を如実に知ること（如実知自心）だということが理解されておらず、どこを捜せばよいのか、その手掛りも分からず、全く取り付く島もない状態にあることを示している。

忙忙として草を撥《はら》い去《ゆ》いて追尋す
水闊《ひろ》く山遥かにして路《みち》更に深し

どんな人も一度は生の意味は何かと自問自答したことがあるだろう。いや、その意味が分からなくて途方に暮れたことがあるかもしれない。しかし、殆どの人の場合、結局は手近な目的や計画が意味に取って代わられ、今日したいことを自分はするだけ、今日という日は二度と来ないのだからと思ってか、思わずか、深く生の意味を尋ねることもなく、やがて人の生は使い果たされる。そんな恣意的な願望や野心の中に生の意味があるとはとても思えないが、生の意味というか、目的がどこにあるかを説いてきたのが宗教なのだ。宗教の存在意義はここにあり、またそれだけで充分なのだ。しかし、われわれはそれが分からないために忙々《ぼう》とあれもこれもと試してみるが、本当に覓《もと》むべきものが見つからない。ただ精も根も尽きて、独り空しく佇むばかり。

力尽き神《しん》疲れて覓《もと》むるに処なし
但《た》だ聞く楓樹《ふうじゅ》に晩蟬《ばんぜい》の吟ずるを

迷悟の鍵、辿るべきは内なる真源（心源）にあった。真源に迷うときこの世界が虚妄となり、生死出ずべき道（親鸞の言葉）を尋ね求めることになるが、求めた末に真源（心源＝心性）を覚ることができたら、この世界が真実となる。サンサーラを離れてどこかにニルヴァーナがあるのではなく、真源を覚れば、今ここが存在する唯一の真実の世界なのだ。さらに「諸仏の真源は衆生の本有である」から、もしあなたが自らの真源を覚ることができたら、それと同時にすべての人の真源をも覚ることになる。換言すれば、覚者（仏）は自分ひとりが仏だというのではなく、すべての人の内奥に蔵《かく》された真源に仏（仏性）を見ているのだ。その一瞥が「一切衆生悉有仏性」（『涅槃経』）という表明になったことは周知の通りである。そして覚者だけが真の平等とは何かを知っているのだ。もっと言うなら、覚者の眼には、救われるべき人など本当は存在しないのだ。宗教家然として軽々しく救済を口にする者には注意しなければならない。それは恰度、夢の中で大病を患っている者に文字通り外科的手術を施すように危険なのだ。

われわれはどこも病んではいない。ただ生死の夢から目覚めさえすればよいのだ。が、今となってはそれが難しいのだ。無明長夜の夢に酔い痴れ、余りにも長い間、放浪の旅を続けてきたために、帰るべきところが、その方法が分からなくなっているのだ。そこで『十牛図』は真源という鍵概念を持ち込み、「返本還源」の道を説き、臨済もまた「是れ諸仏の本源にして、一切処是れ道流《どうる》が帰舎の処なり」と言ったのだ。そして真源に辿り着きさえすれば、虚妄の世界は自然に消え、真実に目覚めるというのに、われわれといえば、内に真源を運びながら、自心所現の幻境（幻野）に迷惑し、波々《はは》として生死の苦海を往来する。真源（本源）に背いて、如夢如幻の世界（夢落）を彷徨うばかりで、一向に真源へと帰ろうとしないから、生と死のサンサーラの輪はいつ果てるともなく廻り続けるのだ。

誠にこれ本《もと》に背《そむ》き末に向ひ、源に違《い》して流れに順ずるの致すところなり。このゆえに三界六道、長く一如の理に迷ひ、常に三毒の事に酔ふて幻野に荒猟して帰宅に心なく、夢落に長眠す。覚悟何《いず》れの時ぞ。

（空海『吽字義』）

さて、真源の不覚に依って妄りに心が動くとき、見るもの（主）と見られるもの（客）という主客の二元論に基づく認識が始まる。それと共に真源は背後に隠れ、その経験は失われてしまう。そうして、われわれは内に閉ざした目を外に向け、善悪・好悪など、二元相対するさまざまな幻影の世界（幻野＝夢落）を捉えるようになるのだ。

われわれは主客の認識構造を当然のこととして受け入れ、主客（仏教はそれを「人法」とも言う）を共に実体的に捉えるけれども、仏教はこれこそ根本的な無知の元凶と考え、この構造的な妄執（我執）を徹底的に暴こうとする。というのも、心が妄りに起こるがゆえに、主客も存在するのであって、いずれも不覚の心から生じてきた虚妄であるからだ（「我〈我執〉に一種あり、いわゆる人我と法我となり。この二種は皆これ妄情の所執なり」）。見るものとは、言うまでもなく仮我としての「私」であり、一方、見られるものとはわれわれが日常目にする（経験する）事物・事象の物の世界をいう。そうして、われわれは見るもの（私）と見られるもの（世界）はそれぞれ独自に存在すると考えるけれども、世界はそれ自体で世界であるのではなく、私もまたそれ自体で私であるのではない。私を離れて世界はなく、世界を離れて私もない（「三千世界はすべて是れ汝が箇の自己なり」黄檗『宛陵録』）。また「私が見ているものは私自身に他ならない」と言ったスーフィズムの思想家バスターミーの言葉が思い出される。

さらに言えば、見るものと見られるものは、あらゆる存在の基盤である真源から、妄りに動く心に依って抽象されたものであり、われわれは物それ自体を見ているのではなく、われわれの心の鏡に投影された心像を見ているに過ぎない。恰度、水面に映る月影を見ているようなものだ。このように心に映る影像を見ていることを馬祖は「色（物）を見るとは即ち心を見るなり（見色即見心）」と言った。ところが先程も述べたように、この心は不覚の心（妄心）であり、ア・プリオリに存在するものではないから、われわれが対象的・客観的に捉えているものもまた、それほど確かなリアリティをもって存在しているわけではない。「一切の法は鏡中の像の体《たい》として得べきもの無きが如く、唯心のみにして虚妄なり」（『大乗起信論』）。

真源の不覚に依って内に閉ざした目を外に向け、二元論的な認識の世界（世間）に踏み込んだわれわれが対象的に捉えているものは、主客に分けるわれわれの心に映る虚妄であるとも知らず（「一切万法は心より化生し、ただ名字あるのみにして、実なるものあることなし」『馬祖の語録』）、さらにわれわれは知覚するすべての事物・事象について、文字通り主観を交えて、是非・善悪、好悪・正邪などさまざまな対立概念をかってに持ち込み、そこから得られた、これまた恣意に過ぎない価値と意味にどこまでも固執する。主客の分裂に始まり、すべてのものを分割（分別）する心は自分の周りに都合よく安全と防衛のテリトリーを築きながら、絶えず身構え、かえって摩擦と葛藤を惹き起こす（「得失熾然《しねん》として、是非蜂起《ほうき》す」）。そして自らが造り出した二元葛藤する狭隘な空間の中で人（の心）は妄りに揺れ動くばかりで、遂に安らぐということがない。仏教はこの二元葛藤する心を分別心と呼ぶが、その本質をよく表している。

生は二元性を通して動いている。愛憎、快苦、得失、善悪、真偽、生死……すべてそうだ。ところがわれわれは前者のみを望み、それが幸福の追求でもあるかのように思っているが、そんなことは事の本質からしてありえない。生は一方のみであることなどできないのだ。むしろ、この不可能を望むがゆえに不幸が避けられないとも言える。人の一生は「うらをみせおもてをみせてちるもみじ」（『はちすの露』）と良寛も詠んだように、いろんな意味で裏表を見せながら、また経験しながら、晩秋に散り行くもみじ葉のようなものということであろうか。

このように二元性が裏と表を見せながら巡っていることをサンサーラという。しかも、この二元性の世界は真源の不覚に依って、あなたの心（妄心）が造り出した幻影の世界（自心所現の幻境）であり、宗教は一般に考えられている幸福など約束してはいないことをはっきりと認識すべきだ。そうと知らないから、似非宗教者の言葉にいとも簡単にのせられ、幸福を求めて不幸を手にすることにもなるのだ。だからと言って、私は幸福であってはならないと言っているのではない。幸福は影のように不幸を引き連れてくると言ったのは遠くプラトンであったと思うが、われわれの生はあざなえる縄のように動いていると言いたいのだ。幸・不幸も例外ではない。

宗教は本来、不覚に依って自ら嵌り込んだ二元性の罠から如何にして離脱するかを教えようとしている。「生死出離」（親鸞の言葉）ということでそれを代表させているのだ。

第二　見跡

序の二

経に依《よ》って義を解《げ》し、教を閲《けみ》して蹤《あと》を知る。衆器の一金たることを明らめ、万物を体して自己と為す。正邪弁ぜずんば、真偽奚《なん》ぞ分たん。未《いま》だ斯《こ》の門に入らざれば、権《かり》に見跡と為《な》す。

頌に曰く

水辺林下　跡偏《あとひと》えに多し
芳草は離披《りひ》たり　見たるや
縦《たとい》是深山の更に深き処なるも
遼天《りょうてん》の鼻孔《びくう》　怎《なん》ぞ他《かれ》を蔵《かく》さん

私は宗教を肯定も否定もしないが、宗教に否定的な態度をとる多くの人々の考えに私も諸手を挙げて賛成したくなることがある。いや、本当を言うと、彼らの宗教観なるものが（宗教観と言えるほど深く考えられたものでないことは言うまでもないが）、とても宗教とはいえない、それほど稚拙で皮相なものであるために、まともに否定する気にならないだけなのだ。およそ宗教とは言えないものを否定してみたところでどうなるというのだろう。まず、問われなければならないのはあなたが考える宗教が果たして宗教の名に価するものかどうかということだ。そのためには少しは古《いにしえ》の聖賢（覚者）が辿った足跡を尋ねてみる必要があるのではないか。だから第二「見跡」は次のような言葉で始まっているのだ。「経に依《よ》って義を解《げ》し、教を閲《けみ》して蹤《あと》を知る」と。

無論、宗教（道）は一つではない。どの途を辿ろうとも目的地は真源（心源）であることを忘れさえしなければ、自分に合った途を行けばよいのだ。仏教（禅）にこだわることもない、「そもそも真如仏性は、本と人心に在《も》り」（慧能『六祖壇経』）。また、アウグスチヌスも心の奥処（心源）に究極の真理を見ていた、「神はいずこにましますか、真理はいずこで味わわれうるか、心のもっ

第二　見跡

とも奥深いところにおいてだ」（『告白』）。要するに、問題は心（「直指人心」）であって宗教ではない。人の心はその本源へと立ち帰るとき、われわれ人間がこれまで求めてきた真理、あるいは至福の源泉があると彼らは知ったのだ。そして、彼らはその体験を、その味わいを神と呼び、仏とも呼ぶ。いずれも同じ究極のリアリティを表している。

水辺林下　跡《あと》偏《ひと》えに多し
芳草は離《り》披《ひ》たり　見たるや

現代はかつてのように一部の特権階級のみに機会が与えられていた時代とは異なり、すべての人に情報は平等に提供されている。それを手に取り、選び取るかどうかはあなた自身に委ねられている。それだけに現代はいつにもまして自分の存在に自分自身が責任を持たねばならない時代と言えるだろう。

学びざる者はいよいよ迷い
行ぜざる者はいよいよ巡る

（『一遍上人語録』）

教えを学ばない者はいよいよ迷いを深め、しかも迷いだと気づくことなく、無明長夜の夢はいつ果てるともなく続いていく。そして、たとえ学んだとしても、行ぜざる者はいよいよ生死輪廻の円環（サンサーラ）を巡ることになるという意味だ。一遍のこの言葉は、彼が生きた時代よりも現代に生きるわれわれに一層当てはまる痛烈な批判であり、いかなる甘えや言訳も許さない厳しさを感じさせる。というのも、われわれが無明の淵に淪《しず》み、生死の苦海を巡ろうとも、それは誰の責任でもない。どんな状況にあろうとも、それはわれわれ自身が意志したところのものなのだ。そんなわれわれを一体誰が救い出せるというのか、仏（神）であってもできないであろう。それは恰度、悪夢にうなされている者に、彼（彼女）自身が目を覚まさない限り夢は続いていくように、生死の夢から目覚めるかどうかはわれわれ自身の問題であるからだ。

ここであなただけではなく、だれもが如夢如幻の生死の世界で共同幻想の夢を追い、その結果に一喜一憂している状況をちょっと想像してもらいたい。そういう中にあって、極まれにではあるが目覚めた人たちがいたのだ。彼らにとって、それはまさに神の恩寵というしかない、それほど幸運な出来事であったに違いない。しかし、共同幻想の夢を追う多くの人々にとって、真理の証人は社会の既成の価値を揺るがす目障りな存在以外の何ものでもなかった。その美しい夢から少し身を引いて、目覚めるようにと彼らは言うのだから。その結果、幾人の覚者が何の罪もないのに（この言葉は彼らのためにある）、処刑され、歴史から葬り去られたことであろう。彼らは生死の淵に淪むわれわれ衆生の内奥に、同じ仏たる本性（仏性）が蔵されていることを知り、その本性に目覚めるようにと促していただけなのだ。生死をはじめとする二元葛藤する世界は真源の不覚無明に依ってわれわれが真実を背後に押しやるという仕方で現れて来たものであるからだ。

そして、いみじくも『大乗起信論』が「一切の分別は即ち自らの心を分別するなり」と言ったように、生と死をはじめ、二元性は真実の中にあるのではなく、妄りに分別するわれわれの心（それを妄分別という）の中にある。さらにわれわれは自らの心が投影した二元論的な見せかけに自ら反応し、好悪・損得の分別を加えてゆく、もうこれには限りがないのだ。そもそも対立概念を造り出している心でもって是非・善悪を判断しようとするのであるから自己撞着でしかないのだが、われわれは二元性が本来一つであること（一如）を理解できないし、まして対立する概念二つながらの源である真源を知らないからこそサンサーラの世界を独り巡っていることなど気づくはずもない。決してこの世界がサンサーラであるというのではなく、われわれ自身の心がサンリーラなのであり、その輪を廻しているのもまたわれわれ自身の心（妄心）なのだ。「世間の一切の境界は皆衆生の無明妄心に依りて住持することを得るのみなり」（『大乗起信論』）。

それゆえ、サンサーラの世界（一切の境界）を離れるためには、それを住持し、支えている心（無明妄心）にこれ以上エネルギーを注がないことだ。そのためには妄りに分別するのではなく、心の内と外で起こるすべての事物・事象を見ている観照者になることが必要なのだ。なぜかと言うと、心はあざなえる縄のように二元性によって支えられているから、もし是非・善悪の判断（分別）を加えることなく、起こるままに見ていれば、やがて心はその拠所を失って、自ずと心の本源（真源）へと消えてゆくのだ。例えば、何事につけ正しいのは常に自分であり、邪なのは他人と議論を吹っ掛け、真偽を決しようとするが、二元性がどこから、なぜ生じてくるかを知って、妄りに正邪を弁えなければ、いうところの真偽などさしたる根拠もないまま、二元性の結ぼれは解け、それと共に心もまた波が大海に溶け合うように心源へと帰って行くのだ（「正邪弁ぜずんば、真偽奚《なん》んぞ分たん」）。

さらに、幸・不幸を例にこのプロセスを説明すると、われわれは事が思い通りに運ばない状況で生の意味を問うたりするが、事態が好転すると、問のことなどいとも簡単に忘れてしまう。いくたびか徒に生まれ、徒に死を繰り返してきたわれわれが生の意味を本当に問うまでには、どれだけ多くの悲歎と敗北を経験しなければならないのだろうか。生の意味を問うにも時があり、時熟が必要なのだ。そして、いつの日か、人が幸・不幸に左右されずに生の意味を問うことを学んだら、その問は本当のものになるだろう。といって、喜んでばかりもいられない。幸・不幸のいずれにも巻き込まれることなく、独りの観照者となったあなたの心の襞《ひだ》に、あたかも肉中の棘《とげ》のようにあなたを駆り立て、問だけが空しく続いていくことだろう。そうして、この問があなたの内側へと実存深く浸透するまでになれば、あなたは正しい道を歩んでいることになる。というのも、真理はあなたの内なる実存（真源）に種子としてもとより存在するからだ。真理はわれわれの心（思考）が恣意的に判断（分別）するような真偽・正邪の中にあるのではなく、個々の人間の内奥に拓かれてくる生の源泉に、その不滅性の中に存在するものなのだ。

真理に目覚めるとは、すべての人の内側に隠された真源に仏（「精明な本体」）を見ることであった。しかし、真源はわれわれ衆生（人間）の基底をなしているだけではなく、万物の基底でもある。人間も万物もその本性は同じであり、ただ形態が違うだけなのだ。従って、自らの真源を覚れば万物の本質をも覚ることになる。人間だけではなく、草木を含む全宇宙がもとより一なる真理を顕しているのだ。つまり、「衆器の一金たることを明らめる」ことになる。もっと言うなら、真源を覚れば衆生（人間）だけが仏に成るのではなく、一切のものが皆同時に成仏するのだ。

はじめから名もなければいかなる属性も持たない無位の真人（仏）だけが存在している。そうして、あなたはそれなのだ（tat tvam asi）。だから目覚めて本源へと辿り着く時、あなたはどこにいるのでもないが、ありとあらゆるものの中にあなたは存在する。「万物を体して自己と為す」とはこの意味であり、かくしてのみあなたは主客の二元論を脱して一元性の世界（真如）へと帰って行くのだ。

縦《たとい》是深山の更に深き処なるも
遼天《りょうてん》の鼻孔《びくう》　怎《なん》ぞ他《かれ》を蔵《かく》さん

もちろん、第二「見跡」では「衆器の一金たることを明らめ、万物を体して自己と為す」ところまで体験的に知るには至らない。それどころか主客（人法）の二元論の妄執（人我見・法我見）がサンサーラの世界（世間）を造り出していることさえ気づいていない。ましてこの認識の構造を断ち切ることがニルヴァーナの世界（出世間）への道であることなどまったく知らない（「二取（能取・所取＝主・客）の随眠《ずいめん》はこれ世間の体《たい》なり。唯《も》しこれのみをよく断ずるを出世間と名づく」）。

ここでは数多《あまた》の覚者が辿った道を尋ねるところで、まだ真理（真如門）に足を踏み入れてはいないから、仮に足跡を見たところと言われるのだ（「未だ斯《こ》の門に入らざれば、権《かり》に見跡《けんせき》と為す」）。

第三　見牛

序の三

声より得入し、見る処に源に逢う。六根門、著著差《たが》うこと無く、動用中、頭頭顕露《ずずけんろ》す。水中の塩味、色裏《しきり》の膠青《こうせい》、眉毛《びもう》を眨上《さつじょう》すれば、是《こ》れ他物に非ず。

頌に曰く

黄鸝《こうおう》枝上　一声声
日暖かに風和して　岸柳青し
只だ此れ更に廻避する処無し
森森《しんしん》たる頭角《ずかく》　画《えが》けども成り難し

生じては消える波は海を離れて存在しない。しかし、逆巻く波も風が止めばもとの静かな海へと帰って行く。波は本来海であり、その上に浮び上った一瞬の戯れと知ることができたら、われわれの生に対する姿勢は全く違ったものになるだろう。なぜなら、生もまた真源を舞台に繰り広げられる無数の寸劇であり、それぞれがちっぽけな悲喜劇の主人公を演じながら、程なく消え去るからだ。しかし、われわれはこの波のように儚い生に取り付かれ、その源に永遠なるニルヴァーナの世界が拡がっていることを知らず、波々として生と死を繰り返すサンサーラの世界で一瞬たりとも落ち着くということがない。

人生一百年　ただようこと水上の蘋《ひん》のごとし
波に随って虚しく東西し　波を逐《お》って休むときなし

（良寛『草堂詩集』）

サンサーラとニルヴァーナは現象と実在、時間と永遠の関係にあり、ニルヴァーナはリンサーラがなくとも常に存在している基盤であるが、サンサーラはニルヴァーナを離れては存在しない。これは何を意味しているかというと、サンサーラに淪《しず》むわれわれ衆生もまたニルヴァーナを離れて存在しているのではない。言い換えると、われわれはサンサーラを断ちてニルヴァーナに入るのではないということだ（「菩薩が生死を捨てずして涅槃に入るは、生死の性《しょう》は即ち涅槃なるがゆえに、生死を断ちて涅槃に入るを待たざるなり」『達磨の語録』）。

われわれの生（自我）もまた、次々と湧き起こっては消える波の一つを自分と見なすようなものだ。あなたの先にも後にも多くの自我が現れては消える。あなたは彼らに伍して立ってゆくために

第三　見牛

競い、急いであらゆることをしなければならない。波は程なく消え、あなたは死が遠くないことを知っているからだ。そこで、もしあなたが自分を海の上に浮び上った波のようなものと本当に理解できたら、彼らもまたあなたと異なるけれども、同じ生の源泉から生じたものであると知るだろう。そうすれば、互いに争うこともなければ、他者を傷つけることは自分自身を傷つける愚かな行為だと分かるだろう。そして、いずれ死の時がくれば、海と一つに融け合い、そこには波には見られなかった深い安らぎと静寂の世界が拡がっていることだろう。しかし、そのためにはあなたは自らの体験として、波が起こってくる海に触れ、波と海が同じ一つの本質から成り立っていることを覚らねばならない。前者が波立つ水であるのに対して、後者は明鏡のように澄んだ水というように、ただ相が違うだけなのだ。同じように、サンサーラが妄りに動く心（妄心）であるのに対して、ニルヴァーナは不生不滅の心（真心）に依る。サンサーラとニルヴァーナは同じ心の二つの相を表しているのだ。

しかし、波（自分）だけを見ていたら、あなたは大小さまざまな波に取りまかれ、自我は緊張し、いたるところで衝突を繰り返しながら瞬時も安らぐことがない。そこで視点を波から海へと転ずることができたら、真に存在しているのは海だけであると知り、われわれの生もまた広大な海に浮ぶエネルギーの戯れとして、それなりに楽しめるであろう。ところが、われわれは二元葛藤するサンサーラの世界で平安と安定を得ようと努力しているのだが、そんなことは事の本質からしてあり得ない。妄りに動く心を摂して不生不滅の心へと辿り、ニルヴァーナの世界に触れ、その実在と一体となって生きることを知ったとき、初めて最も深い安らぎを得るのだ。そうなったらもはや生死の波に翻弄されることもない。

以上述べた大海水波の比喩は、われわれの生は風に依って海に波が立つようなものだと言っているのだ。波立つ以前にはただ海のみがあり、波はなかった。われわれの生は波が立つと共に始まる。そして、いつかその波も消える。それが死といわれるものだ。しかし、この死は風が収まらない限り、波が途絶えることがないように、生へと転じて終わることがないものだ。波はさておき、われわれがサンサーラの世界に沈淪することになったのは何故であろうか。海を渡る風に依って波が生じるように「無明の風」に依ってサンサーラの世界は始まったと言う。

仏教の十二支縁起などが教えるように人間存在の初めに無明（avidya）がある。人は無明のうちに存在（有）を獲得したのだが、それは生・病・老・死に輪廻する迷いの存在であったのだ（無明・行・識・名色・六処・触・受・愛・取・有・生・老死）。そして、われわれの生にとってひとつ死（老死）だけが一〇〇パーセント確実であるような生は、生というよりもむしろ死のようなものであり、アウグスチヌスはそのような生を「死せる生」、「生ける死」と呼んだが、どんな人も死でもって終る生など望んではいないだろう。しかし、無明に根差した生であるからこそ死が避けられないのだとすると、まず糺すべきは無明は一体どこから生じたかを問うことであろう。

それには『大乗起信論』から、つとに有名な「無明の忽然念起」を取り挙げるのがいいだろう。そこには「真如の法（一法界）」を覚《さと》ることができず、真心（自性清浄心）の上に忽然として念（心）が起こるところを指して無明という（「衆生の自性清浄心も無明の風に因りて動ずる」）。つまり、究極の真理（真如の法）は一なるものであると知ることができなければ、たちまち心が妄りに生じ、それと共に主客の二元論的な認識が始まるところに無明存在としての人間の起源を見ているのだ。

『十牛図』のコンテクストにそって言えば、真源（心源）の不覚（それを「不覚無明」という）に依って、われわれは生死に沈淪し、衆多の生を重ねる衆生になっているということだ。人間の始めに無明があり、そこから主観と客観に基づく認識が始まった。そして、われわれは見るもの（主）と見られるもの（客）が実際に存在すると信じて疑わないが、いずれも不覚に依って生じた心が主客の二つに分かれたものであり、それぞれが独自に存在しているのではない。

さらに、この主客の認識から善悪、美醜、愛憎、快苦……ありとあらゆる二元葛藤する世界が転々と現れてくる。間違ってはならないのは、これら二元性は不覚の心（妄心＝分別心）から生じてくるのであって、心の本源たる心性（真心）はこれら是非・善悪の彼方にある（「真心は善悪に縁《よ》らず。是非こもごも争うものは未だ〈真理に〉通ぜず」）。そうすると、善悪など認識の行為と共にわれわれが生死の世界（世間）に入ったことが分かる（「分別の念想の起こりしより生死はあるなり」『一遍上人語録』）。

それにつけて想い出されるのは『旧約聖書』の「創世記」である。「善悪を知る木から取って食べてはならない。それを取って食べるとき、きっと死ぬであろう」というのも、同じ人類の悲劇の幕開きを物語るものであり、神の国から地の国へ、永遠から時間へと転落した人間の初めに認識の問題があり、われわれが何の疑義を懐くこともなく当然のこととして是認してきた二元論的な思考方法の中に極めて重大な欠陥、あるいは矛盾がありはしないかということだ。具体的に言えば、是非こもごも論争しているようでは到底真理は見えてこないということだ。混迷する現代が遭遇するさまざまな問題を、分別ある大人がいろいろと思考を重ね乗り超えようとするが、他ならぬ思考（分別）そのものに現代人の盲点が隠されているのではないかということだ。ところで世に人の道を説く御仁はごまんといるが、

大道廃《すた》れて　仁義あり
知恵出でて　大偽あり

（『老子』）

と老子は言った。大いなる道（タオ）が廃れ、すっかり忘れ去られたところから人の道は始まったと知る知識人や教育者が果たしてどれだけいるであろうか。まして大道（真源）から逸脱し、存在のリアリティが分からなくなった結果として、人間の知的営為は起こり、それと共に大いなる偽りが始まったと知るに至ってはなおさらだ。われわれはこんなところで人間はどうあるべきか、真理とは何かを分析と思考を重ねながら、果てしない議論をするが、問題はさらなる問題を生み、一向に埒があかないのだ。確かに人間は少しばかり知的、論理的に考え、理性的に振る舞いはするが、一方で、分別ある大人から子供まで、悪びれることなく悪巧みを計ることに世情は事欠かない。思考は知的な論理形成の道具ではあるが、言葉巧みに偽善や策略ともなり得る。それというのもわれわれの思考というものが真源の不覚に依って生じた妄心の産物であり、善悪、真偽など相対する二元性を生み出す文字通り分別心であるからだ。一休宗純が老子を踏まえたかどうか、しばらくおくとして、彼もまた、

大道廃る時　人道立つ
知慧を離出して　義深く入る

（一休『狂雲集』）

と言ったが、大いなる道（仏の道）が廃れ、人間の脳裏からすっかり消え、もはやひとの耳目にとまらなくなった時、人の道だけが問題になる。仏の知慧から離れた愚迷の輩は、徒に意味（義）を

詮索し、喋々と人倫の道を説きはするが、それが意味のない言葉の羅列（戯論）であることは、一向に人の世の混乱は収りそうもないばかりか、ますます昏迷を深めていくことからも分かる。思考を人間の優れた特質と見る向きもあるが、また事実そうには違いないが、われわれの知性が良くも悪くも二元相対する世界を造り出すところに、その限界と不完全性が存在することを忘れてはならない。

さて、真源を覚ることができず、忽然として念（妄心）が起こると、そこに自心所現の幻境（妄境界）が現れ、ゆくりなくもわれわれは生死輪廻する迷妄の世界（三界）へと踏み込む（「一念の妄心は、即ち是れ三界生死の根本なり」『馬祖の語録』）。「世界は過誤から生じた」とする『ピリポの福音書』の言葉が思い出されるが、われわれはこの世界が真源の不覚と背反の結果立ち現れた虚妄の世界であることも知らなければ、自ら大道（仏道）を踏みはずし、迷いに迷いを重ねているうちに、自分自身が迷っていることさえ気づいていないのだ。そういう意味で、一休の次の言葉をわれわれはよく嚙み締めてみるべきだろう。

我れは本来、迷道の衆生
愚迷深きゆえに、迷えることを知らず
（一休『狂雲集』）

聖俗ともども生死の苦海に沈倫しているわれわれに、かつて臨済が「ここはあなたが久しく停住するところではない」と諭したように、この世界（世間）からかの世界（出世間）へと出ていくようにと教えてくれる親切な人は恐らく現代にいないのではなかろうか。たとえそんな機会にめぐまれたとしても、どうしてもここが「火宅無常の世界」とは考えにくいし、まして「よろずのこと、みなもてそらごと、たわごとまことあることなし」(『歎異抄』)と言われても、それこそ戯言と思ってか、思わずか、結局、できうる限り安定と長命を願いつつ、汲々と世渡りの生業に勤しむ。

そして、われわれのしていることと言えば、いつの時代もそうなのだが、真源の不覚に依って生じた心(妄心)を自分の心と見誤り(本当の心は真心である)、いかにそれを満足させようかと計っているだけなのだ。具体的には心は眼・耳・鼻・舌・身・意の「六根」に分かれるから、それらを通して色・声・香・味・触・法の「六塵」を満たすためにいろいろと試みる(「汝が一念心は三界を生じて、縁に従い境を被って、分れて六塵となる」『六祖壇経』)。要するに、日常性とはこれら感覚(六根)に根差した快苦(六塵)の経験であり、ただ快いものは取り込み、苦しく、不快なものはできうる限り遠ざけようとしているだけなのだ。しかし、このような選択こそ二元性のもとであり、一瞬の快楽を求めてはいくが、最後には失望と惨さだけが残るのだ(「一たび天堂の楽を受けて　十たび地獄の囚となる」良寛)。

ところが第三「見牛」には「声より得入し、見る処に源に逢う」とある。たった今、見聞覚知は二元性のもとであると説明したばかりであるのに、これは一体どういうことか。それはかつて霊雲は桃の花を見て、白隠は暁の鐘の音を聞いて悟りの一瞥を得たように、われわれが見たり聞いたりする極あたりまえのことが悟りの体験になりうるということだ。だからといって、今われわれがそれを見、また聞いたからといって、彼らのように覚れるものではない。そして「源」とはもちろん真源（心源）のことであり、それはまた本心、法身、仏性、本来の面目とさまざまに呼ぶが、総じて有にあらず無にあらず、色にあらず空《くう》にあらず、これを視れども見えず、何よりも言葉でないがゆえに、それとしか言《い》いようのないものである。事実、われわれは目で多くのものを見てはいるがそれだけは見えていない。だから臨済も、

赤肉団上に一無位《いちむい》の真人《しんにん》（本来の面目）あり、常に汝等諸人の面門《めんもん》より出入す。未だ証拠せざる者は看《み》よ看よ。

（『臨済録』）

と言ったのだ。このように悟りの機縁ともなる一方で、二元葛藤の要因ともなる諸器官（六根）について、今「見（眼）」に絞って話を進めるなら、多くのものを見ていながらそれを知らず、悟りの体験となりえないのは何故かということである。

見るもの（主）には見られるもの（客）があってはじめて見るということがある。これがわれわれ衆生（人間）の見るということであり、大珠慧海の「所見有るとは即ち是れ衆生眼なり」（『頓悟要門』）とは言いえて妙である。そして、われわれがこの目（衆生眼）を通してもの（色）を見るということは心を見るということであった（見色即見心）。もちろん、それはわれわれが見るようにして見られるものではない。もしそうならわれわれはすでにそれを見ているはずであり、ことさら悟りを言う必要もない。ではどのようにしてそれを見るかというと、見ないようにして見るので

ある。それが真に見るということであり、それを中国道教の思想家劉一明は「不見の見すなわち真見」（『悟真直指』）と簡潔に表現した。

見ないようにして見るとは、見るものの心なくして見るということであり、そのためには心を空じて、その本源（心源）へと辿らねばならないのだ。そうして初めて、見るもの（人）だけではなく、これまで見ていたすべてのもの（境）が消え去り、後にはそれだけが現前している。その一瞥を仏（神）ともニルヴァーナとも呼んだのだ。エックハルトが「魂が盲目となり、他のものは何も見えなくなったとき、魂は神を見るのである」（『ドイツ語説教』）と言った意味もここにある。このように見るもの（主＝人）も見られるもの（客＝境）もなく見るということが真見、つまり究極の真理（真如の法）を見るということであり、衆生眼に対して仏眼（慧眼）を以て見るがゆえに「若し見に所見なきことを得る時は、即ち仏眼と名づく」と慧海は言ったのだ。

> 無明という眼病のない聖者たちによって見られるものがある（無明に基づく衆生眼ではなく、仏眼で以て見られるものがあるということ）。ただし、彼らの認識は見ないという仕方による認識である。
>
> （チャンドラキールティ『プラサンナパダー』）

以上述べてきたことは「見（眼）」に限ったことではなく、六根すべてに当てはまる。なぜなら六根を通して経験する「六塵の境界」はいずれも心の経験領域であり、その心が除かれるともう三界・六塵ではなくなるのだ（「心を離れるときは、すなわち六塵の境界は無ければなり」『大乗起信論』）。このように、心を離れることができたら、霊雲や白隠のように同じ六根を通して経験するすべてが真実となり、ありとあらゆるものの中に仏（仏性）を見ている（「六根門、著著差《たが》うこと無く、動用中、頭頭顕露す」）。そうなったら捨て去るべきものなど何もない。見るものすべてがそれ（真理）を顕していているからだ。しかし、これは第八「人牛倶忘」以降における体験であって、第三「見牛」ではまだそこまで至らない。

水中の塩味、色裏《しきり》の膠青《こうせい》
眉毛《びもう》を眨上《さつじょう》すれば、是《こ》れ他物に非ず

自らの真源（心源）を覚ることが究極のリアリティを知ることであり、それを宗教的に悟りと呼ぶが、心源に立ち帰ることの意義と方法を知らず、妄りに心を起こし、善悪さまざまな業（カルマ）を造り、三界六道に輪廻しているのがわれわれ衆生なのだ。

善悪ともに皆ながら　輪廻生死の業なれば
すべて三界六道に　羨ましき事さらになし
（『一遍上人語録』）

しかし一方で、生死に往来しているわれわれの心を離れて心源がないことも事実であるから、われわれは何よりもまず心（今のところそれは妄心でしかないのだが）を捕え、それと取り組むことによって心の本源へと帰っていかねばならないのだ。そして、その心（牛）をわずかに捕えたところが第三「見牛」であり、牛が少し姿をのぞかせ、視界に現れた様子が描かれている。

ここで初めて人（私）と牛（心）が実際に出逢い、外に向かっていた姿勢を改め、自分自身と対峙することになるのだが（回光返照《えこうへんしょう》）、私もまた心が仮構した観念（五蘊の仮我）に過ぎないから、私の心でもって牛を捕える、つまり心でもって心を捕えようとしているのだ。第三「見牛」から第六「騎牛帰家」までに描かれている人・牛・境（自然）のすべては、心（妄心）が造り出したものであることはよく理解しておかねばならない。そして、他ならぬこの心が無始劫来生死の本《もと》であり、辿るべきは、この心を除き、その本源（真源）であると深く思いを定めて、ようやく悟りに向け、実践の道を歩み出した端緒が第三「見牛」なのである。

しかし、その心たるや途方もない代物であり、その全体が姿を現そうものなら、とても人の手に負えない荒れ狂う牛（心）になろうとは想像もつかない。いわんや心がその真源へと立ち帰るとき、われわれを取り巻く一切の境界（世界）が消え去ろうとはつゆ知らず、その佳境に浸りたゆたっているのだ。

黄鸝《こうおう》枝上　一声声
日暖かに風和して　岸柳青し
只だ此れ更に廻避する処無し
森森《しんしん》たる頭角《ずかく》　画《えが》けども成り難し

第四　得牛

序の四

久しく郊外に埋もれて、今日渠《かれ》に逢う。境の勝《すぐ》れたるに由って、以て追い難く、芳叢《ほうそう》を恋いて已《や》まず。頑心は尚《な》お勇み、野性は猶《な》お存す。純和を欲《ほっ》得せば、必ず鞭楚《べんそ》を加えよ。

頌に曰く

精神を竭尽《けつじん》して　渠《かれ》を獲得す
心強く力壮《さかん》にして　卒《にわ》かに除き難し
有《あ》る時は纔《わず》かに高原の上《ほと》りに到り
又《ま》た煙雲の深処に入って居《きょ》す

人類がここまで進化を遂げるのには種々な段階を経てきた。無機物から植物へ、植物から動物へ、動物から人間へと誰が意図したわけでもないのにここまで来てしまった。そして、人間はかつて辿った進化の全プロセスの情報を今に受け継いでいる。無機物、植物、動物、あらゆる時代の情報を人間は自らの構造システムの裡に取り込んでいる。まぎれもなく近いところでは動物時代の情報も人間の細胞一つひとつに良くも悪くも刻印されているはずだ。われわれ人間も本来土塊（humus）

第四　得牛

であり、もともと訳も判らなかったものが理性的に考えられるまでに進化してきたが、人間はここで迷っているのだ。ただ徒に生と死を繰り返すばかりで、辿るべきところが分からないでいる。

時代を人間に戻すと、あなたは生まれてこのかた経験や学習を通して、肉体的、心理的にさまざまな情報を記憶として蓄積してきた。記憶は忘れられることがあっても失われてしまうことはない。個人的なものはもちろん、集合的（種的）なものまで含めれば、それは進化の起源まで遡ることができるだろう。そしてこれらすべての情報、あるいは記憶があなたという個性を形作っているのだ。微細な無数の細胞レベルに埋め込まれた情報はわれわれの理性をはるかに超えたところで、つまり無意識のうちにわれわれの生のパターンを決定づける。従来、仏教が煩悩と呼んできた肉体的、心理的な行為の背景に記憶として蓄積された情報の圧倒的な力を見てとることができるであろう。もちろん、行為の責任は個人に帰せられるべきであろうが、行為の背景にとうとうと流れて止むことのない個人的、集合的な記憶、あるいは意識の流れが個々の人間を駆り立てて、時には国家をも巻き込む狂気へと向かわせる。そこには進化の過程でプログラムされた競争原理と帰属性ゆえに、われわれの意識は一貫して、孤立化を恐れ、生の恐怖から、究極的には死の恐怖から如何にして自分を守ろうかと図りながら、権力と快楽の追求へと向かわせる。

そして驚くべきはプログラムされた生のパターンに何の疑義を挟むこともなく、大人から子供まで社会構造の基本に同じ競争原理を認め、いたるところで歪みと混乱を生み出していることだ。もちろん、この筆者（慈恩）が「野性」という言葉で、今述べている内容を想定していたとは思えないが、人間の残忍なまでの闘争本能や、時には滑稽とも言える衝動的な振る舞いの中に、動物時代から引き継いだ残滓を認めるのにそれ程無理はないであろう。動物もまたそれぞれに内蔵された情報の支配を強く受け、多くの場合、生命の維持と種の保存のために今が充たされるならば事足りるのに対して、人間の場合は、経験や学習を通してプログラムされた記憶と感覚（六根）を通して外部から取り入れられた新たな情報が機械的に反応して、思想や信念を造り出し、それを未来に投影し、追い求めるところに動物には見られない大きな特徴がある。

人間は自分の周りに自分にとって都合のいい主義・主張の世界や欲望の世界を造り出す。人間は未来に夢や欲望を投影する動物と言えるが、それは美しい夢ばかりではない。ひとりの人間の脳裏をかすめた誇大妄想が無差別殺戮（ホロコースト）となった例は世界のいたるところで見られる。

われわれ人間は天国から地獄までどんな世界をも造り出すが、いずれも人間の思考が投影された共同幻想の世界なのだ。万物の霊長と呼ばれるまでに進化した人間が（もっとも人間がかってにそう呼んでいるだけであるが）、動物以下ともなりうることは歴史の事実がよく示している。しかも、その原因たるや思考にあることは充分に注意されていい。この思考ゆえに人間は地上における最も危険な存在ともなりうるのだ。

「われもひとも生死をはなれんことこそ諸仏の本意」であるにもかかわらず、生死の苦海に沈淪し、徒に生まれ、徒に死を繰り返してきたわれわれ人間にとって、個人的、集合的にプログラムされた記憶と思考を離脱して、自己の実存（真源）に飛躍することは恐らく至難の業であるだろう。語られることのみ多く（もっとも殆どの人の耳目に届くことはないが）、悟りが極めて稀な出来事であるのも、肉体的、心理的にプログラムされた情報の力（煩悩）に突き動かされ、ゆくりなくも人間は何度も同じ生のパターンを繰り返す。

恩愛はなはだたちがたく
生死はなはだつきがたし
（親鸞『高僧和讃』）

親鸞もまた生死を離れることは難しいと言う。しかし、それは人間にとって恩愛の情がなかなか断ち難いがゆえに離れられないということのようだ。一体、夫婦（男女）の、親子の愛情が社会の基本にあることは誰しも認めるところであろう。しかし、私のようなものが極めて個人的な事柄に踏み込むとなると内心忸怩たるものがあるが、夫婦、親子の関係が親鸞の言う生死の絆に繋ぎとめるだけの愛（恩愛）になってはいないか。愛すべきは何なのか、諭すべきは何なのか。われわれ人間はそんなことを一顧だにすることなく愛の関係を築き、分別ある大人を装ってはいるが、本当はどうしようもなく無知なのではあるまいか。そんな私たちを空海は「我を生ずる父母も生の由来《ゆらい》を知らず、生を受くる我が身もまた、死の所去《しょこ》を悟らず」と言って、なかなか手厳しい。ともあれ、どんな関係もいつかは終る。ただ終らないのは、その無知ゆえに独り生死に輪廻するあなたであり、何度も何度も愛を求めながらどうしようもなく寂しく、悲しく、不安なのであろう。

世の中の生死の道につれはなし
ただざびしくも独死独来

（『一休道歌』）

人は独りでは生きていけないという。確かにそうに違いない。しかし、独りからくる寂しさのゆえに言われているとしたら、それは違う。生の始まりと終りが独りなら（独死独来）、その間（あわい）もまた独りなのではなかろうか。そして人が、人間は本来独りであるとの厳粛な事実を身をもって受け容れ、自分自身を顧りみたら（回光返照）、「自分独りになって、かのもの独りだけを目ざして逃れ行く」とプロチヌスも言ったように、独りであることから、かの真実なるものへの飛躍が可能となる。そうなったら愛も自ずとその姿を変えるであろう。

ここでほんの一例として、古い話で申し訳ないが、ウパニシャッドの哲人ヤージュニャバルキアを取り挙げてみよう。彼にはマイトレーイーという妻がいたが、サニヤーシンとなって出家する夫にどうしても訊いておきたいことがあった。それは、人はどうすれば不死なるものになれるでしょうかというものであった。ヤージュニャバルキアは今生の別れともなる妻に「自分自身の中にあるアートマン（真実の自己）を知るものは、すべてのものがアートマンであると知って、不死になる。そのアートマンゆえに私はすべてのものを愛する」と答える。

人が美しいものに心惹かれ、いとおしく思うのも、それが内なる真実の反映であるからに違いない。しかし、美の写しの定めとしていつかは滅び、土（humus）へと帰っていく。その悲しみをわれわれは何度も経験している。愛を求めた果てになお狂おしく、切ない思いに駆り立てられるのも、実は、反映の向こうに真実なるものを予感しながら、どうしても届き得なかったことからくる諦めにも似た虚しさからではなかろうか。地上の愛は、逆説ではあるが、その不完全さを知ることにあるのかも知れない。というのも、他者に求めた真実は、実は最も近いところで自分自身の内に有り、それを見出したとき初めてわれわれは愛すべきは、諭すべきは何かを知るのだ。

夫が、妻が、子がいとおしいから愛するのではない。彼らの内にある不死なるアートマンがこよなくいとおしいから愛するのだ。否、それあることを知らず、迷いに迷いを重ねているがゆえになおさらいとおしいのだ。もしあなたが自分自身の中にそれを見出したら、すべての生きとし生けるものの中にそれを見るだろう。そうなったらあなたは永遠の愛とは、美とは何かを知るに違いない。あなたはそれなのだから（tat tvam asi）。

しかし、現在われわれは不死なる自己（アートマン）を知らず、徒に生死の苦海に身を淪めている。「自身はこれ現に罪悪生死の凡夫、広劫よりこのかた、常にしずみ、常に流転して、出離の縁あることなきなき身と知れ」とは善導の言葉であるが、確かに私自身が輪廻しているとも言えるが、私とは心が仮構した観念の巣窟（五蘊）であるから、より正しくは、心あるいは意識の連続体が輪廻していると見る方がより真実に近い。だから「輪廻の心」とも言われるのだが、一遍もまた「本よりこのかた、自己の本分は流転するにあらず、ただ妄執（心）が流転するなり」と言った。いずれにせよ私（人）と心（牛）は倶に消え去らねばならないのだ（第八「人牛倶忘」参照）。

第四「得牛」に描かれた牛の姿がそれをよく表しているように、われわれが生死に輪廻しているのは意馬心猿の如く、落ち着きなく妄りに動く心（妄心）ゆえに、天国から地獄までさまざまな妄境界が現れ、かえって心は六道を経めぐり、種々の苦しみを受けているのだ。「衆生の生死に輪廻するは、意縁走作し、心六道において停らずして、種々の苦を受くることを致す……人天地獄、六道修羅も尽《ことごと》く心に由って造らるる」（黄檗『宛陵録』）。ところが「久しく郊外に埋もれて、今日渠《かれ》（牛）に逢う」とあるように、広劫よりこのかた生死の苦海に沈淪してきた私が、その正体である妄動する輪廻の心をやっと捕えたところが「得牛」である。しかし、心（牛）を捕えてみたものの、妄動する心を繋ぎとめるのがやっとで、とても心を除くまでにはいたらない。

精神を竭尽《けつじん》して　渠《かれ》を獲得す
心強く力壮《さかん》にして　卒《にわ》かに除き難し

心は良くも悪くもありとあらゆる想念を生み出すプロジェクターのようなものであり、われわれは実際そこには存在しないにもかかわらず、スクリーン上に次々と現れる映像を見て、喜んだり悲しんだりと自らの心を乱しているのだ。さらに心は、上は天国から下は地獄まで自心所現の幻境に自ら迷い、一瞬たりとも落ち着くということがない。

有《あ》る時は纔《わず》かに高原の上《ほと》りに到り
又《ま》た煙雲の深処に入って居《きょ》す

心は六道を輪廻してさまざまな苦しみを経験してきたというのに、「世間の希望」にまだ未練があるのか、「苦悩の旧里はすてがたく」、恩愛の情に恋々とする（「境の勝れたるに由って以て追い難く、芳叢《ほうそう》を恋いて已《や》まず」）。寄せては返す波のたわむれが、四季折々の自然の営みが何かこよなく美しいもののように見える。人工の街は日々変貌し、人は吸い寄せられるように歓楽の巷に出没する。一度しかない生命を惜しむかのように、人はあれもこれもと夢を追い、新たな刺激を求めて外を駆けずる。

かかる苦悩を受し身の　しばらく三途をまぬかれて
たまたま人身得たる時　などか生死をいとはざる
人の形になりたれど　世間の希望たえずして
身心苦悩することは　地獄を出たるかいもなし

（『一遍上人語録』）

生死を離れるためには妄動する心を捕え、除くことによって心の本源へと帰っていかねばならないのだが、心の内側でとりとめもなく想念が流れていることさえわれわれは気づいていない。否、気づいていないからこそ心は妄りに動くのだ。ただ学問を通してたくさんの知識をつめ込み、心に納得することがあっても、心を除こうとする人は本当に少ない。「多く聡明の人を見るに、妄心了々とするを以て、此《こ》の妄心を放って下さず」（『円悟心要』）。たとえ妄心（妄りに起こるわれわれの心）であっても是非・善悪の判断ぐらいならできる。否、難解な理論や煩瑣な仏教の教義だって理解できるだろう。しかし、この心でもって真理を覚ることはできない。ただ分別ある知識人となるかも知れないが、そのためにかえって真理はますます遠退く（「心をもって学取せんとほっせば、即ち転《うた》た遠ざかる」）。黄檗が「多和多解」はかえって悟りの障りになると言うのも、われわれの知的欲求が心（妄心）の領域を出ないからである。さらに、真理は一なるもの（法界一相）であるにもかかわらず、日常経験の基本に、卑近な例ではあるが、好きとか嫌いとか、損だ得だと常に対立を生み出している自分がいることはまぎれもない事実である。われわれが執拗に二元論的な思考に終始するのは、現在われわれの心が真源の不覚に依って生じた文字通り分別心（妄心）であるからだ。

私たちはこれまで、自らの好みや判断に随って選択する自由があって当然だと思ってきた。そしてわれわれの自由とは、人に迷惑をかけなければ何をしようとも許されるという一事に尽きるであろう。私も敢えてそれに異議を挟むつもりはないが、ただ迷惑しているのはあなた自身だとは言っておきたい。「世々生々にも迷いければこそありけめ」と自己を反省し、「生死出ずべき道」を求めた親鸞を引き合いに出すまでもなく、他ならぬ自分自身が迷いを重ね、惑っているとはっきり自覚しない限り、本当の意味で宗教など問題にはなってこない。その証拠に殆どの人にとって宗教など必要とされないし、せいぜい宗教と言えば、夢をかなえてくれる神（仏）の信仰で事足りるのだ。もっともそんな都合のいい神や仏がいるとしての話だが……。

ともあれ、自らの心に迷惑し、二元論的な思考が続く限り（現在そうなっているのだが）、真理は見えて来ない。なぜなら善は悪と、生は死と、愛は憎と対立しているように見えるのはあなたの心に依るのであり、あなたは絶えず二元性の間を揺れ動き、これには終るということがないからだ。ところが、僧璨は、われわれが真理に至るのに難しいことは何もないと言う。

至道無難　唯《た》だ揀《けん》択《じゃく》を嫌う
但《た》だ憎愛莫《な》ければ　洞《とう》然《ねん》として明白なり。

（僧璨『信心銘』）

われわれが妄りに取捨、選択をするから「家山漸《ます》す《ま》遠く、岐《き》路《ろ》俄《にわ》かに差《たが》う」のであって、ただ好悪、愛憎、真偽、損得などを分別する心を息《や》め、その本源へと辿り着くならば、そこに真理は本より了々と現前しているということだ。

心というものは二元性しか理解できない。しかもわれわれはずっと二元論的な思考方法に慣らされてきているために、どうしてもこの心から離れられないのだ。しかし、この心を除かない限り、対立二つながらの源である一元性の世界（法界一相）を知ることはできない。そのためには妄りに動く執拗な心（頑心）を、一切の分別を挟むことなく注意深く観察すること（鞭楚《べんそ》）が必要なのだ。なぜなら、心は二元論的な思考を本質としているから、それ以上分別を加えなければ、自らその存在の基盤を失って自然に消え、心の本源へと帰っていくのだ。「若し岐路の心、一切取捨の心無く、心木石の如くならば、始めて道を学ぶの分有らん」（黄檗『宛陵録』）。

　頑心は尚《な》お勇み、野性は猶《な》お存す
　純和を欲得《ほっ》せば、必ず鞭楚《べんそ》を加えよ

第五　牧牛

　序の五

前思纔《わず》かに起これば、後念相い随う。覚《さと》りに由るが故以《ゆえ》に真と成り、迷いに在るが故以《ゆえ》に妄と為《な》る。境に由って有なるにあらず、唯だ心より生ず。鼻索牢《つよ》く牽《ひ》いて、擬議を容《い》れざれ。

　頌に曰く

鞭索《べんさく》　時時　身を離れず
恐るらくは伊《かれ》が歩を縦《ほしいまま》にして埃塵《あいじん》に惹《ひ》かれんことを
相い将《ひき》いて牧得《ぼくとく》すれば純和《じゅんな》せり

羈鎖拘《きさこう》することなきも自《おのずか》ら人を逐《お》う

菩提樹の下で悟りを開いたとされる仏陀を覚者と呼び、覚者とは真理に目覚めた人という意味であることは周知の通りである。一方、われわれ衆生はと言えば、いずれ目覚めるであろうが、今はぐっすりと眠りこけて、生死の夢を見ている者の謂だ。

しかし、われわれの一日も夜の眠りから目覚めたところから始まる。そうすると違いは何なのか。この矛盾は次のように理解することで解決される。つまり、われわれは眠りに就いている間はもちろん、目覚めてもなお眠りの状態にあるということだ。従って、覚者とは後者の眠りから目覚め、自分はもとよりすべての人の中に真理を見た人のことであり、衆生とは目覚めた後でも依然眠りが続いているために自らの本性（仏性＝自性）に気づいていない者のことだ。そして、自らの本性を知ることが究極のリアリティを知ることであると仏教（禅）は教えているのだ。『十牛図』の文脈にそって言えば、真源の覚・不覚に依って諸仏ともなれば衆生ともなる。そして真源の不覚に依って心（妄心）が生じるが、妄心だからといって、何も考えないのではない。否、妄心（妄りに起こる心）だからこそ、善いことと悪いことさまざまな想いが心をかすめるのだ。また、思考を武器に議論を吹っ掛け、策を練り、計算高く振る舞うことだってありうる。

では、思考の本質とは何であろう。まず思考は、思考（客）と思考するもの（主）の間にある緊張感に依って支えられている。換言すると、思考にエネルギーを与えているのは、思考するもの自

第五　牧牛

身であるということだ。しかし、ここには微妙なトリックがある。というのは、思考と思考するものの間に時間的、空間的な距離（ギャップ）がなければ思考を練り、追い求めるという緊張感は生まれてこない。ではこのギャップはどこから生じたかというと、真源の不覚に依る心から、しかもまやかしとして生じてきたのだ。なぜかというと、思考と思考するものは同じ心が造り出した観念でありながら、われわれはそれぞれが別箇に存在するがごとくに思考を巡らす。しかし、思考と思考するものは同じ心であり、思考は思考するものであるのだ。

思考と思考するものの間にある見せかけの距離に欺かれ、思考を追い求めていくこと、それが欲望なのだ。そして生はどこまでも欲望の投影であり、その達成にこそ生の意味はあると見ているのであろうが、欲望の本質は今述べたように、心が生み出したものを心が追い求めるという矛盾なのだ。言うことが憚られるが、人間とは目の前に自分でぶら下げた人参を把えようとして走り続ける馬のようなものなのだ。

そこで、もしあなたが思考は思考するものであると気づいたら、同じことであるが、心が生み出したものを心が後から追いかけているだけと本当に知ったら（「前思纔《わず》かに起これば、後念相い随う」）、あなたは思考を追うことを止めるに違いない。そうすれば思考など立ち所に消えてなくなるだろう。思考はあなたが追い求めている限り存在しているのであって、あなたの方から手を引けば思考などどこにもない。思考とはあなたの心を一瞬とらえた妄想（妄念）であり、われわれが現実と呼ぶものは良くも悪くもこの妄想が造り上げた共同幻想の世界なのだ。

さて、思考（妄想）が消えると、それを生み出していた心も妄りに動くことを息《や》め、無為寂静の本来の心へと帰っていく。心の本源はもとより完全に目覚めた不生不滅の心、すなわち真心（自性清浄心）の領域である。そこにはいわゆる心が経験する喜びや悲しみはないけれども、静寂と安寧があり、決して暗まされることのない光と明晰さの中に真実が了々と現前している。この内なる真実（真源）を仏性とも如来蔵とも呼ぶことはすでに述べた。しかし、われわれはそれを夢や欲望といった妄想（思考）で覆うがゆえに、それが見えてこないのだ。

一切の有情、皆本覚の真心あり。無始以来、常住にして清浄、昭々として昧《くらま》されず、了々として常に知る。また仏性と名け、また如来蔵と名く。無始の際より妄想これを翳《かざ》して自ら覚知せず。

真源を覚れば「本覚の真心」となり、たちまち六道・四生を出て、真実の自己（仏）に目覚め、迷えば「不覚の妄心」となって、三界虚妄の世界に沈淪する凡夫（衆生）となる（「覚《さと》りに由《よ》るが故以《ゆえ》に真と成り、迷いに在るが故以《ゆえ》に妄と為《な》る」）。真ともなれば妄ともなる、同じことであるが、仏ともなれば衆生ともなる、いずれも真源の覚・不覚に依るのだ。そして本有の真源（心源）を覚ることが究極のリアリティを知ることであり、それを宗教的に悟りと呼ぶが、それを『大乗起信論』は「心源を覚るをもってのゆえに究竟覚《くきょうかく》（仏）と名づく」と言った。ところが、道を修する者（学道の人）は自らの心源（心体）を知らず、その無知ゆえに生じてきた心（妄心）で以て仏（神）をどこかに探し求めるが、それほど誤った道（悪法）もない、と黄檗は言う。

学道の人はこの心体（心源）を悟らず、すなわち心上に於て心を生じ、外に向かって仏を求め、相に著して修行す。皆な是れ悪法にして、菩提の道に非ず。

（黄檗『伝心法要』）

心が生ずれば（心は真源の不覚に依って起こる）、その心にとってのみ意味のある世界（妄境界）がいくらでも現れてくる。そして心は、われわれが経験するあらゆる悲喜劇の創造者であるだけではなく、奇妙なことに、その悲喜劇に一喜一憂しているのもまた心なのだ。このように一切の境界はただ心が妄りに起こるがゆえに存在するのであって、決してその逆ではない（「境に由って有なるにあらず、唯だ心より生ず」）。だから第五「牧牛」では妄りに動く心（牛）をしっかりと捕え、ためらうことなく真源（心源）へと帰っていく様子が描かれているのだ（「鼻索牢《つよ》く牽《ひ》いて、擬議を容《い》れざれ」）。

心を離れて世界はなく、世界を離れて心もない。世界は心が投影したものであるのに、かえって心はその世界に執われ、巻き込まれてしまうのだ。心と世界は数限りない悲喜劇を繰り返しながら、どこに行き着くということもなく歩みを共にしてゆく。このように心が投影したものに心が把えられ、転々と同じ所で堂々巡りしていることがサンサーラなのだ。こんな状況でどんなに分析と思考を重ねようとも世界の本質は見えてこないだろう。心の現れに過ぎない現象世界（自心所現の幻境）を同じ心（思考）でもって解明しようとすること自体に無理があるのだ。「思考それ自体が現象の一部であり、完全に現象の中に巻き込まれているから、思考により現象の根源を理解することは恐らく不可能である」（シュレーディンガー）。

私は学問を貶めるものではないが（確かに生計を立てる手段としての意味は持っている）、ここに言う真理と学問が求めてきた真理の間には明らかな相違があることだけは明確にしておかねばならない。まず人間の特質は思考にあり、思考を手掛りに真理を探し求めてきたのが哲学をはじめとする学問といわれるものであろうが、くさぐさの知の大系を積み上げ、学識豊かな人となろうとも、そこで扱われている真理は事物・事象の記述であって、それらを含む存在のリアリティを問うているのではない。それではと、われわれがリアリティとは何かを問い始めたら、それもまた正しいアプローチの仕方とは言い難い。というのも、真理はデータを集め、熟考の果てに纏められる公式や見解でもなければ、まず何よりも言葉でも数式でもないからだ。思考（見解）そのものが夢や欲望と同じ一つの質、すなわち心（不覚妄心）の産物であり、真理を覆うヴェールになっているから、むしろ思考（心）そのものを除かねばならないのだ。「真を求めることを用いず、唯《た》だ須《すべか》らく見（見解）を息《や》むべし」。

さらに、学問は最後には客観性と普遍性が問われてくることになるから、いわゆる客観的真理を求めていることになる。それに対して、宗教は主体的真理を問題にしているといわれるが充分に理解されていないようだ。主体的真理とは、すでにその構造自体に問題があると指摘した、知るもの（主体）と知られるもの（客体）という二元論的な認識構造から得られる真理を（これを客観的真理という）、主体的に求めていくことではなく、真理を求めている「私」とは一体何かを問うこと、つまり自己認識の問題なのだ。すると、それは何も学問に限ったことではなく、求める対象や目的は何であってもいい、それを手に入れんがために血道をあげているあなたは一体誰かが問われているのだ。

ところがあなたは、私とは何かを改めて問うまでもなく、自分の身心を指して「私」と言うかも知れない。しかし、それは空海の言う「五蘊の仮我」であるから、それが自己認識にあたらないことは明らかである。もしそうなら瑞岩師彦のように、毎日自らに「主人公」と呼びかけ、「人の瞞《まん》を受くることなかれ」（『無門関』）と自戒するはずもない。自己認識とは彼の言う主人公、すなわち真実の自己（真我）を知ることなのだ。ところが仮我に過ぎない身心を自分と取り違え、無始劫来生死の夢を見ているのがわれわれ人間なのだ。私はかつて、人間は存在するものの中で最も不誠実なるもの、しかも自分自身に対して不誠実なのだと書いた。瑞岩は人に騙されるなと言うが、誰もあなたを騙しはしない。騙し続けてきたのはあなた自身であり、もう充分すぎるほど自己欺瞞を生きてきたのだ。

仏教は悟りの、あるいは成仏の宗教であると言われるが、そのためには何か修行が必要であり、とりわけ苦行のイメージが強いが、先程も述べたように真・妄、仏・人の違いは真源（心源）の覚・不覚に依るのであるから、その取り組みには少し注意を要するようだ。少なくとも悟りは善を修め功徳を積み上げていくことによって、いつか達成されるようなものではなく、真源を覚った人を仏（覚者）と呼ぶことは充分注意されていい。もしそうでなかったら悟りの体験は、日々われわれが設定する努力目標と同じように、原因と結果、成功と失敗が常に問われるようなものになってしまうだろう。しかし、悟りの体験は因果成敗というような二元対立を超えている。より正確には真源そのものがあらゆる二元性の彼方にあるのだ。だからといって真源をあなた以外のどこかに探し求めるというのも間違いである。なぜなら、真源はあなたが覚ろうが、覚るまいがあなたを含むあらゆる存在の基盤として常に変わらず存在し、真源はあなたの心源でもあるからだ。

そして真源（心源）が本より清浄な仏性を表しており（心性本浄）、それを自性清浄仏と呼ぶこともすでに説明した。しかも、この仏性（真霊の性）は地獄の業火にも焼かれることはなく、一度も失われたことがないものである。あなたにとっても「仏性は不断の有性」であるから、「性本《もと》より清浄にして修成を待たず」と慧海も言ったのだ。このように、不生不滅の心の本性（心性）が仏なのであるから、「心を離れて仏を求める者は外道なり」と厳しく注意を促しているのであるが、その一方で「心は是《こ》れ仏なりと執する者は魔と為る」と言うのはなぜであろうか。それはわれわれが普通に心と呼んでいるものは、真源の不覚に依って生じた妄想・転倒の心（妄心）を指しており、心性を覆う偶有（客塵煩悩）であるから、そんな心が仏であるはずはないからだ。

さらに客塵に過ぎないこの心（妄心）でもって仏道を修するなど「滑泥にて垢を洗う」ように愚かな行為なのだ。それがたとえ善き業であっても、根底にあるのは不覚の妄心であり、その心が迷いであるからだ。そんな心でもって悟ることなど万劫を経るともありえないばかりか、ますますわれわれをして生死の絆に繋ぎとめることになる（「一生のあいだおもいとおもうことみな生死のきづなにあらざることなし」『歎異抄』）。従って、修行をいうならばこの心を除くことであり、決してこの心を仏などと呼んではならない。

学道の人　真を識らざるは　ただ　従前の識神《しきしん》（心）を認むるがためなり
無始劫来生死の本　痴人は喚《よ》んで本来人（仏）となす

（『無門関』）

しかし、妄動する心（妄心）を除き本来の心（心源）へと帰って行くために、ただ煩悩や欲望を封じ込めるだけではかえって内に閉ざされたエネルギーは鬱々とそのはけ口を求め、あらぬ方向に暴走しかねない。また、何の予備知識もなく無理やり心でもって心を除こうとすると、かえって心は乱れるばかりであろう。というのも、心（妄心）を除こうとする心もまた妄心であるからだ。

妄を起して妄を遣《や》るも、亦た妄を成す。妄本《も》と根なし、祇《た》だ分別に因って有り。你《なんじ》ただ凡聖の両処に於て情尽きなば、自然に妄無けん。

（黄檗『伝心法要』）

従って、われわれは心あるいは欲望のからくりに気づき、妄動する心をあえて除こうとするのではなく、いわんや、追い駆けるのでもなく、善悪・凡聖など一切言わず、心の動きをひたすら観察するならば（時時に鞭索《べんさく》するならば）、心はその落ち着きどころを自ら見出して、その本源へと自然に消え去るのだ。

鞭索《べんさく》　時時　身を離れず
恐るらくは伊《かれ》が歩を縦《ほしいまま》にして埃塵《あいじん》に惹《ひ》かれんことを
相い将《ひき》いて牧得《ぼくとく》すれば純和《じゅんな》せり
羈鎖拘《きさこう》することなきも自《おのずか》ら人を逐《お》う

第六　騎牛帰家

序の六

干戈《かんか》已《すで》に罷《や》み、得失還《ま》た空ず。樵子《しょうし》の村歌を唱え、児童の野曲を吹く。身は牛上に横たえ、目は雲霄《うんしょう》を視る。呼喚《こかん》すれども回《かえ》らず、撈籠《ろうろう》すれども住《とど》まらず。

頌に曰く

牛に騎って迤邐《いり》として家に還らんと欲す
羌笛《きょうてき》声声　晩霞《ばんか》を送る
一拍一歌　限り無き意
知音は何ぞ必ずしも唇牙《しんげ》を鼓《こ》せん

生には二つの旅がある。一つは時間の中を行くホリゾンタルな旅であり、もう一つは自らの内なる実存へと向かい、永遠に行き着こうとするヴァーティカルな旅である。われわれが意識的に後者の旅を辿らない限り、生から死へと至る前者の旅はいつ果てるともなく続いて行く。そして、いずれの旅にも帰るべき我が家がある。前者の場合、あなたは身体の疲れを癒し、翌日にそなえてエネルギーを確保するために、一日の仕事を終えて帰る家だ。しかし、その家は、サンサーラの世界（法然が言う「生死流転の家」）にあなたが建てた仮の宿に過ぎない。一方、内なる実存（本源）へと向かう後者の旅は死すべきものから不死なるものに至り、そこはあなたが帰るべき本当の我が家であり、ニルヴァーナの世界（同じく「寂静無為の楽《みやこ》」）なのだ。仏弟子を自認する空海もまた人間には帰るべき永遠の故郷があることを知ったものの、その方法が分からず、悲嘆に暮れた日々を回想して、次のように言う。

弟子空海、性熏《しょうくん》我を勧《すす》めて、源《みなもと》（本源）に還《かえ》るを思いとなす。径路未《いま》だ知らず。岐《ちまた》に臨んで、幾たびか泣す。

（空海『性霊集』）

また、仏法を求めて大珠慧海が初めて馬祖に参じた時、馬祖は彼に対して次のように諭したと歴史は伝える。「自家の宝蔵を顧《かえり》みず、家を抛《なげう》って散走してなにをか作す」と。もちろん仏教は、何か目的のために忙しく散走することではないが、少欲知足を美徳としたり、清貧の生き方を説いているのでもない。「自家の宝蔵」が示すように、宗教とは自らの家郷（家山）に辿り着きさえすれば、そこにすべては円かに具わり、一つとして欠けるものがないという体験なのだ。その時すべての欲望が消える、少欲すらもない。しかし、人は「自家の宝蔵」があることを知らず、長者窮子《ぐうじ》の譬えのごとく、家郷を投げ捨てて異郷を彷徨い、さながら乞食のように、あれもこれも手に入れようとするが、いつも何か欠けているのだ。

長者の家の子となりて
貧里に迷うに異ならず

（白隠『座禅和讃』）

この貧里に迷う欠乏を裏返したものが欲望であり、その欲望と不満はあなたが「自家の宝蔵」を知るまでなくならない。仏教（宗教）は、ややもすると禁欲を説いているように思われるが、そうではない。欲望とは「自家の宝蔵」を知らず、家郷を投げ捨てて、外へと彷徨い出たあなたのあがきであり、空しい努力であると教えているのだ。なぜなら、あなたがこの地上で手に入れるものであなたのもとに永遠に留まるものなど何かあるだろうか。名誉、地位、権力、財力……何であれ、あなたはすべてを残して独り旅立つ。だから馬祖は、言葉の最も厳密な意味において、あなたのものと言えるのはただ一つ「自家の宝蔵」であり、それを顧みることなく、何をし、何を手に入れようとも無意味だと言おうとしたのだ。

「自家の宝蔵」は「摩尼珠」（永嘉大師）、「一顆《か》の珠」（良寛）などさまざまに呼ばれ、道元は「人人夜光の珠を握り、箇箇《ここ》荊山《けいざん》の玉を抱く。若《いか》んが回光返照《えこうへんしょう》せずして、甘んじて宝を懐いて邦《くに》に迷うことをせん」と言った。誰もが本来有している宝珠こそ無明の闇を照らす灯火であり、それを知ればたちまち彼岸（ニルヴァーナ）に遊ぶというのに、人は外側ばかりを探し、決して内側（心中）を顧みる（回光返照）ことがない。この何ものにも比すことのできない「無価の宝」を内に懐きながら、輪廻際なき生死の苦海（邦）を経巡っているわれわれ人間は、盲目の驢馬が闇雲に走るように危険なものであることを寒山は次のように詠んだ。

千生万死　何時《いつ》か已《や》まん
生死来去　転《うた》た情を迷わす
心中　無価の宝を識《し》らざるは
なお盲驢《もうろ》の脚に信《まか》せて行くに似たり

（『寒山詩』）

しかし、もしあなたが「自家の宝蔵」を知ることができたら、自分だけではなく、すべての人の

第六　騎牛帰家

内側に本より同じものがあると知るだろう。否、人間だけではなく、存在するすべてのものの中に、それが一塵であっても、同じ真理が宿されていると知るだろう。そして、この事実を知ることが仏法であり、そのためには何よりも自分自身の心を観察し、永遠の故郷である心の本源（心源）へと帰っていくことが必要なのだ。「偏く十方界に、一微塵ばかりもこれ自家の財宝ならざるものなし。ただ子細に自心を観察せよ」（慧海『頓悟要門』）。

禅というよりも、宗教を分かり易く言えば、第六図の「騎牛帰家（牛に騎って家に帰る）」ということになるだろう。というのも、これほど直截簡明にわれわれ人間が辿るべき目的地とその方法が語られているものは少ないと思うからだ。宗教はわれわれ人間には帰るべき本当の我が家があること、それには牛に騎って、とは心に乗じて帰っていけばいい、すなわち「即心是れ道」と教えているのだ。つまり、われわれをして永遠の故郷へと渡してくれる大いなる乗り物が心なのだ。それは恰度『大乗起信論』が「大乗とは衆生心なり」と喝破したように、サンサーラの世界（此岸）からニルヴァーナの世界（彼岸）へと乗せて渡すものはわれわれ自身の心（衆生心）であるというに同じだ。たとえそれが今、煩悩に覆われた「不覚の妄心」であっても、それと取り組むことによって、「本覚の真心」、すなわち真如界（ニルヴァーナの世界）へと辿るしか術がないのだ。ところがわれわれ人間は、心の内側に帰るべき本当の我が家があることを知らず、徒に六道・四生を往来し、さまざまな苦しみを受けているのだ。

先に引用した空海の「本宅」という概念（「衆生は狂迷して本宅を知らず。三趣に沈淪《ちんりん》し四生に跉跰《りょうびょう》す」『十住心論』）は、われわれには帰るべき我が家があることを示す端的な例であるが、逆に言えば、ここ（此岸）はわれわれが存在すべき本当の場所ではないということだ。狂迷して本宅があることを知らない大人が家（本源）に帰ろうとするはずもなく、繰り返し火宅無常の世界で仮の住いを営々と築き、地位や名誉に汲々としている。そんな彼らが居場所を求めて根無し草のように漂い、ますます存在のリアリティが希薄になっていく現代社会の病巣と原因を指摘できるとはとても思えない。本宅を忘れ、場末に居を構えて何とするのだろう。よくよく人間は本末転倒の凡夫であるようだ。宗教とはこの転倒を糺し、本源（本宅）へと帰っていくことなのだ（第九「返本還源」参照）。その根本思想は、人生の目的が夢や欲望を満足させることにあるのではなく、われわれがそこからやって来た本源（真源）が目的地であるということだ。そして、そこに辿り着いて初めて人間は究極の完成と安息を得るのだ。

本源に帰るという思想は洋の東西を問わず見うけられる。例えばプロチヌスは「すべての探求は始源に向かって進み、これに到達して静止するのである」と言う。われわれ人間がこの地上で求めているものは恐らく人類の数よりも多いだろう。われわれは生涯を通して探し求めるが、それで満足するかというとそうでもないようだ。というのもこの探求には終るということがないからだ。われわれが本当に求むべきは始源（本源）にあることを知らないからこそ、ひたすら外側を探し求め、その欲求に果てしがないのだ。プロチヌスはこの地上（世間）に存在するよりも再び始源に帰る方が存在的に優れていると見ているのだ。

エックハルトもまたこの本源（魂の根底）に帰ることを流出（ausfließen）に対して突破（durchbrechen）と言い、われわれが帰趨すべき第一原因のうちに真実の自己（本来の面目）への回帰を見ていた。「突破は流出よりも高貴である……突破において、わたしは一切の被造物を越え、神でもなく、被造物でもなく、むしろ、わたしはわたしがあったところのものであり、今も、これからも絶えることなくあり続けるところのものである」（『ドイツ語説教』）。

そして『トマスの福音書』は、それを極めて簡潔に「始めがあるところに終りがある」と言う。われわれが始めに在ったところがわれわれの辿るべきところであるという意味であるが、始源がわれわれの帰るべき終局の目的地であるということ、これは深く心に留めておかねばならない。というのも、人間はどこから来てどこへ行くのか、恐らくこれが人間の究極の問であろう。われわれはそれが分からないために迷いに迷いを重ねているのであり、その問に対する答がここにあるからだ。そして、始めが終りであることを禅は一円相で表し、すべてが円かに完成された象徴として用いてきたのだ。

真源の不覚に依って心が生じると六道・四生に彷徨う衆生となり、覚れば心は滅して一仏に帰す。心が生ずればあなたは衆生となり、心が滅するとき仏となる。従って、われわれ衆生が辿るべきプロセスは不覚に依って生じた心（末）を摂して再び心源（本）へと立ち帰ることであり、それを「返本還源」と同じ意味で「摂末帰本」ともいうが、心から心の本源へと帰ることが過去のすべての仏（覚者）たちが辿った道であり、また心源に住して初めて仏道（利他行）を修することにもなるからだ。彼らは初めから仏を求めていたのではない。だから慧海も「聖人は心を求めて仏を求めず、愚人は仏を求めて心を求めず」と言ったのだ。仏を心以外のどこかに、厳密に言えば、心源（心性）以外のどこかに探し求めることは、仏が仏を追い求める愚を犯しているのだ。

心すなわち仏なり
心を離れて仏なし

（『ヘーヴァジュラ・タントラ』）

宗教は言うまでもなく病める心を分析し、治療を施して、再び現実（これが問題なのだ）に適応させることではない。健全な心と言うべきか、はたまた凡様な心と言うべきか、その出自と機能を明らかにし、その心を摂して再び心源へと辿る実践の道を教えようとしているのだ。なぜなら、それが他でもない仏（本源真性の仏）であるからだ。

唯だ直下《じきげ》に頓《とん》に自心は是《こ》れ仏なりと了して、一法の得べき無く、一行の修すべき無き、此《こ》れは是れ無上の道なり。此れは是れ真如仏なり。

（黄檗『伝心法要』）

第三「見牛」で初めて牛が少し姿を現し、人と牛（心）が対峙することになった。その後「得牛」「牧牛」では人は妄動する牛に鞭楚を加え、ようやく手なずけるまでになったが、第六「騎牛帰家」に進むと、人が牛に騎って我が家へ帰ろうとしている。

人が牛（心）を手なずけるというプロセスの中にも鞭楚を加えるもの（人）と加えられるもの（牛）という主客の分離が認められた。そして、主客の二元論的な思考方法が「世間の本《もと》」であり、あらゆる緊張と混乱を生み出す元凶であるが、この分離は心のまやかしとして存在することもすでに説明した。つまり、すべての行為の根底に心があり、その意味において心は行為の実行者と言える。しかし、実行者という観念はいとも簡単に確固たる輪郭を持った私というイメージに結びつけられ、私は存在すると確かに思わせるものがある。しかし、それは空海が「五蘊の仮我」と呼んだものであり、元を辿れば、とりとめもなく妄りに起こる心の連続体が私という観念を造り上げているだけなのだ。つまり、心を支配しさまざまな感情や思考を生み出している私がその背後に存在しているのではなく、心そのものが私でもあるのだ。

例えば、怒りを鎮めなければとんでもない結果を招くかもしれないと必死に怒りを抑えようとしている人がいるとしよう。怒り（客）とそれを抑制する人（主）の間にある主客の分裂が葛藤を生み出していることは確かだ。そして感情的に激することなく、理性的に振る舞えば、世間では大人だと見なされる。それはそうに違いないが、ここで問題なのは、怒りもその人なら、抑えるのも同じ人であることだ。われわれの経験としては主客が二つあるように見えるが、実は心が自ら抑制するものと抑制されるものに分かれているだけなのだ。

第四「得牛」、第五「牧牛」において、人牛が繰り広げてきた争いもまた心の分離がもたらしたものであり、心でもって心を抑制しようとしてきたのだ。それが第六「騎牛帰家」に進むと、人牛（主客）の争いも終り、まだ主客の区別は残るものの、主客は共に心が仮に区別したまやかしと認識しているために、もはや二元論的な見方に惑わされることなく、心を摂してその本源へと帰ろうとしているのだ。それゆえ第六図には、人が牛に騎って、主客が本来一つであることを表し、世間にあって世間の知恵（識者の戯言）を後にして、客舎に過ぎない三界（世間）を縁に任せ、独り主客未分の我が家、すなわち真源（本源）へと帰る様子が描かれているのだ。

干戈《かんか》已《すで》に罷《や》み、得失還《ま》た空ず。樵子《しょうし》の村歌を唱え、児童の野曲を吹く。身は牛上に横たえ、目は雲霄《うんしょう》を視る。呼喚《こかん》すれども回《かえ》らず、撈籠《ろうろう》すれども住《とど》まらず。

主客が本来不二であることを体験的に覚らない限り、主客の分裂から生じてくる善悪、愛憎、得失……など二元葛藤する生死の世界（世間）を離れることはできない。先に挙げた『成唯識論』の「二取（能取・所取＝主・客）の随眠《ずいめん》はこれ世間の体《たい》なり。唯《も》しこれのみをよく断ずるを出世間と名づく」を『十牛図』の文脈にそって読み変えると、人牛（主客）が本来不二であると覚れないかぎりわれわれは世間（サンサーラ）に留っているのであり、人牛倶《とも》に実体的に捉える妄執を離れることができれば出世間（ニルヴァーナ）となろうということだ。しかし、第六「騎牛帰家」ではまだ人牛（主客）が断じられるところまではいかない。ようやく心を摂してその本源である我が家（自家の宝蔵）へと帰り始めたところである。

牛に騎って迤邐《いり》として家に還らんと欲す
羌笛《きょうてき》声声　晩霞《ばんか》を送る
一拍一歌　限り無き意
知音は何ぞ必ずしも唇牙《しんげ》を鼓《こ》せん

第七　忘牛存人

序の七

法に二法なし、牛を且《しば》らく宗と為す。蹄兎《ていと》の異名に喩《たと》え、筌魚《せんぎょ》の差別を顕《あら》わす。金の鉱より出ずるが如く、月の雲を離るるに似たり。一道の寒光、威音劫外《いおんごうげ》。

頌に曰く

牛に騎《の》って已に家山に到ることを得たり

牛も也《ま》た空じ　人も也た閑《しず》かなり
紅日三竿《こうじつさんかん》　猶《な》お夢を作《な》す
鞭縄《べんじょう》空しく頓《さしお》く草堂の間

現在人間が自然を支配し、ますます進む環境の破壊と汚染に立ち至った根本原因は、人間を自然から分離した存在として捉える思考の構造的な習性にある。さらに、この傾向は自己と他者の間に見られるだけではなく、最も身近なところで、人間を肉体（身）と精神（心）の二つに分けることにも当てはまる。われわれはこの分離を当然のこととして容認し、積極的に人間の行動原理の基本に据えてきた。しかし、この分離が広い意味での暴力（破壊）や闘争を生み出していることにわれわれは気づいていないようだ。それは自殺ひとつを例にとっても、肉体と精神の分離が自らに下した暴力となって現れる。いずれにせよ、この分離は再び折り合いをつけねばならないのだが、その意義と方法も分からないまま、現代はさらに混迷を深めていくようだ。もちろん、人類が陥った根本的な病巣をひとりの思想家に帰すべくもないが、近代哲学の祖とされるデカルトの二元論的な自然観、すなわち精神と物質の分離はその典型的な例と言えるだろう。

　デカルトの方法論は哲学だけではなく、すべての学問の基本とされ、とりわけ自然科学は大きな発展を見たわけだが、思考するもの（cogitans）と延長されたもの（extensa）の分離は心、といってもそれは縷々述べてきた心源の不覚ゆえに生じた妄心（分別心）であり、それが主体と客体の

第七　忘牛存人

二つに分裂したに過ぎないことを東洋は早くに指摘していた。例えば『大乗起信論』は不覚に依って心が起こる無明（無明業相）と共に、見るもの（能見相＝主体）と見られるもの（境界相＝客体）の二つに分かれると言う。しかもこれらは人間意識の深層における出来事であるがゆえに（三細）、誰も注意を払うことはないけれども、すべての経験の根底にある無知と迷妄の元凶と断じ、「世間の体《たい》」をなしているものなのだ。

真理（仏教はそれを「法」とも言う）は本来一つなのだが（法界一相）、心源の不覚ゆえに心は主客の分裂をきたし、さらに主観をまじえて対象（客観）に好悪、是非、損得といろいろと計り、すべてを二つに分割（vikalpa）する。そして自分にとって都合がよく、利益となるものは手段を選ばず取り込み、支配しようとするが、「もしあなたが、ただ外面的に被造物を支配するならば、あなたはその意志と支配をもって獣のようなあり方のうちにあり、もっぱら形像的な、かりそめの支配のうちに留まるであろう」（ベーメ『精神的生、あるいは超感覚的な生について』）。

この支配と所有への欲求には限りがない。しかし、あなたが所有できるものなど本当にあるのだろうか。すべては壊れてゆく。否、あなた自身がいずれ壊れゆく機械ではないか。われわれはこの哀しみを何度も経験してきたが、経験からは何も学んでこなかったようだ。といっても、巷間言われる経験から学ぶという意味ではない。経験には経験するもの（主）と経験されるもの（客）の二つがなければならないが、この分離こそ問題であり、経験から学ぶ、学ばないの問題ではないのだ。だからといって、私は経験から学ぶべきではないと言っているのではない。われわれが社会生活を営む上で、経験から学ぶことは必要なことである。しかし、それさえできていないことは、世情は同じ過ちを繰り返していることから、誰の目にも明らかだ。宗教は単に過去を悔い改めたり、経験を生かして自己改革や啓発に努めるということではなく、この主客の分離を解消して一なる世界（一法界）へと復帰することなのだ。

科学と宗教が扱うテーマは物質（物）と精神（心）というようにそれぞれ異なる領域にあるように見える。しかし宗教、なかでも仏教は早くから精神と物質の間に緊密な関係があることを知っていた。精神と物質はそれぞれ独立した存在ではなく、精神を離れて物質はなく、物質を離れて精神もない。そこのところをボーディダルマ（達摩）は「心の外に物はなく、物の外に心はなし」（『無心論』）と明確に述べている。一方、今世紀に入ると、科学といってもごく限られた物理学の分野で、物質を構成する基本要素を求めて分析を重ねるうちに、図らずも次のような結論を認めざるを得なくなった。「古典的な物理学では、物質（それが唯一の真の実在であった）は完全に唯物論的・機械論的なもので、心の入る余地はなかった。しかし新しい物理学では、心は物質から芽生えてくるのです。実際、物質は心の本質を含んでいます。この二つは両方とも、実は全体からの抽象なのです……」（ボーム『科学と神秘主義のあいだ』）。

心と物は互いに関係し、心といえばすでに一方に物が考えられ、心と物はコインの表裏をなしている。また物が心の本質を含んでいるなら、心もまた物の本質を含んでいるはずだ。そして心と物はいずれも全体からの抽象であるとボームは言う。ではその全体とは如何なるものであろうか。科学はそれには立ち入らないが、仏教は心と物が互いに深く関係していることを明らかにしただけではなく、あえてそれらが現れてくる全体（仏教はそれを「法界」と呼ぶ）を見届けようとしたのだ。心の外に物はなく、物の外に心がないなら、心がなければ物はなく、物がなければ心もないはずだ。つまり、心と物が二つながら無となるところに全体なるもの（法界）は存在しているのではないかということだ。

心外に物あること無く　物無くんば心もまた無し
二（能取・所取）の無なるを解するをもってのゆえに　善く真の法界に住す。
（『大乗荘厳経論』）

心とは主体（能取）であり、物とは客体（所取）である。そして心と物は互いに離れてあるのではない。物が消えれば心もなく、心が消えれば物もない。もしわれわれが主客（心・物）二つながら無であることを覚れば、たちどころに全体（法界）はその真の姿を顕してくると論者は見ているのだ。

ここで確認しておかねばならないのは、宗教は心・物どちらも究極の存在とは見なしていないということだ。言い換えれば、唯心論あるいは唯物論いずれの立場もとらない。むしろ、ボームが指摘したように、心と物が抽象されてくる全体、あるいは法界（dharma-dhātu）を究極のリアリティと考えているのだ。『十牛図』でいえば「総序」冒頭にあった真源（本源）がそれに当たる。この真源から心と物（の世界）が冗々と現れてくるが、真源はそのどちらでもなく、両者の隠れた本質、あるいは不朽の本性として常に存在している。つまり、真源それ自体は自らを顕さないけれども、心と物という形式を通して千変万化に自らを顕現していると言えようか。しかし、そのどちらも実体のない幻影のようなものであることはこれまでにも何度か言及したが、シャンカラもまた「一切のものは無明から生ずる。それゆえにこの世は非存在である」と言った。そして、われわれ人間も「諸法の本源」を内に運びながらそれを知らず、自ら如夢如幻の「三界を画作」して、かえって生死の苦海に沈淪しているのだ。

真源（心源）の不覚無明に依って妄りに心が起こると、そこから生死をはじめとする二元葛藤する妄境界が次々と現れてくる。しかし、そのために真心が失われてしまうことはない。たとえ客塵煩悩に覆われようともそれは常に変わらず存在している。この始めもなければ終りもない不生不滅の心を妄心に対して「本源清浄心」と呼んだことはすでに述べた。それは文字通り本来の心という意味で本心であり、われわれの心（妄心）を離れて存在するのではなく、心の本源が清浄心なのだ。今のところわれわれは迷情妄起して「精明な本体」を見ることができないために、妄心を自分の心と見誤り、妄りがましい心を恃《たの》んで、自ら深き闇路に淪み、その本源に清浄心があることをすっかり忘れているのだ。本源清浄心は真心、本心、心性、仏心……と、仏教はさまざまに呼ぶが、これらを離れてわれわれの心があるのではない。「一切の妄念はみな本心より生ず。本心は主、妄念は客なり。本心を菩提と名づけ、また仏心と名づく」（空海『一切経開題』）。

禅（だけではないが）は心をその本源（本心）において知ることの大切さをことあるごとに主張する。事実、ここまで『十牛図』を辿ってきたプロセスは妄心から真心へ、妄念から本心へ、心から心の本源へと辿る旅であった。もうお分かりと思うが、それは心の本源、あるいは心の本性が仏に他ならないからだ。

もし言下に自らの本心を識《し》り、自らの本性を見れば即ち仏と名づく。

（慧能『六祖壇経』）

心を除き、心の本源へと辿るために、人（私）は妄動する牛（心）を何とか捕え、鞭楚を加えてきたのだが、私もまた心が仮構した観念（五蘊の仮我）であるから、私が心を捕えようとしたことは、私の心でもって心を捕えようとしていたのだ。ところが、この心も真源の不覚に依って生じた妄心であるから、妄心でもって妄心を捕えようとしていたことになる。しかし、それでいいのだ。

というか、そうするしか術はないのだ。

第一「尋牛」、第二「見跡」と殆ど手さぐりの状態で悟りへの道を歩み出したのは妄心であったし、生死の世界（サンサーラ）と涅槃の世界（ニルヴァーナ）があることを知って生死を厭い、涅槃を求めようとしたのも妄心である（「妄心をして生死の苦を厭い、涅槃を楽求せしむ」『大乗起信論』）。このように、われわれが仏道を歩む場合にも、その一歩は妄心で始めるしか術はないのだ。もしわれわれがはじめから真心（本源清浄心）であるなら、すでに悟りを得ているだろう。ならばわざわざ悟りを求めて旅をする必要もなかったはずだ。

真理（法）に主客の二法はないけれども（「法に二法なし」）、この妄心が捕えるもの（人）と捕えられるもの（牛＝心）の二つに自心を分けているだけなのだ。その差異を『十牛図』は蹄兎《ていと》と筌《せん》魚《ぎょ》を例に挙げて説明している（「蹄兎の異名に喩え、筌魚の差別を顕わす」）。蹄は兎を、筌は魚を捕える道具であるが、心でもって妄動する心を捕えようとしてきた人が、第七「忘牛存人」に至って、その心をも除くことが求められているのだ。なぜなら、黄檗が「心をもって心を無《なみ》すれば、心は却《かえ》って有となる」（『伝心法要』）と指摘したように、除こうとした心もまた生死に迷う妄心であるからだ。分かり易すく言えば、心を空じようとした心もまた空じられねばならない心だと言うことだ。

心をばこころの怨《あだ》とこころえて
こころのなきをこころとはせよ

（『一遍上人語録』）

生まれてこのかた二元論的な思考に慣れてきたわれわれがこの微妙な心の差異に気づくことはかなり難しいに違いない。ともあれ、心（妄心）でもって旅を始めたわれわれ（の心）が、妄りに起こる心に鞭楚を加え、ついにはその心をも除く（忘牛）ところまで来たということだ。翻って、第一「尋牛」から牛（心）を立てて、「即心是れ道」とばかりに心と取り組み、観察することによって悟りの階梯を歩んで来たが、第七「忘牛存人」では、人（と境＝自然）は残ったが牛は姿を消している。つまり心は消えてないのだ。これはどういうことか。

われわれは心に迷うがゆえに常没の凡夫となっているのであるが、心とは感情、思考、信念、記憶……などを含む観念の巣窟であり、それらが除かれると、はたして心など存在するだろうか。心は妄に起こる想念（妄想）の流れであるから、それらが空じられると心はもう無いのだ。つまり無心となる。一遍が「こころのなきをこころとはせよ」と言った意味もここにあるが、それをボーディダルマは「無心と言うは、すなわち妄想無き心なり」（『無心論』）と言う。それでは、われわれが六道に輪廻して、生死が尽きることがないのはなぜかと問われて、彼は「無心の中において妄に心を生ずる」からだと答えている。逆に言えば、無心こそわれわれの本来の心（真心）であり（「無心はすなわち真心なり、真心はすなわち無心なり」）、そこに妄に心が生ずるから常没の凡夫になっているに過ぎないという含みがある。

心（牛）というものを手掛かりに悟りの階梯を歩んできたのだが、本来われわれは無心（真心）

であり、求むべき心など本当はありはしないのだ。慈恩が「尚お心として覓《もと》むべき無し、何ぞ牛として尋ぬべき有らん」（総序）と言ったのもそのためだ。ただわれわれが真源（心源）に迷うがゆえに妄りに心が起こるのであり、「心に迷うて心を覓《もと》むれば、心は却《かえ》って非」と良寛も注意を喚起したように、覚ればいわゆる心などどこにもない。このように、心は本来無心であり、そうと覚ることができたらたちどころに解脱であるが、われわれは一朝に無心と覚ることはできない。だから、仮に牛（心）を立てて、「即心是れ道」と、悟りへの手掛りとしてきたのだが、いつまでも心に拘泥してはならない。妄りに心が起こることがなければ本より心は無心（真心）であり、あなたの内にも外にも心など見つかりはしないだろう。「権《かり》に道の名を立つ。名を守って解を生ずべからず、ゆえに云く、魚を得て筌を忘ると」（黄檗『伝心法要』）。

心ゆえに迷いに迷いを重ねてさたのであり、一方「自家の宝蔵」である本源清浄心はいかなる心の塵にも染まぬ真心であり、われわれは心を除いて自家奥裏の心源へと辿って行けばいいのだ。そのためには妄りに動く心を息《や》めて、心を空じ、深く、より深く自らの心源（真源）へと立ち帰るのだ。そうすればやがて心の雲が晴れ、その背後から原初の光、といっても本源清浄心が輝き現れるであろう（「金の鉱より生ずるが如く、月の雲を離るるに似たり。一道の寒光、威音劫外」）。そうして、遂に心が心源へと消え、無心（真心）となれば、そこがあなたの永遠の家郷（家山）なのだ。有心ならば三界生死の世界を流浪《るろう》する常没の凡夫であり、心を忘じて無心とならば涅槃の都に帰入して仏となる（「有心は生死の道、無心は涅槃の城なり」『一遍聖人語録』）。そこにはあなたがかつて経験したことのない深い沈黙と静寂がある。あたかも波が消えれば海はあらゆる清濁を飲み込んで何ごともなかったかのように鎮まりかえるように、あなたは全ったき静寂の中に独り停む。

牛に騎《の》って　已に家山に到ることを得たり
牛も也《ま》た空《くう》じ　人も也た閑《しず》かなり

蹄兎・筌魚の比喩は『荘子』「外物篇」の有名な「忘言」の章に依っている。「忘言」と「忘牛」の間には何の関係もないのだろうか。牛とは心のこと、しかもその心は心源（真源）の不覚に依って生じた妄心であり、われわれが心と呼んでいるものであるが、それを亡《な》くすことが「忘牛」であった。

心には知識・経験・信念とさまざまなものが記憶として貯えられている。それらが外側から知覚の扉を通して刺激（情報）を受けると、たちまち反応して言葉に翻訳され、思想、信条、欲望など具体的な観念が形成されると、われわれはさっそく行動に移る。われわれの内側には目覚めてから眠りに就くまで言語化された、とりとめのない言葉が途絶えることなく流れているが、われわれはその事実を明確に自覚しているわけではない。否、眠りの中ではそれは夢という形を取って現れるから、四六時中、心が騒ぎ、内側に脈絡のない無駄話やモノローグが続いているのだ。われわれはそのために常に意縁走作して猿のように落ち着きがなく、静かになることができない。しかし、いかなる観念も、それが無駄話やモノローグであっても、言語化されない限り、具体的なイメージとなつて意識に上ってくることはない。逆に言えば、言葉となる前にはいかなる観念や概念もない。

「言葉を捨象して我々が得られる観念とは何であるか、そんなものは存在しない」（ソシュール）。

現在われわれは自ら（の心）が捏造した観念や信念に基づいて行動を起こし、いつしかその虜になるが、すべての観念はあなたの心が言語化された妄想に過ぎない。というのも、その心自体が真源の不覚に依って生じてきた妄心であり、ここから良くも悪くもさまざまな問題が生じてくることになるからだ。言葉を持った動物が言葉で以ってコミュニケーションをはかり、問題解決の糸口を見出そうとするが、言葉がわれわれの心、しかも妄心から生じた副産物であり、言葉自体が心の一部であるから、それには限界があると知っておくべきだろう。とりわけ心が生み出した根本問題、例えば生死の問題を言葉（論理）に依って解決することはもとよりできない。

そこで心が亡《な》くなれば（忘心）、その副産物である言葉も自ずと亡くなるが（忘言）、瞑想のプロセスとしては初めに「忘言」があり、その後に「忘心」が続く。事実、言葉があなたの内側で亡くならない限り、心が亡くなることはない。このように「忘言」とは具体的には内側で続く無駄話やモノローグが息み、心が沈黙へと向かうことだ。そして心が沈黙に向かい、内なる実存の中心（真源）に落ち着くとき心は消え、先程も述べたようにそこはかつて経験したことの深い沈黙と静寂の世界なのだ。

紅日三竿《こうじつさんかん》　猶《な》お夢を作《な》す
鞭縄《べんじょう》空しく頓《さしお》く草堂の間

第八　人牛俱忘

序の八

凡情脱落し、聖意皆な空ず。有仏の処、遨遊《ごうゆう》することを用いず、無仏の処、急に須《すべか》らく走過すべし。両頭に著《お》らざれば、千眼も窺《うかが》い難し。百鳥花を含むも、一場の懡儸《もら》。

頌に曰く

鞭索《べんさく》人牛　尽《ことごと》く空に属す
碧天遼闊《りょうかつ》として　信《しん》通じ難し
紅炉焔上《こうろえんじょう》　争《いか》でか雪を容《い》れん
此《ここ》に到って方《まさ》に能《よ》く祖宗に合《かな》う

宇宙は何時《いつ》始まったのか、またその原因は何であったのか。現代のように有用（有為）な人のみが求められる時代に、こんな無用というか、何の役にも立たない問題で頭を悩ますなど正気の沙汰ではないことを私は充分承知しているつもりである。しかし、有用な人間がいつしか無用の落印を押され、リサイクルにもかかわらず廃棄処分されているのも現代であるから、無用の側からの発言もまたそれなりの意味はあろう。

さて、宇宙に始まりがあったとすると、その時すでに時間は流れていたことになる。何よりも「何時」という言葉自体に時間が前提されているからだ。そして、時間が流れていたとするならば宇宙生成の原因を神の創造という一語で片付けてしまうのではなく、深く探ってみるのもそれなりの正当性は認められる。というのも、われわれが今日、何か事が起こるとまず原因の究明に当たるように、原因は常に結果に先行しており、原因と結果が時間の範疇に含まれているという理由からだ。

しかし早く、宇宙の生成に関して最も示唆にとみ、かつ的を射た発言が他でもないキリスト教最大の思想家アウグスチヌスによってなされていたことは注目に価する。

宇宙は時間の中で造られたのではなく、時間と共に造られたのである。

（アウグスチヌス『神の国』）

宇宙は何時始まったかという問自体が間違っているようだ。宇宙だけではなく時間もまた造られたというか、宇宙の始まりは時間の始まりでもあったと彼は見ているからだ。そして今日、科学者は宇宙の誕生は一八〇億年前に遡ることができるという。しかし、その誕生の瞬間は時間に属していたのではなく、ホーキングが「無知の原理」と呼んだように、名状し難い不可知の一点なのだ。この出発点に限っていえば原因を見出すことはできない。というのも、原因と結果は時間の概念であるから、誕生以後についてならいえるかも知れないが、その一点は時間の始まりであるから、原因はなかったことになる。

われわれはこの宇宙の一隅（地球）で創造活動に勤む。ただ紙切れのために日夜エネルギーをす

第八　人牛倶忘

り減らすのも考えものだが、とにかく活動の場はすでに与えられている。では、宇宙が創造されることになった場所（あるいは空間）は一体何処《どこ》であったのだろう。時間の場合と同様、「何処」などというとすでに場所が存在していたことになるが、宇宙創造の場がすでに在ったとすれば、場所の上にさらに場所を造ることになり、創造から締め出された神でさえもそんな無駄なことをするとはとても思えないし、人間の理性にも明らかに不合理だと分かる。

　こう見てくると（テーマの大きさに比べ、あまりに雑な説明で申し訳ないが）、宇宙が創造された時、そこには時間も空間もなかったことになる。つまり、宇宙は無時間、無空間から生じたと考えざるをえない。そして時間と空間に始まりがあったとすると、それらはわれわれが考えているほど確かな存在でもなければ普遍的な概念でもないだろう。ともかく、二つの共通項は「無」であるから、宇宙すなわち空間と時間は無から、しかも原因なくして造られたことになる。キリスト教が「無からの創造（creatio ex nihilo）」というのもこんなところで言われているのであろう。また「無は神の仕事場である」と言ったルーミーの言葉に多少問題がないわけではないが、充分に考慮されていいだろう。

ともあれ、時間と共に宇宙は始まりをもった。そして始まりがあるものには必ず終るということがある。この宇宙にもいつか終りがくるのだ。しかし、その時、宇宙だけが終るというのではない。宇宙は時間と共に造られたとしたのだから、宇宙の終りはまた時間の終りともなる。それは今日、空間と時間はかつて考えられていたように絶対的な存在ではなく、またそれぞれ別々に論ずるには適切さを欠き、時空として捉えられていることともよく符合する。

かくして、終りは始まりへと回帰してゆく。しかも一瞬の出来事として起こるのだ。なぜなら時間が始まる前と時間が終る後は共に無時間であるから、始まりと終りが出会うとき、そこには一瞬の時間も流れていなかったことになるからだ。そして、時間の終りはまた宇宙の終りでもあるから、宇宙の始まりと終りも一瞬の出来事として時間は流れていない。われわれの目には宇宙の生成（創造）から消滅（破壊）まで、過去・現在・未来と時間は流れているように見えるが、宇宙の創造と破壊は無を舞台に一瞬の出来事として起こっている。われわれが人生七―年という生死の夢を見ているように、宇宙もまた壮大な夢の中にのみ存在しているのかも知れない。

時間が始まる前と時間が終る後を白隠は空劫《くうごう》以前、空劫以後と呼び、この始まりもなければ終りもない無時間の内に存在するものが真人であり（もちろん臨済の「無位の真人」を想定しての発言である)、仏(如来清浄の真身)に他ならないのだ。そして、われわれもまたいつか生死の夢から目覚めてこの一仏(久遠実成の古仏)へと帰って行くことが求められている。

この真人は空劫以前、空劫以後、少しの病気もなく、鼻もしみたる事は無き人なるぞ。これを法華(『法華経』)には久遠実成の古仏と称賛したまえり。

(白隠『遠羅天釜』)

時間の始まりをも含む宇宙誕生の不可知の一点を現代の物理学は「特異点」と呼ぶ。そこは時空を超えた世界(一元性の世界)と時空からなる世界(二元性の世界)を結ぶ接点あるいは境界になっている。

特異点は科学における根本的な不可知である……宇宙論者のある人達は、宇宙は原因なしに裸の特異点から出てきたと信じています。この考えが正しければ、特異点は自然界と超自然界の接点である。

(デイヴィス『神と新しい物理学』)

現在われわれ人間が時空からなる自然界の枠内に在ることは言うまでもない。これに類した考えはもちろん東洋にも存在した。例えば、劉一明は「玄関の竅《きょう》」(『老子』の「玄牝《げんぴん》の門」に当たる)という概念を持ち出す。竅とは語義的には穴の意味であるが、杳として見定め難い門ということだ。この竅を境に先天(天真)と後天の二つに分かれ、先天の虚無から有情、非情すべてのものが転々と現れてくると言う。竅はまた生門死戸(ここで生とは長生不死、死とは生々死々を指す)ともいわれ、先天から後天へと堕すと死戸（時間）、逆に後天から先天に復命すると生門（無時間＝永遠）となる「一竅」である。彼によれば、現在われわれ人間は先天から後天へと堕し、徒に生々死々を繰り返している。

『三昧王経』の中で釈尊が、はるかカルパ（劫）の昔に現れた「無所有起」という覚者（如来）について回顧している一章がある。彼は生まれるや、立ち上がり七歩進んで「あらゆるものは無（abhāva）である」と宣言し、後に彼が悟りを得た時には、草木はもとより岩山の間からも「あらゆるものは無である」との言葉がこだましたという。その後、彼はこの「無」という一語でもってすべてのものを教化したことから「無所有起如来」と呼ばれたというものだ。この物語は釈尊が無所有起如来に託して自らの悟りの内容を披瀝したものと取れるだろう。すべて存在するものは本来無であり、人も物もその本性は無であること、そして無として存在することの意味を自らの体験として初めて明らかにしたのはわれわれが知る限り釈尊であるからだ。その後、彼に続く覚者たちも存在を無あるいは空として体験したのだ。

無の思想はナーガールジュナの系統をひく空の思想が中国に伝わり、そこで老荘の思想などを咀嚼しながら禅に引きつがれてゆく。それを視覚的に表したのが第八「人牛倶忘」の一円相なのだ。図からも分かるように、無は何もない空《くう》として描かれているが、無は特定できるような場所を持たないということだ。無はまた、われわれが考えるような意味において永遠ではないけれども、さりとて過ぎ去る時間でもない。そして、宇宙の誕生は時間の始まりでもあったというアウグスチヌスの指摘が正しいとするならば、無は時空の彼方であり、始めもなければ終りもないという意味で無時間の空間である。そんなところからあらゆるものは現れ、やがて再びそこへと帰って行くがゆえに真源と呼ばれる。

突如海岸に打ち上げられた魚は死を予感し、あの広大な海が自分の棲家であり、生命そのものであったと知って、死にもの狂いで再び海へと帰って行こうとするだろう。われわれ人間の状況も波際ではねる魚と同じ、生のあがき、苦しみなのだが、その原因が生の源泉（無＝真源）からの分離にあると知るために、それこそ死ぬほどの苦しみを経験しなければならないとしたら、人間とは何と哀れな生きものであろうか。

海に生きる魚が水の存在に気づいていないように、われわれもまた無なくして存在できないにもかかわらず、それを知らない。たとえ思考（心）でもって人がそれを捉えようとしても、思考はそのスペース（空）へと入っていくこともできず、ただ消え去る。それればかりか、知る人もまた一滴の雫が大海に溶け合うように消える。つまり、無を知った人はかつて一人もいない。だから第八図は「人牛倶忘」と題されているのだ。

仏教は「一切衆生悉有仏性」と説き、白隠はさらに「衆生本来仏なり」と言う。しかし、現実のわれわれは「生を受るにしたがひて、苦しみにくるしみをかさね、死に帰するにしたがひて、闇きよりくらき道におもむく」常没の凡夫であり、その事実にさえ目をくれようとはしない。だからといって私は誰をも責めているわけではない。

仏性は不生不滅のものなれど
まよえば生死流転とぞ知れ

（『一休道歌』）

覚れるもの（仏）もかつては生死の苦海に沈淪する常没の凡夫（衆生）であったろう。そしてわれわれは空海や親鸞も言うように、世々生々の父母兄弟であり、いずれも仏に成るべき存在である。それなのにわれわれは好悪、貴賤、優劣……とさまざまに人を分け隔てる。

仏も昔は凡夫なり　我等も終《つい》には仏なり
いずれも仏性具せる身を　へだつるのみこそかなしけれ

（『平家物語』）

われわれ凡夫が仏となる変容の時が誰にもいつかは訪れるであろうと見ているのだが、語られることのみ多く、実際そういう時が遂には来ないのではないかと思われもする。そこで問題になるのは、そういう変容の体験が起こる場と時を明らかにすることであろう。しかし、それよりも仏性の有無を問うべきではないかという人がいるかも知れない。「仏性有りや、また無しや」（『無門関』）というわけだ。われわれ人間の理性にはもっともな問と映るが、有無はすべてを二つに分けるわれわれの心（妄分別）からきている。そしてこの心が生死のもとであり、その心が無となる「忘牛存人」を経てきたのだから、後戻りする必要もないだろう。むしろ、仏性の有無を問う心そのものが悟りへの障害になっていると知るべきだ。そして、その心が消え去る場が他ならぬ無なのだ。だから趙州も仏性の有無には直接応えず「無」と言い切ったのだ。

禅はわれわれが遂に仏となる変容の場を無（空）と捉え、『十牛図』全体のプロセスも無への参入を第一に意図されている。つまり、仏とは何よりもこの無に到達した人たちのことなのだ。エックハルトが「心がもっとも高きものに対して備えを持とうとするならば、心は一つの純粋な無の上に立たねばならない。その内にこそ、ありうる限りの最大の可能性が潜むのである」（『離脱について』）と言ったことなどを考え合わすと、東洋と西洋が同じ無の根源（根底）に拓かれてくる生の新たな可能性（次元）を探っていたことが理解されよう。

心がその源である真源（心源）へと帰ってゆくと、次第にあなたは深い沈黙と静寂に包まれ、自分が無の淵にどこまでも沈んでいくように感じるだろう。その時あなたは無を知ったと思うかも知れないが、そうではない。そこには依然として主客の二元性が残っているからだ。というのも、その無（客）はいわばあなたの外側にあり、無とはこれではないかと思っているあなた（主）がまだ存在しているからだ。もしあなたが本当に無となっていれば、無と知ることもできないはずだ。何といっても知るあなたが存在しないからだ。このように、わずかではあるが、まだ自我（仮我）を残しているのが第七「忘牛存人」であり、主客の二元性が倶《とも》に無の中に銷殞《しょういん》し、外も内も無となったところが第八「人牛倶忘」である。しかし、その消息を知る人はいない。これを無我の体験と呼ぶが、この違いが第七と第八を分けているのだ。つまり、わずかであっても有我（忘牛存人）ならばあなたは依然として生死に迷う衆生であり、一歩を進めて無我（人牛倶忘）となるならば涅槃に適うて仏となる。「ただ無我の一法のみ涅槃に契う」と白隠も言ったように、その違いは天地の隔たりがあるのだ。

私は在るという観念（有我）は心から生じてくる（「我思う、ゆえに我在り」）。言い換えれば、心が私を仮構しているのだ。そして、心が存在する限り、仮構された私（仮我）もまた存在を止めない。良くも悪くも妄に心が生じ、感情、思考、意志、意識など、何層にもわたってつらなる観念の巣窟が仮我の正体であり（五蘊の仮我）、今のところこの仮我が主人公でもあるかのように振舞っているのだ。そこで、心が空じられ、心源へと帰ると（忘牛存人）、人もまたそう長くは存在できないのだ（人牛倶忘）。

人が無の中に入るというか、はたまた無が人の中に浸透するというか、いずれにせよ人は無の中で生き延びることなどできない。「ところで無はどんな働きをするのだろうか？　無は不安を生む」とはキルケゴールの言葉であるが、心が空じられるとき人は死に飲み込まれていくような恐怖に襲われる。今や五蘊の仮我（自我）が無の中へと消え去ろうとしているのだ。この事実は第一「尋牛」からずっと辿ってきた瞑想のプロセスが正しく深められたことを物語っている。というのも、われわれは真実の自己（真我）を求めて旅を始めたのであり、この仮我が消え去らない限り真我は現成してくることはないからだ。

瞑想（悟り）のプロセスを辿る時、必ず訪れるであろう死の恐怖は誰もが一度は対峙しなければならない関門であること、そして何よりもわれわれの心が本来空（無心）であることを人はよく心得ていなければならない。でなければ、人はそれに恐れをなして、心、あるいは仮我に過ぎない自分にしがみつこうとするだろう。そうなったら再び無に、同じことだが仮我の死に向き合うことは難しくなる（「凡そ人は多く心を空《くう》ずることを肯《うけが》わず、空《くう》に落ちんことを恐れて、自心本と空なるを知らず」『伝心法要』）。思うに、われわれはかつて一度ならずこの恐怖を体験したことがあるに違いない。でなかったら、真我（真人）へと帰ることをよしとせず、仮我に固執し、これほど同じ生と死の徒ごとを繰り返すなどとても考えられないからだ。われわれ人間は存在を得たその時から意識のどこかで常にこの無（死）を避けてきた。そして、まれに人が深い孤独の中で、吸い込まれるように、闇の淵をどこまでも沈んでいくような恐怖に襲われ、はっと我に返るのも、この無に淵源していることにわれわれは気づいていないようだ。

　さらに、仮我というものは自己愛と保身のために人、物（金銭）、地位……何であれ、自分の周りに支えとなるものを掻き集めずにはおれないものである。しかし、宗教は全く逆に、何の支えもない内なる無の空間（空）に自己を解き放つことを教えようとしている。そこにはあなたが依るべき棲家も人もなく、一つの全体（真人）が存在する。実は、支え守らねばならない自己など本当はどこにも存在しないのだ。ただ仮我などという偽りの自己を造り出したために、それを維持し支えようとして徒に混乱しているだけなのだ。

　われわれは仮我のために日夜努力し、悲喜の涙を流すけれども、一体いつまで偽りの自己であり続けられようか。私はここに人間存在の矛盾と最も深い哀しみを見るが、一方で、自己欺瞞が生み出すあらゆる偽善と戯言を見る。もっとも、そうという自覚もないまま殆どの人は善良な市民なのであるからこれ以上は口をつむぐが、仮我に親しんできたわれわれが（自己愛とはこの仮我に向けられた妄執である）、寄る辺なき無の中へと消え去ろうとするまさにその時、恐怖することなく（我に返ることなく）、一気に進んで退かなければ、無始劫来続いてきた「生死の命根」（白隠）を截断し、忽然と真我に行き着くというのに、それが実に難しいのだ。

真正清浄の無我に契当せんと欲せば、須《すべか》らく嶮崖《けんがい》に手を撒《さっ》して絶後《ぜつご》に再び蘇《よみがえ》りて、初めて四徳の真我に撞着《どうちゃく》せん。

（白隠『遠羅大釜続集』）

仮我であるあなたが無の中に消え、大死一番（無我の体験を肉体の死と区別して「大死」と言う）、真我（真実の自己）となって蘇るとき、生死の夢もまた消える。というのも、仮我ゆえに生死を繰り返し、すべては自らが招いた身心の苦悩（四苦八苦）であったと知るからだ。しかし、大いなる死（大死）の体験は消極的な事実を明らかにするだけでなく、生もなければ死もない永遠のいのち（仏教はそれを「不生の生」という）に気づかせる。実のところ、われわれは一度も生まれたこともなければ、死んだこともないとそのとき知るのだ。ここに至って初めて釈尊が生と死を四苦に数えた本当の意味が分かってくる。そして、イエスが「いのちを救おうと思う者はそれを失い、わたしのためにいのちを失う者は、それを見出す。人は、たとえ全世界を手に入れようとも、まことのいのちを損じたら、何の得がありましょう」（『マタイの福音書』）と言った真意もここにある。

つまり、まことのいのち（永遠のいのち）を見出すために、われわれは無の深淵に臨んで、自らの死を受け入れ、勇気をもって無へと帰入しなければならない。その時、仮我（いのち）は無の中へと消え去るであろうが、それに代わってあなたは真我（まことのいのち）として蘇る（甦る）、となろうか。

白隠の「絶後に再び蘇りて、真我に撞着する」という言葉が端的に示しているように、この死と再生こそあらゆる宗教が説こうとしているものなのだ。「再生は永遠の生であり、不死性です」（キルケゴール）、「死ぬ前に死になさい」（スーフィズム）、「幻身（仮我）を脱して法身（真我）となる」（仙道）、「前念命終　後念即生」（浄土教）……と表現はさまざまであるが、同じ文脈にそって言われている。一つ一つあとづけることは拙著（『神秘主義の人間学』）に譲るとして、ここまで人↓無我（人無我）の経緯を辿ってきたが、もう一方の境↓無境（法無我）についても言及しなければならない。というのも、中国華厳宗の大成者法蔵が「心に由りて境を現わし、境に由りて心を現わす」（『妄心還源観』）と言ったように、心（牛）と境は切り離せないからだ。確かに、第八図は「人牛倶忘」と題されているが、図からも分かるように「人境倶忘」でもあるのだ。

われわれには自分が見ているもの（境）が真実であるという確信ともいえる信仰がある。この誤解を解くことは恐らく至難の業であるが、宗教（仏教）は敢えてこれを糺そうとしているのだ。例えば『大乗起信論』は「一切の境界はただ心が妄りに起こるがゆえに有る」と言う。われわれが見ているものはすべて心（妄心）が投影した幻影（妄境界）、つまり「自心所現の幻境」に過ぎないという意味である。逆に言えば、妄りに心が生じなければさまざまな妄境界（三界）も消えてないという含みがある。

このように心が生ずると（無明の忽然念起）、さまざまなものが目に飛び込んでくる（「一念瞥起すれば万象目前にうずたかし」良寛）。すべてはあなたの心の鏡に映る映像に過ぎないが、触手を延ばして、感触のよさを楽しむうちに、いつしか本当に存在するかのように思い、何としても我がものにしたいという欲望が湧き起こる。ここから人間の根源的な無知（無明）がなせる愚かな振る舞いが見えてくる。それは水に映った月（月華）を手に入れようとして、水中に没した猿の悲劇に似ていると良寛は言う。

月華　中流に浮ぶに
獼猴《びこう》　これを探らんと欲し
相率《ひき》いて　水中に投ずるが如し
苦しいかな　三界の子
（良寛『草堂詩集』）

欲望の虜になった人間（三界の子）は「自心所現の幻境」に自ら惑い、すべては自分の心が投影した幻影であることを忘れ、我がものにしようと哀れにも身心にさまざまな苦悩を受けてきたのだ。さらに衆生（以下には六道の中の餓鬼、畜生、人、天が挙げられている）の心が異なれば、同じものを見ていながら全く違う様相を呈してくる。われわれが心でもって見ている限り、真実を見ているのではなく、その心にとってのみ意味をもつ世界（妄境界）を見ているのだ。

鬼（餓鬼）と傍生（畜生）と人と天と　各其《そ》の所応に随って
事を等しくして心異るがゆえに　義は真実に非ずと許すべし

（無著『摂大乗論』）

これについて世親が「境の義は真実の有にあらず」と解釈を加えたように、われわれが見ているもの（境）は真に存在しているものではなく、夢のように仮有実無であるというのだ。要するに、われわれが見るがごとくにものは存在しているのではないということだ。

第七「忘牛存人」では心は消えるが（忘牛）、後にはまだ人境が残っていた。それが第八「人牛倶忘」に進むと人が消えるだけではなく、境（世界）も消え、「人境倶忘」となって、後には何も残っていない。あえて言えば、無だけが残った。しかし、この無（abhāva）こそ釈尊がシュニャータ（空）と呼んだものであり、存在するすべてのものの本性なのだ。

鞭索人牛　尽《ことごと》く空に属す
碧天遼闊《りょうかつ》として　信通じ難し
紅炉焔上《えんじょう》　争《いか》でか雪を容《い》れん
此《ここ》に到って方《まさ》に能《よ》く祖宗に合《かな》う

第七、第八図は、文面上は人と牛（心）で説明し、境（自然）については触れていないが、瞑想のプロセスを辿る上で重要なポイントとして、心が消えると人だけではなく、境も消えてゆくことが挙げられる。それをアシュバゴーシャは「もし心にして妄に動くことを離れるときはすなわち一切の境界は滅す」（『大乗起信論』）と言ったが、「総序」に「人牛不見に至って、故《ことさら》に心法（法＝境）双び亡ず」とあったのも今述べた意味なのだ。しかし、それはただ消えるという消極的な意味だけではなく、心境が倶に消えた、その後から真理が立ち顕れてくることを黄檗は「心境双《なら》び忘ず、乃《すなわ》ち是れ真法なり」と言った。

このように心が息み、その心源（真源）へと帰ってゆくと、あなた（人）だけではなく、あなたを取り巻くすべての事物・事象（境）が同時に消え去る。「心忘ずれば即ち境は空《くう》なり、境が空ならば即ち心は滅す」（『伝心法要』）。なぜそういうことになるかといえば、われわれが見ているものは、自らの心が投影した幻影であり、心が消えると境（幻境）もまた幻のように消え去るのだ。しかし、消えるのは幻影だけであって、その後に真理（真法＝法界）は了々と立ち顕れてくる。それにもかかわらずわれわれが真源（心源）へと立ち帰ることが難しいのは、先程も述べたように、われわれが心は本来無心であることを知らず、心が空じられると自分（人）までもが無の深淵に消えていくような恐怖に襲われるからだ。

人敢《あ》えて心を忘ぜざるは、空《くう》に落ちて撈摸《ろうも》する処なきを恐れて、空本と空無く、唯一真法界なることを知らざるのみ。

（黄檗『伝心法要』）

世界を幻影あるいは夢の如しと見た人たち（覚者）はこれを瞑想のプロセスのある段階で（『十

牛図』では第八「人牛〈人境〉倶忘」を指す）知ったのであって、そうでない殆どの人々にとっては、この世界は幻影どころか存在する唯一リアリティのある世界と映っているのだ。翻って、多くの覚者が世に輩出したことであろう。彼らは道を求め、慧海のように先師を訪ねた果てに、心の他に仏はなく、ただ自心に迷うがゆえに六道の波は妄起すると知って、意縁走作する心（妄心）を息め、有仏（瞑想の中で仏や神々を見ること）、無仏のところを走過して、心源へと辿るとき、やがて人境（自己と世界）が倶に銷殞し、我が家へ帰り着くとそこはもとより無、あるいは空であったと覚るのだ。

凡情脱落し、聖意みな空ず
有仏の処、遨遊《ごうゆう》することを用いず
無仏の処、急に須《すべか》らく走過すべし

人境（主客）が倶に鎖融する無の体験は、あなたが人間として経験する最後の体験となるだろう。その後にはあなたは存在しないからだ。というよりも、あなたはもう生死に沈淪する人間ではなくなるのだ。ここにはかつてない体験がある。

未だかつて見ず、未だかつて聞かざる底の大歓喜あらん。此の時に当って生死涅槃は猶如昨夢《ゆうにょさくむ》、三千世界は海中の漚《あわ》。

（白隠『遠羅天釜続集』）

これを宗教的覚醒（悟り）の体験と呼ぶが、体験と呼ぶには少し注意を要する。普通、経験には経験する人がいて当然であるが、そこに体験するあなたはもういないからだ。たとい神秘的なビジョンを見たとしても、それが仏（神）であっても、また宇宙との一体感を味わったとしても、そこにあなたが存在する限り、それを宗教的覚醒の体験とは言わないのだ。

両頭に著《お》らざれば、千眼も窺《うかが》い難し
百鳥花を含むも、一場の懡儸《もら》

われわれもまた彼らを慕い、彼らが辿った足跡を明らかにしようとするが、彼らは自らの出自も履歴もすべて一滴の雫が大海に溶けあうように無の中へ葬り去ったのだ。われわれが本当に彼らの足跡を訪ねようとするならば、われわれもまた人境（人法）が倶に銷殞する無（空）への道を独り辿るしかないのだ。そして思考も言葉も尽きた無（空）の消息を語ることは誰にもできない。後にも先にも語る者がいないのだ。しかし、そうなって初めてあなたは本当の意味で法（真理）を継ぐことができるのだ（「此《こ》こに到って方《まさ》に能《よ》く祖宗に合《かな》う」）。だから黄檗は「今ただ無の中に向かって棲泊せよ、即ち是れ諸仏の路を行ずるなり」（『宛陵録』）と言ったのだ。古の覚者たちが辿った道がおよそどんなものであったか少しは理解していただけたであろうか。

慚愧す　衆生界已《すで》に空ず
箇中の消息　若為《いかん》が通ぜん
後に来たる者なく　前に去《ゆ》くものなし
未審《いぶかし》　誰に憑《よ》ってか此の宗を継がん

（『石鼓夷《せっこい》和尚』）

第九　返本還源

序の九

本来清浄にして、一塵を受けず。有相の栄枯を観じて、無為の凝寂《ぎょうじゃく》に処す。幻化に同じからず、豈《あ》に修治を仮《か》らんや。水は緑に山は青うして、坐《いなが》らに成敗を観る。

頌に曰く

本に返り源に還って已《すで》に功を費《ついや》す
争《いか》でか如《し》かん　直下《じきげ》に盲聾《もうろう》の若《ごと》くならんには
庵中には庵前の物を見ず
水は自《おのずか》ら茫茫　花は自ら紅なり

ニルヴァーナとサンサーラ、先天と後天、神の国と地の国、浄土と穢土……宗教は存在を二つに分ける。しかし存在はあくまで一つ。「一」が「二」と現れるのは、すべてを主客の二つに分けるわれわれの心（分別心）に依るのだ。サンサーラとは今われわれが目にしている有相栄枯の世界であり、俗諦だ。一方、ニルヴァーナはわれわれがいずれ帰りゆく無為凝寂の世界であり、真諦だ。

しかし、ニルヴァーナとサンサーラは存在する二つの世界ではなく、われわれの心、すなわち真心（無心）で捉えるか、妄心（有心）で捉えるかによって真諦ともなれば俗諦ともなる。「是の如く真俗は但だ二義のみ有って二体有ることなし」（法蔵『華厳五教章』）。

釈尊（仏陀）は、この世は仏土（浄土）であり、いつも美しく、永遠にそうなのだと言った。しかし、われわれの目（衆生眼）にそうは見えていない。この疑問に対して彼は、それはあなたがたの咎《とが》（罪）ゆえに見えていないだけと答えている（『維摩経』「仏国品」）。そして「浄土を得んと欲せば、当にその心を浄むべし」と言う。彼のいう心の浄化とは、まさにわれわれが『十牛図』において、有心（妄心）から無心（真心）へ、心から心の本源（真源）へと辿ってきたプロセスを指している。彼が咎（罪）というのも倫理的に善し悪しを問うているのではなく、われわれの心が真源の不覚に依って生じた妄心であるから、その心で見ている限り浄土など見えてこない、まさに穢土（妄境界）以外の何ものでもないということだ。このようにニルヴァーナ（涅槃）とサンサーラ（生死）は対立する二つの世界ではなく、認識する主体であるわれわれ一人ひとりの心の問題なのだ。

生死と涅槃とに於いて　若し平等なりとの智を起こさば
爾《そ》の時、此《こ》れに由《よ》りて生死は即ち涅槃なることを証す
（無著『摂大乗論』）

サンサーラ（生死）はニルヴァーナ（涅槃）に他ならないことを「有相の栄枯を観じて、無為の

凝寂に処す」と言う。ここに無為とあるが、有為との違いは行為する人がいるかいないかの違い、つまり有我（自我）と無我の違いなのだ。では、有我と無我の違いは何に拠るかと言えば、われわれが心（妄心）を有するか、否かの違いなのだ。すなわち、有心ならば有我、無心ならば無我となる。そして、有為のわれわれ衆生がなすことは禍《わざわい》多く、そのためにますます真理（道）から遠退くことを、寒山は次のように詠んだ。

有為　患累《かんるい》多し　道と殊に懸遠《けんえん》なり
西を拆《さ》きて東を補《おぎな》うのみ
無為の功に達せずんば　損《そん》多く益《えき》なし

（『寒山詩』）

心が消え無心となるとき、私もまた消え去り（無我）、人は真理に適って無為（ニルヴァーナ）の世界へと入る。それが第八「人牛倶忘」であり、わずかでも心が残ると（有我）、人は未だ幻化の如く転変際なき有為（サンサーラ）の世界に留まることになる。そして有我ならば、善悪いずれの行為もわれわれをしてサンサーラの世界に繋ぎとめる業（カルマ）となる。もちろん、善き行いに勤めるならば、三悪道（地獄、餓鬼、畜生）を逃れて人・天に生まれることも可能だが、それとても同じ迷道の衆生に過ぎない。一方、無為には行為はあるけれどもそこに行為する人はいない。しかし、行為する人がいない行為などありえないと反論されそうだが、そう考えるのはわれわれの主客の二元論的な思考の根深さにあり、われわれはこの分裂を解消して無我（無為）への道を辿ってきたことを思い出してほしい。

有為から無為へ、サンサーラからニルヴァーナへと渡るために、つまり悟りを得る（真理に目覚める）ために、人はさまざまな修治（修行）に勤めるかもしれないが、事態はますます混乱するばかりで、あなたはどこにも到達できないであろう。なぜなら、修治に励むあなた（有我）こそ悟りへの道を阻む元凶となっているからだ。言い換えると、あなた自身が本来仏であるあなたを翳《かざ》しているのだから、これから修行をして仏に成るということではない（「一切衆生本来これ仏にして、修行を仮らざることを直指す」黄檗『宛陵録』）。つまり、あなたがほんの一瞬でも無我となって真我に蘇《よみがえ》るならば、たちまち真理（不変真如）は了々とその全体を顕し、もとより修治を仮《か》る必要もなかったと知るのだ。その時、真理は寂滅現前して欠けるところがなく、一瞬一瞬、創造と破壊を繰り返しながら日々新たにされていく。白隠はその間の事情を恵信僧都六十四歳の覚醒体験を例に、「自身わずかに真如なるとき、山河大地、森羅万象、同時に不変真如の全体を現出す」と言った。

幻化に同じからず、豈《あ》に修治を仮《か》らんや
水は緑に山は青うして、坐《いなが》らに成敗を観る

そうすると世の中には三種類の人がいることになる。この世をサンサーラとも知らずユートピアを築こうとする善良で計算高い有為の人と大いなる死の錬成（無我）を経て、真我に蘇り、サンサーラからニルヴァーナに到達した無為の人、そして有為（サンサーラ）から無為（ニルヴァーナ）へと渡る道の途次にある人だ。無為の行為（無為の為）もあるのだが、これについては第十「入鄽垂手」に譲り、ここがサンサーラ（有為）ともなればニルヴァーナ（無為）ともなり得るのに、それを取り違えると、宗教はその理想とする世界を死後に求めたり、また遠く離れたところに天国を思い描くことにもなりかねない。

西方に仏ありとのみ信じて、西方は自己の心源なりということを知らず。

（白隠『遠羅天釜続集』）

神の国は人の目で認められるように来るのではありません……いいですか、神の国はあなたがたの中に在るのです。

（『ルカの福音書』）

白隠の言葉は明らかに浄土教を意識した発言であるが、禅と浄土を考える場合、これらをいかに折り合いをつけるかが今後問われることになるだろう。しかし今は、われわれがサンサーラ（穢土）からニルヴァーナ（浄土）へと渡って行くことが、外から内へ、心から心の本源（自己の心源）へと辿るヴァーティカルな旅であると言うに留めておこう。言うまでもなく、それが『十牛図』これまでの旅であった。

自心に惑い、迷情妄起して闇路に闇路を重ねて来た者が「尋牛」、「見跡」とわれわれには帰るべき真源（心源）があることを知り、経典にあたって方法を探り、悟りの階梯を一歩一歩と辿ってきたが、いっそ盲聾の如く「ただ直下に無心ならば」、妄心の雲は晴れ、「本体は自ら現じ」（『伝心法要』）、たちまち真我を覚って「自家の宝蔵」を開くと、もとよりそこは「本来清浄にして、一塵を受けたことがない」。しかし、これはあくまでも真源（本源清浄心）に到達した覚者の実感であって、やはりわれわれは心を空じて、本源へと帰って行くためにも心を尽さなければならないのだ。

本に返り源に還って已《すで》に功を費《ついや》す
争《いか》でか如《し》かん　直下に盲聾《もうろう》の若《ごと》くならんには

われわれが直ちに無心となることができれば、何ら修治を仮《か》る必用もなく、真源へと帰ることができるであろうが、そうできないで生死に沈淪しているのがわれわれ衆生（人間）なのだ。空海もまた、三界六道の客舎には宿らぬ棲家もなく、長き生死の夢に酔い痴れて、帰るべき本源の世界（真源）があると知るまでにどれほど空しく時は過ぎたことであろうと述懐しているように（「久しく方《みち》を還源に迷うて、長く境を帰舎に酔えり」『性霊集』）、道を求めた人の結論が、本に返り、源に還る「返本還源」であったということはよく理解しておかねばならない。真源は生まれることもなければ死ぬこともない永遠なる生の源泉として時間の彼方にあるが、大切なことはわれわれ人間も本よりそれを有していることだ。

そして、そこから迷い出ると三界に沈淪する衆生となり、悟入すれば速やかに六道・四生を出て仏となる。仏と衆生を分けるのは真源の迷悟に依ることは、『十牛図』全体を通底する根本原理としてもう一度確認しておいていいだろう。というのも出自に問題があるのか、末法の世に悟りなどありえないという人が心を病み、ますます迷いを深めていくのを見るにつけ、悟りの条件は誰もがすでに具えている「本有の真源」にあるというのが廓庵『十牛図』の基本理念であるからだ。寒山もまた、仏道修行に励む者に注意を促して言う。

汝、道を修める者に報ぜん　進求《しんぐ》して虚しく神《こころ》を労す
人に精霊の物《もの》有り　字なく復《ま》た文なし

（『寒山詩』）

悟りを得るために人はいろいろと試しているようだが、さしたる効果もなく、ただ心（神）は疲弊するばかりでどこにも到達していない。人は自らに苦行を強いたり、また功徳（善行）を積むことによって悟りに至るのではなく、あなたが本来有している、筆舌も絶えた「精霊の物」を知りさえすればよい、と彼は勧めているのだ。たとえ時代は下ろうとも、この法（真源＝精霊の物）はあなたの内なる実存の中心に「自己本有の妙法」（白隠）として常に存在する。「世は末世なれども法はさらさら末世ならず」と言った白隠の言葉は、現代においてもなお真実を語っていると私は思うからだ。われわれもまた遅い早いの違いはあっても、いずれ帰るべきは真源であると知って、禅・浄いずれの道を辿ろうとも、どうしても一度はこの真源に帰入しなければならないのだ。

是非一回、自性の本源に徹底すべきぞと励み進みたまふべし。

（白隠『遠羅天釜続集』）

さて、宇宙は原因なしに特異点から現れてきた。そして宇宙が創造される前には時間も空間もなかった。すべてのものが現れてくるこの特異点を劉一明が「一竅」と呼んだこともすでに説明した。

第九　返本還源

人間もまた特異点を通して現れてくるとき時間と空間を持つことになる。それが時空からなるサンサーラの世界であり、現在人間はここで徒に生々死々を繰り返している。そして、われわれが始めに在った真源へと再び帰るというのが『十牛図』全体のプログラムなのだ。

すべてのものが現れてくるところが特異点なら、無となって本に帰るのもまた特異点を通してだ。われわれが来た道と帰る道は同じで方向が逆なだけ。特異点は永遠から時間へと向かう出口なら、時間から永遠へと向かう入口でもあるのだ。そして前者を堕罪（向下）と呼ぶなら、後者は復活（向上）と言えるだろう。つまり、われわれの内側にはニルヴァーナからサンサーラへ、サンサーラからニルヴァーナへと通じる一竅（特異点）があるのだ。エックハルトもまた「一切の事物が魂にとって無となるところ、そこに魂は神的本性へと通ずる秘められた入口を持つのである」（『離脱について』）と言った。

今、われわれは後者の「返本還源」の道を辿ってきたのだが、真源へと帰り着くと空間は消え去る（「一人真を発《おこ》して源に帰れば、十方虚空悉く皆銷殞《しょういん》す」『道元禅師語録』）。では、空間はどこへ消えて行くのかというと、人と同様、真源へと帰って行くのだ（「一人真を発して源に帰すれば、十方虚空真を発して源に帰す」）。このように空間（十方虚空）は人と共に真源へと消え去る。しかし、それは空間だけではない。空間は時間と共に始まったのであるから、空間が消え去れば時間も消える。つまり、時空からなるサンサーラの世界は真源へと帰って行くのだ。もちろん、われわれは無我の体験を通して真源へと帰って行くのであり、単なる死がそうだというのではない。それなら何も問題はなかったはずだ。死には二つあり、一つは時空の内部における死、すなわち肉体の死であり、これは生々死々へと続いてゆく。もう一つは時空の終りとなる究極の死（大死）であり、これは復活（蘇り）へと続く。この死と復活（再生）がサンサーラからニルヴァーナへと通じる一竅、すなわち特異点なのだ。

白隠は生死（時間）が兆す特異点を「無明の深坑」と呼び、輪廻に淪《しず》むわれわれが再び永遠の家郷（真源）に帰り着くために超えていかねばならない関門とした。そこを透過する時、三世（過去・現在・未来）が一瞬に摂まり、十方虚空（空間）は消えて実相（不変真如）が現れると言う（「十方を目前に銷融《しょうゆう》し、三世を一念子《ねんす》に貫通す」）。さらに彼の言葉を借りると、「因果一如の門」が開くその彼方に時空を超えた真実の世界（蓮華国）が顕れて来るとなろうか。というのも原因と結果は時間の概念であるから、ほんの一瞬でもそれらが一つ（一如）になるとき、時間は消え、それと共に空間（境）も消え去る。そして、その後に全く新たな永遠の世界（仏土）が現前し、それを見ているのが仏陀（仏）なのだ。

この時間が終ることをキリスト教は「時が満ちる」と言う。それは時間が永遠の中へと消え去ることである。しかし、永遠というと、一般には無限に続く時間を考えるけれども、そうではない。「そこではすべての時間は終りを告げ、そこには以前（過去）も以後（未来）もない」とエックハルトも言ったように、永遠とは時間が終ることであり、そこには過去も未来もなく、すべてが現前している。その時、あなたはかつて起こったこともこれから起こるであろうことも永遠の今（一瞬）において見ることになる。「高みにおいては一切の事物は青々とし、新たである。しかし、それが時間の中へと落ちるとき、一切の事物は色あせ、枯れるのである」（『ドイツ語説教』）。

このように時間と空間がその源へと帰っていく時、人は新たなヴィジョンでものを見ることになる（「水は緑に山は青うして、坐《いなが》らに成敗を観る」）。もちろん、時間が終わりを告げる無窮の奥（真源）には、これまでわれわれが良くも悪くもそのために心を悩ましてきた二元対立、すなわち生死、美醜、幸不幸、愛憎……など一切の矛盾はなく、ただ一なる美の世界が現前している。その一瞥の体験は人によってさまざまであるが、参考までに高村光太郎の詩を挙げておこう。

生命の大河

生命の大河ながれてやまず
一切の矛盾と逆と無駄と悪を容れて
ごうごうと遠い時間の果つる処へいそぐ。
時間の果つるところ即ち涅槃。
涅槃は無窮の奥にあり、
またここに在り、
生命の大河　この世に二なく美しく、
一切の「物」ことごとく光る。

さて、第八「人牛倶忘」では心が消え、人境（主客）が倶に消えるとあなたは忽然と無、あるいは空（法界）の中にいる（「智者は二〈主客〉は皆な無なりと了達し、二の無なる真の法界に等住す」『摂大乗論』）。そこに見るもの（人）と見られるもの（境）は存在しない（人境倶忘）。ところが第九「返本還源」に入ると再び境（自然）が登場するが、人は描かれていない。言うまでもなく、禅に限らず宗教は自然を尊び、自然に帰ると言った薄っぺらな自然主義を説いているのではない。第一「尋牛」から第七「忘牛存人」まで人境は常にあった。それが第八「人牛倶忘」を経て、ここにくると見る人はなく、ただ自然（境）だけが描かれている。一体これはどういうことか。何よりも人はどうなったのであろうか。

無の中へと入ってゆくときあなたは消え去るが、あなたが存在しなくなるということではない。確かに個としてのあなた（仮我）は消え去るが、あなたは全体となって蘇《よみがえ》るからだ。しかし、無になることが全体になるなど計算高いわれわれ（の心）には理解できかねることだろう。何といっても無という観念はゼロを想像させるからだ。しかし、無がゼロでないことは、この無（本源）からすべてのものが現れ、再びこの無へと帰っていくことからも明らかだ。そして、無所有起如来（『三昧王経』）が「あらゆるものは無である」と言ったように、無はあなたの本性であるばかりか、有情・非情を問わず、存在するすべての本性なのだ。形は異なるけれどもその内なる本性はみな無において一つなのだ。だから、あなたが無へと帰るとき、あなたは全体と一つになるのだ。恰度、波が消えれば大海と一つに溶け合うようなものだ。

この死と再生（復活）をかつて私は「五蘊の仮我が銷殞して無我の大我となる」と纏めたことがある。五蘊からなるあなたの仮我は消えて無我となるが、あなたは大我として再び蘇るという意味だ。そして、この大我（ātma-mahātmatā）こそわれわれの「第一我」であり、真実の自己を求めて旅を始めたわれわれの到達点なのだ。なぜなら、生死に迷う常没の凡夫が無（本源＝法界）へと悟入し大我として蘇ると、それが他でもない仏（真人）であり、禅が言うところの「父母未生以前の本来の面目」であるからだ。

清浄空無我なるを　仏は第一我なりと説く
諸仏は我浄なるが故に　故に仏を大我と名づく

（『大乗荘厳経論』）

これまであなたは政治的、経済的、社会的に自由と豊かさを求め、それなりの満足が得られたかも知れないが、あいも変わらず日常生活の中で生き苦しさを感じているのではないか。ときに感じる、どこにもやり場のない空しさと閉塞感はあなたが遅れをとるまいと守ってきた仮我からきている。というのも、仮我はあなたにとってちょっとした牢獄なのだ。

思い出してほしい、波としてのあなたの周囲に大小いくつもの波が鬩《せめ》ぎ合っている。あなたは緊張し、自分の周りに人・物・思想……からなるテリトリーを築き、安定を得ようと画作するが、ときにそれが嵩じて保身のために愚かな行為に走る。一体、このどこに自由と安寧があろう。まるで「漫々たる波の上に、船をゆるがさでおかん」としているかのようだ。われわれは全く気づいていないけれども、あらゆる緊張と混乱の元凶である「私」（仮我）を残して自由であろうとしていることだ。そうではなく、宗教は仮我（波）が無（大海）の中に銷融して、無我の大我（真我）となるとき真の自由があると教えているのだ。しかし、「私」は心が仮構した五蘊の仮我であるから、仮我から開放されて大我となるためには心から開放されねばならない。それが人と心（牛）が倶に消え去る第八「人牛倶忘」であり、再び真源（法界）へと辿り着く時、われわれは初めて真の自由を手にすることができるのだ（「但《た》だ自ら心を忘じて法界に同ぜば、すなわち自在を得ん」『伝心法要』）。

ルーミーも言ったように、無はわれわれ人間にとって永遠の安らぎの場であり、奇妙に聞こえるかも知れないが、無こそあなたの本当の住処なのだ。否、無のどこに住処など定められよう。それはイエスが「私にはまくらするところがない」と言った意味でもあるが、無には「ここ」とか「そこ」と言える場所がない、いわば「無住処」なのだ。あえて言うならば、あなたはどこにいるのでもないが、いたるところにあなたは存在する。このようにあなたが無の上に立って見るとき、見るものすべてが真実を顕し、そこに真の意味の自由と安息があるのだ（それを臨済は「随処に主と作《な》れば、立処皆な真なり」と言った）。また、無と共に生きることで生は尽きることのない神秘（宝蔵）を顕してくる。禅が「自家の宝蔵」といい、スーフィズムが「隠れた宝」、グノーシスの宗教が「大いなる富」というのも、この無あるいは真源（心源）を知って初めて明らかになるということだ（「頓に心源を悟って宝蔵を開く」）。しかし、その味わいを知ったからといって、自家の宝蔵を極め尽すことなど人間には到底できないのだ。

無源の水を尋究すれば
源は窮《きわ》まれども水は窮まらず
（『寒山詩』）

心源を覚るとは、心（妄心）が消えて真心、すなわち無心となることだ。この目覚めた雲りなき心（本源清浄心）でもって見るとき、見るものすべてが真実となる。それはかつて心の鏡を通して見ていたものと同じではない。世界は変わらないが、いわば無の鏡（「衆生本有の大円鏡智の鏡」）に顕れた世界はやはり違うのだ。この新しいヴィジョンを説明することは容易ではないが、すでに引用した良寛の「月華の比喩」が最も分かりいいだろう。

月が水にその姿を映じている。本当の月と見まがうほどだ。少なくとも猿にはそう見えたのだろう、しかし人間は違う。猿のようにそれを手に入れんと川の中に入る者はいない。そして猿がその愚かな自殺行為を止めるとしたら、それは水がなくなる時であろう。水がなくなれば月影は消え、天空に本当の月が煌々と輝いている。もっとも猿には月影と月を結びつけることはできないであろうが、それは今問題ではない。そして月影と月の相違は幻影と真実の違いだ。同じ月でありながらやはり同じではない。

心の鏡はこの水に相当している。それは前にくるものは何でも映し出す。われわれは美しいものには心惹かれ、不快なものは遠ざける。そして、そこに映る美しく快いものを我がものにしようとしているのが人間なのだ（この比喩は本来、愛欲に囚われていくわれわれ人間が手にしようとしているものを「月華」に譬えたものであることを考え合わすと、われわれが求めて止まない愛とは何かを語って、なかなか興味深い）。しかし月影と同様、心の鏡に映ったものはすべて幻影であり、その鏡が消えると、すべての幻影は消え、その後に残ったものが真実なのだ。世界は変わらないがやはり同じではない。そこのところを白隠は「当処すなわち蓮華国」と言ったのであり、サンサーラの世界（当処）を離れてニルヴァーナの世界（蓮華国）があるのではない。

心の鏡には真実の影が無限の形をとって映し出される。恰度、天空にかかる月は一つであるが、地上にある湖面に無数の月影が映るようなものだ。しかし、その鏡を取り除くと、その後に一なる世界（法界一相）が顕現してくる。はじめからそれだけが存在しているのだ。そこに心などというものが起こったがゆえに（無明の忽然念起）、幻影とも知らず、その虜になり、まるで猿のように、我がものにせんと人間同士が争いを始めたとなろうか。しかし、月華の美しさに目がくらんだとしても猿を責められないように、影でさえこれほど美しいとしたら真実の美はいかばかりであろうか。ルーミーが「この程度ですら神の恩寵であり、神の美の反照であるのだけれども、惜しむらくは永遠不滅ではない」と言ったことが思い出されるが、われわれもまたいつか（今生ではないかも知れないが）幻化の如く揺らめき、翳《かげ》りある美に満足などしておれなくなるであろう。その時、必ずや心の問題に行き着く。そして、心の本源へと辿る『十牛図』全体のプロセスを振り返ると「見る」ことに三つの段階がある。

まず、見るもの（人）と見られるもの（境）というわれわれが主客の関係で見ている状態が第七「忘牛存人」まで続く。もちろんこれは『成唯識論』が「二取（主客）の随眠はこれ世間の体なり」と言ったように世間（サンサーラ）である。この第一の「見る」場合、人は対象についての知識（専門の知識）とくさぐさの経験は増えるかも知れないが（世に彼らを、見識ある経験豊かな人と言う）、知るものは常に知られないまま背後に残る。ところが、宗教とは自己認識の問題であり、この無知がすべての混乱の元凶であることはすでに述べた通りである。従って、知るもの（主）が知られるもの（客）とならねばならないが、「私とは何か」を知ろうとして探究を始めると、私とは心が仮構した「五蘊の仮我」に過ぎず、その心が心源へと消えると私だけではなく、これまで見ていたすべてのもの（境）が消え、その後には無あるいは空だけが残る。これが第二の「見る」、というよりは見ないことであり（不見）、第八「人牛倶忘（人境倶忘）」がそれを表している。われわれの内なる実存は無あるいは空の寺院（庵）であり、そこに到達した人、といってもそこには誰もいないのだから、正しくは、無我となった人（？）は外にも内にも何も見ていないのだが、無の鏡に再び自然（境）が顕れてくるのが第九「返本還源」なのだ。

庵中には庵前の物を見ず
水は自《おのず》から茫茫　花は自ら紅なり

このように、何も見ていないけれども（不見）、それが真に見るということであり（真見）、劉一明が「不見の見すなわち真見」と言ったこととよく符合する。以上述べた経緯（プロセス）を簡潔に纏めたものが六祖慧能の法を嗣いだ青原行思の次の叙述である。

①　山を見るに是れ山（第一図〜第七図）
②　山を見るに是れ山にあらず（第八図）
③　山を見るにただ是れ山（第九、十図）

①は道を歩み出してはいるがこれまでと同様、主客の関係でものを見ている。②は主客が倶に消える意識の深層において無が現れ、物は存在しているけれども目は何も見ていない。エックハルトがパウロの無の体験（『使徒行伝』）について「一なるものをわれわれは見ることができない。彼は無を見た。それが神であった。神はひとつの無であり、神はひとつの何かである」（『ドイツ語説教』）

と言ったことが思われる。われわれは二なるもの、すなわち主客の関係でしか見ることができない。究極のリアリティ（主客未分の一なるもの）はわれわれにとってはじめは無のようにしか映らないのだ。それはわれわれが余りにも外側ばかりを見続けてきたために、内側を見るには少し慣れが必要ということだ。③は無において全体と一つになったあなたは再びものを捉えるようになるが、これまでのようにあなたの外にある物（境）として見るのではなく、白隠が「万物を見ること自己の面を見るが如し」と言ったように、自己の中にすべてのものを見、すべてのものの中に自己を見ている。自己認識の本当の意味はここにあるが、真実の自己（本来の面目）が決して空疎なものでないことが分かるだろう。

このように自分が見ているものすべてが自分であると覚ったとき、人間と自然、自己と他者を分けていた境界は消えて、あなたは無境界の人となる。その時あなたは一体誰を愛し、誰を憎むというのだろう。実は、ここから本当の意味の愛と平等と非暴力の思想が生まれてくる。そして、それを実践に移したのが第十「入鄽《にってん》垂手」なのだ。

第十　入鄽《にってん》垂手

序の十

柴門《さいもん》独り掩《おお》うて、千聖《せんせい》も知らず。自己の風光を埋《うず》めて、前賢の途轍《とてつ》に負《そむ》く。瓢《ひさご》を提《さ》げて市に入り、杖を策《つ》いて家に還る。酒肆《しゅし》魚行《ぎょこう》、化《け》して成仏せしむ。

頌に曰く

胸を露《あら》わし足を跣《はだし》にして鄽《てん》に入り来たる
土を抹《な》で灰を塗り笑い腮《あぎと》に満つ
神仙の真の秘訣を用いず
直《た》だ古木をして花を放って開かしむ

第十「入鄽垂手」は、世間（サンサーラ）から出発し、出世間（ニルヴァーナ）に到達したものが再び世間に帰ってきたところである。しかし、なぜ彼は出世間に留まらず、再び生死際なき世間に戻ってきたのであろうか。それは、覚者の眼（仏眼）にはここが仏土であり、常寂光土にほかならないと明らかに知るからだ（『維摩経』「仏国品」に登場する仏陀の言葉を思い出してほしい）。だから戻ってきたというのではなく、もとよりここがニルヴァーナの世界なのだ。彼（覚者）にとってここはいわゆる世間ではない。否、われわれ衆生にとってもそうなのだが、真源に迷うがゆえに、その無明ゆえに生々死々を繰り返す世間となっているに過ぎないのだ。

仏と衆生と同じ解脱（涅槃）の床に住す。此もなく彼もなく無二平等なり。

（空海『吽字義』）

そうすると、覚者とは世間にいながら世間に属していない人ということになる。覚者（仏）という言葉が鼻につくようなら、臨済が言う「無位の真人」と理解してもよい。人間が如何にして真の人間になるかという、禅の目指す、本来の面目、あるいは本来人がそこに存在する。しかも、われわれの社会の中で人知れず存在するということがあるのだ。彼らは決して孤高を決め込んだ世捨て人ではなく、自らの風光を埋めて、われわれと同じように生活している。といっても、忙しく仕事やノルマのため、あるいは人類平和のために世界を駆けずるというのではない。真実の人（まことのひと）はここがサンサーラ（有為）の世界であると同時にニルヴァーナ（無為）の世界ともなり得ると知って、「三界を縁に任せ」、世間に留まっているのだ（「菩薩の如きは、有為を尽くさず、無為に住まらず」『維摩経』）。

迷えばここは三界生死の世界となるが、覚ればここが涅槃の世界ともなる。従って、われわれが行くべきところなど本当はどこにもなく、ここがいずれともなり得るのだ。『十牛図』冒頭の言葉、「迷いに因るや三界に沈淪する衆生となり、悟りに因るや頓に四生を出でて仏となる」は明確に心に留めておかねばならない。そして、今一度、白隠を例にすれば、ここ（当処）を離れてニルヴァーナの世界（蓮華国）はなく、またこの身を離れて仏（覚者＝真人）もないということだ。

当処即ち蓮華国
此の身即ち仏なり
（白隠『座禅和讃』）

しかし、ニルヴァーナの世界もサンサーラの世界が存在して初めて成り立つ概念であり、覚ればことさらニルヴァーナの世界という必要もない。また、それを聖（真）なるもの（真諦）と呼ぶこ

第十　入鄽垂手

ともなければ、まして俗なるもの（俗諦）と言うのでもない。ナグ・ハマディ文書が「光と闇、生と死、右のものと左のものは互いに兄弟である。それらが相互に引き離されることは不可能である。だから、善きものも善いわけではなく、悪しきものも悪いわけではなく、生も生ではなく、死も死ではない」（『ピリポの福音書』）と言ったように、もとよりそこは聖・俗、善・悪、生・死……などという観念すら存在しないのだ。そこでは二元対立するすべての概念が銷融して一なるもの（一如）となっているからだ。そのような世界を『大乗起信論』は「法界一相」、「一法界」などと呼ぶが、初めからそれだけが存在し、そこは静寂で至福に満ち、永遠にそうなのだ。ただ真源に迷うがゆえに生死際なきサンサーラの世界（世間）となるに過ぎない。そして、あなた自身が覚るのでない限り、あなたはいつまでもサンサーラ（生死）の世界に迷う常没の凡夫（衆生）であるということだ。

もちろん、そこに留まっていたいならそれもいいだろう。宗教はそれを咎めもしなければ、あなたが今自分の意のままに生きているように、誰をも責めてはいない。ただ、そういう中にあって、極まれにではあるが、人間存在の危うさと現在人間がどんな状況に陥っているかを知って、本当に安らぐ終《つい》の棲家（自家の宝蔵）を求めようとする人がいる。そういう彼らのために宗教は道を用意しているのだ。そして、そのプロセスの中に生死の夢から目覚めるということがあり、それを悟り（覚醒）の体験と呼んだまでに過ぎない。

さて、第十図の「入鄽垂手」をよく見ると、境（自然）だけであった第九「返本還源」とは異なり、再び人が登場し、人境（環境）が倶に描かれている。しかし、もちろんこれは第七「忘牛存人」まで辿ってきた人境ではない。少なくとも、それらは第八図の「人牛倶忘（人境倶忘）」を経てきたものである。そこでまず人について見ると、ここに描かれた彼の風貌はかつての人とは明らかに異なる。

　胸を露わし足を跣《はだし》にして鄽に入り来たる
　土を抹《な》で灰を塗り笑い腮《あぎと》に満つ

ここには何らかの作者の意図があったと思われるが、それは仮我と真我の違いであり、彼がわれわれ人間と外見上異なる風貌をしているというのではない。しかし、今や彼は妄想転倒し、心に引きずられて六道・四生を彷徨う常没の凡夫（仮我）ではない。というのも、彼はかつて歩んできた自らの蹤跡、個性、連綿と続く記憶のカルマをことごとく無の空間（本源）の中に葬り、古い人（仮我）は死んで全く新しい人（真我）へと質的変容（再生）を遂げているからだ。しかし、覚った様子をいささかも見せず、いかなる言葉も絶えた無本質（無位）、あるいは誰でもないもの（無我）になっている（「自己の風光を埋めて、前賢の途轍《とてつ》に負《そむ》く」）。

ここに登場してくる人は、先にわれわれが大我（『大乗荘厳経論』）と呼んだものであり、永嘉大師はそれを「本源の自性、天真の仏」と言う。そして、この大我こそ悟りの階梯を歩んできたわれわれの到達点であった。察するに、作者はかつての常没の凡夫ではなく、大我（仏）となった真の人間（真人）の姿を視覚的に描こうとしたのであろう。

余《わ》が家に一窟《いっくつ》有り　窟中に一物無し
浄潔《じょうけつ》にして空《くう》なること堂堂《どうどう》　光華、明るきこと日日《じつじつ》
蔬食《そしょく》もて微軀《びく》を養い　布裘《ふきゅう》もて幻質を遮《おお》う
たとい千聖《せんせい》の現るるも　我れに天真《てんしん》の仏有り

（『寒山詩』）

時間・空間を隔てた無の帳《とばり》の彼方へと消え、存在と一味になった彼は、今や、どこにも拠所を持たない「一無依の道人」として存在している。独り柴の門を閉ざした彼の「家」がいかなる拠所も持たない無だということ（窟中に一物無し）、そして、空々堂々、清浄にして一塵を受けず、光華、明らかな「一窟」が人間の帰るべき我が家として、すべての人の実存深くに隠されていることをわ

れわれは知らない。さらに、この寄る辺なさこそ全き自由だということがどうしても理解できず、常に何かに拠所を見出そうとしているのがわれわれ人間なのだ。それは人（家族）や物（金銭）であり、また組織（会社）や趣味（サークル）であったりとさまざまであるが、それらすべての根底にある拠所こそ「私」であり、その非を説いているのが仏教における「無我」の思想なのだ。われわれはこの仮我に過ぎない「私」が社会の中で立ち行くために常に拠所を求めているのだが、それがかえってわれわれから自由を奪い、生死の絆に繋ぎとめる業（カルマ）になっていることなど全く気づいていない。そういう私たちが、自らの内なる無の空間（本源）に到達し、仮我に死して真我（天真の仏）に目覚めた人を色々とあげつらい、批判するが、いまだ悟りの途上にある三賢十聖の菩薩はもとより、「幻化の人」に過ぎないわれわれ迷道の衆生に彼らの本質を窺い知ることなど無理というものだ。だから寒山も自らの悟境を「たとい千聖の現るるも　我れに天真の仏有り」と最後を括っているのだ（「柴門独り掩うて、千聖も知らず」）。

少し別の角度から説明してみよう。もしわれわれが彼らの消息を本当に知りたいと思うならば、われわれもまた「返本還源」のプロセスを辿り、彼らの到達した無の空間（真源）の中へと入って行かねばならない。しかし、この無の空間には誰も入れないのだ。というのも、そこに入ろうとする者は雫が大海に融け合うように、大死一番、個としての自己（仮我）を失うことになるからだ。しかし、それはあなたが消えてなくなるというのではなく、あなたは全体と一つになるのだ。今や、個性などちっぽけな雫に過ぎなかったあなたの名残に過ぎない。そこにはあなたが無始劫来辿ってきた足跡（カルマ）などどこにもない。そんなあなたをどう言えばよいのか。足跡を残すなど、宗教の立場から言えば、迷い以外の何ものでもなく、すべてはあなたを生死の絆に繋ぎとめるカルマであって、自由に天翔ることを許さない足枷に過ぎないのだ。「其の理を得るや、宗を超え格を越えて、鳥道の蹤《あと》無きが如し」（総序）。

では、この人（大我＝真人）は一体どこから生じて来たのであろうか。それは無（本源）ということになろうが、その意味は何かをもう少し考えてみよう。まず、われわれ衆生は四生（胎・卵・湿・化）のいずれかに依って生まれたがゆえに死が避けられず、生死の苦海に往来するばかりで、涅槃常楽の世界があることを知らず、六道を経巡っている。

四生是《ここ》に蕃滋《はんし》し、八苦之《これ》に因《よ》つて鬱茂《うつぼ》なり。生死の海、浩浩《こうこう》として沈み易《やす》く、涅槃の岸、巍巍《ぎぎ》として登り難し。

（空海『性霊集』）

今、人間に限って話を進めると、われわれは胎生、すなわち女性、端的に言えば子宮（Woman＝Womb＋Man）から生まれ出たものである。一方、大我は生々死々を繰り返す衆生ではなく真人（天真の仏）であるから、明らかにわれわれと出自を異にする。それは、胎生である仮我（身心）が銷殞して真我として再び甦ったものの謂であり、「法界の大我」とも呼ばれるように、法界を子宮（基盤）として生まれ出たものということである。つまり、自らを空しくして法界に帰入し、再び法界から蘇った者ということだ。従って、彼らは法界（一如法界）から来たる者（如来）ということになるだろう。もちろん、この法界が『十牛図』のキー・タームである真源に当たることは言うまでもない。それは諸仏の真源であるだけではなく、われわれ衆生もまた本性としてもとより具えてはいるが、それを知らないために四生の苦しみ（四苦八苦）を受けているというものだ。

衆生の体性と諸仏の法界は本来一味にしてすべて差別なし。衆生は悟らずして長夜に苦を受け、諸仏はよく覚つて常恒に安楽なり。

（空海『平城天皇灌頂文』）

そうすると出自（誕生）には二つあることが分かる。一つはわれわれ人間のように胎生（子宮）を含む四生であり、これは生々死々して六道を巡る迷いの存在であり、まさに親鸞が「世々生々にもまよいければこそありけめ」（『恵信尼書簡』）と言ったものであり、仏陀が生・老・病・死の四苦の一つに数えた「生」もこれに当たる。もう一つは自らを空しくして、本来の家郷（真源）に回帰し、自らに誕生を齎《もたら》すというものだ。そのための条件が無我、すなわち第八図の「人牛倶忘」という無（死）の錬成を経たものであることを忘れてはならない。つまり、今のところわれわれは他者（男女）から得た生（いのち）しか知らないが、そのいずれは朽ち果てる生の中で、大死一番、仮我が銷殞して大我（真我）として再び誕生するというものだ。そして、この「第二の誕生」こそ宗教がわれわれ人間に求めているものであり、永遠のいのちなのだ。

自らに誕生を齎した者（覚者）は永遠の生を知って、もう死ぬということがない。というよりも、空海が「菩薩は一切の法に生を見ず死を見ず、彼此を見ず。尽虚空界ないし十方合して一相とす」

（『一切経開題』）と言ったように、もともと生もなければ死もなく（劉一明はそれを「無生無死」と言う）、ただ真源に迷うがゆえに六道・四生の波浪は駆動するに過ぎないと知るのだ。そして、宗教における悟りとは、本源（真源）の中へと死の飛躍をする（大死）という逆説を通して、永遠のいのち（不生の生）に蘇ることなのだ。そのために長生不死の方法を説いたとされる神仙の妙術を用いるには及ばない（「神仙の真の秘訣を用いず」）。しかし私は文脈にそってこう言ったまでで、神仙（仙道）の思想家たちはわれわれが一般に考えているような不老長寿など説いてはいない。それどころかこの文脈と同じく、生々死々するわれわれのいのちに対して、不生不死（永遠のいのち）に至る方法論を説いている。また、そこで展開される身体論に至っては禅に限らず学ぶべき点が多くある（これについては拙著『神秘主義の人間学』第十章を参照）。

　ともあれ誕生には二つある。それはアウグスチヌスが誕生を肉において生まれることと、霊において生まれることに分けたことと軌を一にしている（『告白』）。しかし、余りにも非日常的なことなので、今日こんなことを真面目に取り上げることに私自身いささか躊躇がないわけではないが、あえて言うならば、この「第二の誕生」こそ本当に祝福されるべき生（誕生）なのだとは言っておきたい。だからといって、私は人が肉において生まれる「第一の誕生」を祝福するなど愚かなことと一度も言ったことはない。しかし、多くの人がそうであるように、「第二の誕生」を知らず、生がただ死と共に終るだけのものならば（あなたがこの地上でどれだけのことを成し遂げたかなど一切関係なく）、あなたはこの生を無駄に使い果たしたことになると宗教は見ているのだ。

例えば道元が、いくたびか徒に生まれ、徒に死にゆくわれわれに「まれに人身をうけて、たまたま仏法にあえるとき、この身を度せずんば、いずれの生にかこの身を度せん」と言ったように、われわれが今生きているこの瞬間を捉えて、自分自身に働きかけ、この「六道の苦身」を度す（救う）、つまり、自らに「第二の誕生」を齎すのでなかったならば、このような機会が再び巡ってくるまでにどれだけ空しく時を過ごすことになるだろうと言ったことからも明らかだ。それは親鸞が「このたび疑網《ぎもう》に覆蔽《ふへい》せられれば、かえりてまた広劫を徑歴《きょうりゃく》せん」（『教行信証』）と言ったことでもある。

ともあれ、いわゆる生（と死）はこの永遠のいのち（不生の生）の上に浮び上った影に過ぎないのだ。ただ個として私が存在したがゆえに、またその出自と意味が充分に理解できないがゆえに生々死々はいつ果てるともなく続いて行く。しかし、ひとたび「死ぬ前に死ぬ」（ハディース）ことができたら（大死）、身心（仮我）は自然に脱落し、すなわち無我となって大我（真我）として蘇ると（前念命終、後念即生）、あなたは再び迷道の衆生としてこの地上に戻りくることはないであろう。あなたは因果（カルマ）にもようされて、ゆくりなくも六道・四生という形式を通して生まれてくることはもうないということだ。

生としてまさに受くべき生なし、趣《しゅ》としてまた到るべき趣なし。すでに六趣・四生の因亡じ、果滅す。かるがゆえに、すなわち頓に三有（三界）の生死を断滅す。

（親鸞『教行信証』）

その時、あなたは永遠に朽ちることのない真理の身体（法身）として、どこにいるのでもないが（無我）、あらゆるものの中にあなたは存在する（大我）。「万物を体して自己と為す」（第二「見跡」）とはこの意味であり、かくしてのみあなたは主客（自己と万物）の二元論を脱して一元性の世界（真如）へと帰って行くのだ。そして、あなたがたとえ死んだとしても、その事実は何ら変わることはない（「死んだとてどこへもゆかぬここにいるよんでくれるなものはいわぬぞ」白隠）。

「法界の大我」の意味はこんなところにある。

このように大我（真人）として自らに誕生を齎した者にとって、当然のことながら、世界（境）もまたわれわれが主客の認識構造で捉える三界・六塵の境界（妄境界）ではない。それは白隠の言う「蓮華国」であり、見るものすべてが本来の耀きを見せ、その様子を「直だ古木をして花を放って開かしむ」と詠んでいるのだ。それは空海が草木のような非情のものまでもが成仏すると言ったことでもある。われわれ人間の目（衆生眼＝肉眼）で見るならば、草木も粗い色形に過ぎないが、覚者の目（仏眼＝慧眼）を通して見るときそれは微細な耀きを放っている（「肉眼に於て粗色の草木を見るといへども、仏眼に於ては微細の色なり」『秘蔵記』）。存在するすべてのものが仏の輝き（仏性）を放ち、彼を取り巻くすべてのものが本来の美と耀きを顕す。

法爾荘厳、豁然《かつぜん》として円かに現れ、本有の万徳、森羅として頓に証せん。

（空海『性霊集』）

真源はわれわれ衆生（人間）の基底をなしているだけではなく、万物の基底でもある。人間も万物もその本性は同じであり、ただ形態が違うだけなのだ。従って、自らの真源を覚れば万物の本質をも覚ることになる。つまり、人間だけではなく草木を含む全宇宙がもとより真理を顕しているのだ。もっと言うなら、真源を覚れば衆生だけが仏に成るのではなく、草木をはじめ存在するすべてのものが皆同時に成仏するのだ。それを白隠は「仏身は法界に充満して、あまねく一切群生（衆生）の前に現ず」と言った。しかし、それは形（相）なき美の世界であり、われわれがこれまで主客の関係で捉えていた物の世界ではない。そのように世界を見た詩人の言葉をひとつ挙げておこう。

そのときわたしは知らなかった。花がそんなにも身近にあり、それがわたし自身のものであったことを。そして、このような全き美がわたし自身の胸の奥深くに花咲いていたことを。

（タゴール『ギタンジャリ』）

趙州がある僧に「いかなるかこれ祖師西来意」と問われて、「庭前の柏樹子」と答えた時、彼には自分を取り巻くすべてのものが真実と映っていた。それはたまたま彼の面前に柏の木があったに過ぎない。それが沙羅の木であったら答えも変わっていただろうが、その言わんとする内容は同じなのだ。覚れる者の眼に「万象は痕跡なく」、すべてのものが真実の姿（実相）を顕している。これを「挙体全真」（『碧眼録』）というが、それはわれわれが心（妄心）で捉える形象の世界（境）ではなく、無心（真心）が捉えた形（物）なき美の世界なのだ。これがあるがままに見る、つまり「花を花と見、月を月と見る」ということであり、すべてのものが真理（法）を奏でている。ボーディダルマ（祖師）はこの理を伝えんがためにインドからはるばる中国へと渡った。そして、この一瞥を宗教は神とも仏とも称したのだ。イスラーム教はそれを「どこを向いてもそこに神の顔がある」（コーラン）と言ったが、悲しいことに、われわれ衆生の目にはその眼前に在るもの（それを『トマスの福音書』は「面前で生きている者」という）が見えていないのだ。

悲しい哉、如来清浄の真身（真人＝仏身）は、煥爛《かんらん》として目前に分明なること掌を見るが如くなれども、慧眼（仏眼）すでに盲《めしい》たる故に、すべてこれを見たてまつること能《あた》わず。

（白隠『遠羅天釜続集』）

そうすると事物・事象をあるがままに見るということは、宗教者（講者）が軽々しく言うのとは大いに異なり、あるがままに見ることができたらもう覚者ということになる。しかし、そうでないことは、この僧と同様、われわれは趙州の言葉がすんなりと理解できないことからも明らかだ。どう見ても「庭前の柏樹子」は柏の木でしかなく、真理（仏法）を説いている様子もない。確かに禅は、われわれが真源に深く根を下ろすことによって見えてくる世界があると言う。しかし、それはわれわれの見る姿勢、すなわち有心（妄心）で捉えるか、無心（真心）で見るかの違いであり、この用意ができていない者には決して見えてこない世界なのだ。といっても、われわれが妄心で以ってその世界を翳していているに過ぎないのだが……。

宗教的人格（人格という言葉はふさわしくないが）というと社会（世間）から孤立し（「柴門独り掩うて」）、いろんな問題が起こっているのに目をつむり、どこか遠くに理想の世界を求める世捨て人の如く思われがちだが、それは表面上そう見えるだけであって、人間の内なる実存に拓かれてくる新たな地平についてわれわれは何も知らない。むしろ、われわれこそ人・物（自然）から孤立しており、それを恐れるがゆえに、人との出会いを求めて互いに慰め合い、たむろし徒党を組むが、どれだけ長く続くものであろうか。この皮相な人間関係の裏に潜む癒しようのない空しさと寂しさ、猜疑と隷属を見て取れない人間が人間関係を喋々と論じる、愚かなことだ。

無、あるいは死の錬成を経て、つまり無我の体験を通して、全体となって蘇った真人を「一無位」と呼ぶように、一つになることによって真の意味で愛の人（慈悲の人）となる。なぜなら、「一」になることはもはや個として存在するのではないが、万物を体して自己を確立した真人（大我）となることであり、この真実の人（まことのひと）となって初めて他者に対して救いの手を差し伸べること（利他行）が可能となる。そこにはかつての個我が個我にしがみつく愛（愛執）などなく、有情・非情を問わず、存在するすべてのものに向けられた愛、すなわち無縁の愛となる。『大乗起信論』はこの利他行を「自然業《じねんごう》」と呼び、「心相皆尽《つ》くを涅槃を得て自然業を成ず」と言った。『十牛図』全体のプロセスがそうであったように、心（心相＝妄心）がことごとく尽きて消え去るならば、つまり無心（無我）となるならば、もとよりそこは涅槃である。なぜなら、生死とは妄心であり、涅槃とは真心、すなわち妄心が尽きた無心をいうからだ。そして「自然業」とは、心を尽して真源（心源）へと辿りついた覚者（真人）は、ことさら何かをするということではないが、彼の存在そのものが自然に他を利することになるというほどの意味である。言うまでもなく、この場合、「業」とはわれわれ人間を輪廻の鎖に繋ぎとめるカルマの謂ではない。

自然にして而も不思議の業ありて、能く十方に現じ衆生を利益するをいう。

（『大乗起信論』）

廓庵『十牛図』の根本思想である、本に返り、源に還る瞑想のプロセス（返本還源）は大乗仏教の基本理念である衆生利益（慈悲）にまで到達した。しかし、瓢に隠された渇くことのないアムリタ（不死の甘露）に自ら酩酊し、柴門（無の一窟）を後にして、世間へと出かけて行く彼は一体何を引っ提げて迷道の衆生に向かうのであろうか。それはかつて理由も分からず生々死々を繰り返し、呻吟していた自らの姿をわれわれ衆生の中に見、「衆生をして頓に心仏（本源清浄心《こころ》が本源清浄仏であること）を覚り、速やかに本源に帰らしめん」がためなのだ。というのも、われわれは「自心の仏」（空海）を知らず、また個々の人間の内側（本源）に帰るべき我が家（本宅）が在り、そこにわれわれ人間が求めるものがすでに具わっていること、つまりそれを知りさえすれば二度と渇きを覚えることのない「自家の宝蔵」を知らしめんがために、必要ならばどこへでも出かけていく。たとえ「酒肆魚行」の巷であっても、「化して成仏せしむ」ことにもなろう。しかし、決してそこに長居はしない。いそいそと家（一窟）へと帰り、独り無為の凝寂の処に憩うのだ（「瓢を提《さ》げて市に入り、杖を策《つ》いて家に還る」）。

本来宗教は身心（肉体と精神）を病んでいる者に直接関わるものではない。それならば身心を扱う病院へ行けばよいのだ。そんなところに宗教が入り込んでくると、人間の弱みに付け込む詐欺的な行為となる例は至るところで見うけられる。むしろ肉体的、精神的にどこも病んでいない者に向けられるべきであるが、そうなると宗教など必要ないと考えてしまうところに人間理性の限界というか、無知（無明）の典型を見るようだ。

われわれが心として理解しているものは、それが病んでいようが、健康であろうが、われわれを生死の絆に繋ぎとめる妄心であり、それを第八「人牛倶忘」の錬成を経て、真源（心源）を覚ることができたら、たちまち六道・四生を出て仏（大我）となる。その目覚めの中で、いわゆる生が悲喜こもごも夢であったことを覚る。そうなって初めてわれわれは他者に救いの手を差し伸べ、真の意味での利他が可能となるのだ。それ以前では決してない。親鸞が『歎異抄』の中で「いそぎ仏となりて、大慈大悲心をもて、おもうがごとく衆生を利益する」と言った意味はここにある。

しかし、衆生利益は人間に限るのではない。迷道の衆生には上は天（天堂）から下は地獄の住人まで含まれる。そして、一無位の真人（大我）はそれらすべてを体して自己となしている者、すなわち天国だけではなく地獄もまた彼の住処であり、あらゆるものの中に彼は存在する（「大我とは、一切衆生を以って自己と為すが故なり」『大乗荘厳経論』）。だからこそすべての生けるもの（衆生）に対して救いの手を差し伸べることができるのだ。動物（畜生）だって例外ではない。それを禅は「異類中行《いるいちゅうぎょう》」と言う。

異類中行　是れ我が曾《かつ》てせり
能《のう》は境に依り　境は能に依る
出生忘却す　来時《らいじ》の路《みち》

識《し》らず　当年誰《た》が氏の僧ぞ

（一休『狂雲集』）

異類とは動物だけを意味しているのであろうか、そうではなく六道・四生を通して生まれてくるすべてのものと解してよいだろう。真人はその出自を四生ではなく、万物の基盤である法界（真源）から来たる者（如来）ということであった。彼は無始劫来辿ってきた自らの出自、記憶、経験すべてを葬り、今や彼の存在する所すべてが真理を顕し、自ら進んで衆生救済のために如何なる境涯（境）にも身を沈める用意のできた者ということだ。

者《こ》の漢　親しく異類より来たる
分明《ふんみょう》なり　馬面と驢腮《ろさい》と
鉄棒を一揮《き》して風の疾《はや》きが如く
万戸千門　尽く撃開す

（『石鼓夷《せっこい》和尚』）

無明長夜の眠りから目覚め、自ら光となって無明を照らす覚醒の炎こそ、宗教的な意味における救い、すなわち無明（avidya）から明（vidya）、生死（samsara）から涅槃（nirvana）へと人を誘うことができるのだ。われわれは軽々に救いを口にするけれども、先ず、われわれ自身が自らの内なる真実（自家の宝蔵）を覚り、内なる光明（悟り）を達成してこそ、迷妄の世界に酔い痴れ、無辺の生死海が悪夢であることを覚らぬ人間（衆生）を無明の闇から光へ、世間（サンサーラ）から出世間（ニルヴァーナ）へと目覚めさせることができるのだ。逆に言えば、自己の真実に目覚め、明の人（覚者）とならない限り、われわれ人間はそうと気づくこともなく、この地上にトラブルを持ち込むことになる。初めから利他などあり得ないこと、また「一盲、衆盲を引いて、火抗に入る」過失を犯さないためにも（『五燈会元』）、私はこれだけは強く言っておきたい。というのも、自らの問題さえ解決できていない者が、もっというなら、自らの問題の所在すら理解できていない迷道の衆生に「利他」などあり得ないだろう。いまだ無明の闇に閉ざされた盲人が盲人の手を引いてどこへ行こうというのか。

彼らは盲人を手引きする盲人である。もし盲人が盲人を導くならば、二人とも穴に落ち込むであろう。

（『マタイの福音書』）

これはイエスの言葉であるが、よく噛み締めてみる必要があるだろう。自らを省みず人の道を説く大人は多い。私はそれについて異議を挟むつもりは毛頭ない。なぜなら、宗教はある意味で人の道など説いていないからだ。そして、人の道を説くだけならばわざわざ宗教を持ち出すこともなかろう。事実、そんなもの知らなくとも人は臆面もなく人の道を説いている。しかし、大道（仏道）は違う。なぜなら、ともども生死輪廻の陥穽（子宮）に落ち、徒に生々死々を繰り返すことになるからだ。

第二部　トマスの福音書

真知の覚—自己認識と神認識

序　章　隠された言葉

一九四五年、ナイル河畔の小さな町で、チベット密教ニンマ派のテルマ（埋蔵経典）を想起させるようなことが、実際に起こった。ある日、農夫が仕事にでかけ、たまたま地中に埋蔵されていた壺の中からコプト語で書かれた多数の古写本が発見されるということがあったのだ。後に、それらは発見場所に因んでナグ・ハマディ文書と呼ばれるようになる。その中に、現行の四福音書には含まれていない『トマスの福音書』があり、これまで知られていなかったイエスの語録として紹介されるや、一大センセーションを巻き起こし、現在ではそれを含め、五福音書としてまとめて発行されてもいる。

『トマスの福音書』は「これは、生けるイエスが語った、隠された言葉である」（1）で始まっているが、私はこのイエスの「隠された言葉（アポクリュフォン）」を東洋との比較をも交えながら、解釈を加え、「この言葉の解釈を見出すものは死を味わうことがないであろう」（2）と言われる意味を探ってみたいのだ。とりわけ『トマスの福音書』の中でリフレインのように繰り返される「死を味わうことがない」とはどういうことかを明らかにしたいのだ。というのも、われわれ人間は最終目的地が死である夜行列車に乗り合わせた囚人のようなものであるからだ。その中で息苦しさのために争っているかと思うと、手を取り合って互いに慰め合い、時に、はしゃぎ、時に、悲しみの涙を流す。しかも、その目的地は列車を包んでいる闇のように常に存在しているにもかかわらず、われわれはその事実を見ようとはしない。というか、周りに拡がるえたいの知れない闇に恐れをなし、それに背を向け、ただひたすら列車から落ちこぼれないように必死にしがみつく。しかし、遅かれ早かれ釈放されたところが死であり、結局われわれは本当の自由が何であるかも分からないまま、いつか力尽き、一人また独りと闇の中へと投げ出されるのだ。時には、闇が何であるかを知らずに自ら飛び込む愚か者もいる。

病（不治の）と戦うなどという言葉をわれわれはときに耳にする。しかし、彼（彼女）は本当に病と戦っているのだろうか。実際は、忍び寄る死の影と戦っているのではないか。本当の敵は死であり、病は、老いは死が遠くないことを示しているに過ぎない。ともあれ、生まれたものはいずれ独り死と対峙することになるが、その不安と寂寥はいつの時代も変わることはない。今日の医療技術の発達にもかかわらず、死を前にして無力であるわれわれ人間にとって、このイエスのアポクリュフォンを解明することは、ただ生と死の境を曖昧にするだけでは決して見えてこない、人間存在の本質と新たな地平を拓くに違いない。延命を図ることのみに終始してきた現代医療にとって、敗北を意味している「死を味わうことがない」というイエスの言葉は、個々の人間が本当に歩むべき道、あるいは辿るべき方向を指し示しているように私は思うからだ。

それにしても、われわれが学ぶべき叡智が二千年、あるいはそれ以上も昔に、すでに明らかにされていたとするならば、一体人類の進歩とは、発展とは何なのか。われわれを取り巻く環境は政治的、経済的、文化的にますますグローバル化の一途を辿り、また高度な科学技術の発達と、その恩恵を十二分に受けているにもかかわらず、至るところで破綻と混乱を見せ、出口が見えない閉塞状態にある現代は、もしかしたら、われわれ自身が人間であることの意味と謎を解く何かとても重要な鍵をどこかに忘れ、とんでもない袋小路に迷い込んでいるのかもしれない。

第一章　危ういかな人間

人間は迷っているということ、その本来の場所から落ちているということ、不安にかられてその場所を求めているということ、それをふたたび見いだすことができずにいるということを、誰が悟らぬものがあろう？

（パスカル『パンセ』）

パスカルはわれわれ人間は迷っていると言う。しかも、その原因は人間が「本来の場所」から落ちているからだと言う。それをキリスト教は堕罪（原罪）と言い、われわれはやがて老い、死なねばならないという不安と恐れの中で、本当に安らげる場所を求めているが、それを見出すことができないで迷っているということだ。ならば、堕罪以前の人間はどんな存在であり、人間はどこから来たのであろうか。

イエスが言った、「もし彼らがあなたがたに、『あなたがたはどこから来たのか』と言うならば、彼らに言いなさい、『私たちは光から来た。その光は自ら生じたのである。それは自立して、彼らの像において現われ出た』。もし彼らがあなたがたに、『それがあなたがたなのか』と言うならば、言いなさい、『私たちはその光の子らであり、生ける父の選ばれた者である』。もし彼らがあなたがたに、『あなたがたの中にある父のしるしは何か』と言うならば、彼らに言いなさい、『それは運動であり、安息である』と」。

（『トマスの福音書』50）

イエスは、人間は光の子であるという。その光はあらゆるものの本源であり、始めもなければ終りもない生の源泉である。それをイエスは生ける父（神）とも呼ぶ。「私は彼らすべての上にある光である。私はすべてである。すべては私から出た。そして、すべては私に達した」（『トマスの福音書』77）。つまり、人間は原初の光から自然に形（像）をとって現れてきたというのだ。仏教はそのような生成の仕方を胎生や卵生と区別して化生と呼ぶ。そして、イエスひとりが神の子ではなく、われわれもまた神の子であり、あらゆるものがその源泉である神から自然に生じてきたということだ。しかし、伝統的なキリスト教はこのような思想を彼らの教義の基本に悖る不遜として、決して容認しないだろう。

「永遠なる父はわれわれが同じ神の子であることを教えようとしている」という考えを持っていたエックハルト（1260-1327）が異端の疑いをかけられ、弁明に勤めたにもかかわらず、彼の死後、異端として断罪されたように、『トマスの福音書』がイエスのアポクリュフォンとして歴史の表舞台から秘匿され、埋蔵される運命を辿ったとしても何の不思議もない。それはともかく、今、人間は迷っているというのであるから、生の源泉を離れ、自分が本来光の子、つまり、神の印（神の像）を内に蔵した神の子であることを忘れ、異郷の地を転々と彷徨っているということだ。

パスカルは現在人間が陥っている状況だけではなく、人間が帰るべきところを示唆して、見事というほかないが、彼の指摘には一点だけ誤りがある。それは、多くの人は帰るべき場所を求めてもいなければ、そうと悟ってもいないということ、いわんや自分が迷っているなどと誰も思っていないということだ。イエスもまた、われわれ人間は他人の欠点はどんなに小さなことも見逃さないが、あなた自身が救いがたい迷妄と無知の中にあることを次のように言う。「あなたはあなたの兄弟の目にある塵を見ている。それなのに、あなたは自分の目にある梁を見ない」（『トマスの福音書』26）。われわれはいつも他人はそうかもしれないが、少なくとも自分だけは正しい道を歩んでいると思っているのではないか。

もしあなたが、今私が言った通りなら、あなたは宗教とは縁なき衆生だ。ところで、衆生とはわれわれ人間のことであり、「目にある梁」のために無知の闇（仏教がいう「無明」に当たる）に閉ざされ、徒に彷徨っている者という意味だ。例えば、禅の思想家一休宗純が『狂雲集』の中で、自分自身のことを「我れは本来、迷道の衆生、愚迷深き故に、迷えることを知らず」と述懐しているように、われわれ人間（衆生）は、あまりにも迷いが深いために、自分自身が迷っていることさえ気づいていないということだ。親鸞もまた、自分自身のことを「世々生々にも迷いければこそありけめ」（『恵信尼書簡』）と言ったが、今こうして私が存在しているのも、真理が覚れないために迷いに迷いを重ねてきたからだという意味である。そして、イエスは「目にある梁」をわれわれの心の中が盲目であるとした。

イエスが言った、「私はこの世の只中に立った。そして、彼らに肉において現れ出た。私は彼らが皆酔いしれているのを見出した。私は彼らの中に一人も渇ける者を見出さなかった。そして、私の魂は人の子らのために苦痛を受けた。なぜなら、彼らは彼らの心の中で盲目であり、見ることがないからである。彼らは空でこの世に来、再び空でこの世から出ようとしているからである。しかし今、彼らは確かに酔いしれている。彼らが彼らの酒を振り切ったときに、そのときに彼らは悔改めるであろう」。

（『トマスの福音書』28）

イエスは、われわれ人間を覚束ない足取りで、意味不明のことを大声で叫びながら、自分の帰るべきところも分からなくなった酔っ払いのようなものと見ているのだ。さらに、われわれ人間は、目は見えているはずなのに、心の盲目ゆえに見えていないと言うのだから、われわれの迷いは、そういう自覚もないまま、相当に深く進行していることになる。そして、イエスが言うように、確かに人間は何も持たずに空でこの世に来るが、長じるに及び、自分の趣味・嗜好にしたがって家族、富、名誉、地位など、できうる限りのものを手に入れようとする。そして、実際手にする人もいる。それなのに、人間は再び空でこの世から出て行こうとしているとはどういう意味であろうか。イエスのこの言葉は深く理解されねばならない。

まず、イエスはたとえどれほど多くのものを手に入れようとも、人はすべてを残して独りこの世を去るというような単純な理由からそう言ったのではない。そんなことは誰の目にも明らかなことであり、人はそうと知った上で（と言っておこう）、あれもこれもと多くを手にしようとしているのである。そして、この世から出て行くとはもちろん死を意味している。すると、イエスはわれわれがこの世で幸運にも手に入れ、あるいは自分の努力で勝ち取った富や名声といったものではなく、それ以上の何か、つまり死によっても失われたり、朽ちることのない何かを彼は考えていることになろう。しかも、奇妙なことであるが、死に行くあなた自身がそれを手にするならば、不死なるものに与るような何かを考えている。この事実はイエスが、通常われわれが死（と生）について懐いている観念とは全く異なる視点に立って、人間のいのちというものを見ていることを意味している。しかし、それが今、「心の中で盲目」であるためにわれわれには見えていない。

では、一体何が見えていないのだろう。それはわれわれ一人ひとりの内側に隠された自己の真実が見えていないのだ。しかし人は、そんなものは見えなくとも、自分は酔っ払いでもなければ、盲目でもない、ちゃんと見えていると言うだろう。あなた（イエス）こそ戯言を言って、われわれを迷わせているのではないかと。

酔い痴れているとは、この世に過剰に適応してうつつを抜かしている者、イスラーム神秘主義（スーフィズム）の偉大な思想家ルーミー（1207-1273）が「うつけ」と呼んだものを指している。「世の富を用いる者は用い過ぎないようにしなさい。この世の有様は過ぎ去るからです」（『コリント人への手紙I』）。われわれの目は過ぎ去る外なるもの（世の富）を捉え、あれもこれも手に入れようと飢え渇き、足ることを知らないが、内なる自己の真実、つまりこの世の富に対して、内に隠された「大いなる富」が見えていない。しかも、目は見えていても、心の中が無知（無明）に閉ざされているために見えていないのだ。「心の中で盲目」とはそういう意味である。

宗教とは肉の目ではなく、いかにして心の眼を開き、内なる真実に目覚めるかということだ。そして、イエスのように目覚めた者の目には、誰もが酔い痴れていると映っている。だから宗教は、酩酊の状態からいかにして素面になるかということだと言ってもよい。しかし、人間にとって何よりも難しいことは、自分自身が今、盲目で、酔い痴れていると知ることなのだ。だからイエスが口を極めて、われわれに酒を振り払い、悔い改めることを求めても、多くの人は笑って取り合わないだろう。老子ならば、そういう彼らを、たとえ真理に至る道があると聞いても、その存在すら認めようとしない「下士」の人と呼ぶことだろう。

上士は道を聞けば、勤めてこれを行う。中士は道を聞けば、存するがごとく、亡するがごとし。下士は道を聞けば、大いにこれを笑う。笑わざれば以て道と為すに足らず。

（『老子』）

これまで私が「言わずもがなの繰り言」を書き連ねてきたのは、もちろん「上士」のためではない。彼らは真理に至る道があることを聞いて、すぐさま道に入り、ずっと先を独り歩んでいることだろう。いわんや、嗤って聞く耳を持たない「下士」を相手にしているのではない（そう言えば、イエスは繰り返し「耳あるものは聞け」と言っていた）。私は、その高笑いが自らを嘲笑うこと、吐き捨てたつばが天に向けられたものであったと気づくことの早からんことを願うのみだ。しかし一方で、彼らのように嘲笑う人がいるからこそ、この道が真理であると言えるのかもしれない。親鸞もまた「この法（仏説）をば、信ずる衆生もあり、そしる衆生もあるべし……。ひとありてそしるにて、仏説まことなりけりと、しられそうろう」（『歎異抄』）と言っていた。すると私の繰り言は道（真理）があると聞いても、もう一つしっくりと理解されず、ややもすれば挫けそうになる「中士」に向けられている。

イエスはわれわれに対し、内なる自己の真実に気づかせようとしているのだが、それを求めて渇いている人を見出すことはなかったばかりか、この世の儚いものに酔い痴れ、足ることを知らず、愚痴の絶えない人間の愚かさに彼は心を痛めているのだ。しかし私は、イエスの人間を見る目に、それも無理からぬことというある種の諦めにも似た眼差しを感じてしまう。というのも、心の中が盲目であるわれわれ人間の目には、いかんせん自己の真実は見ようにも見えてこないからだ。そして、われわれが自己の真実に目覚めることができなければ、同じことであるが、われわれが心の目を開くのでなければ、人間は帰るべき本来の場所も分からないまま、不安に駆られて、徒に彷徨うことになる。

人は時に不条理な事件などに巻き込まれると、つい何の罪もないのにどうしてこんな不幸な目に遭わねばならないのかと言う。ここには何も悪いことはしていないのにどうしてという想いが働いているようだ。しかし、考えてみなければならないことは、罪とは悪しき行い（不善）を言うのだろうか、そうではない。悪は罪（堕罪）の結果生じてきたものであり、悪だけではなく善もまたそうなのだ。つまり、堕罪の結果、われわれは善悪、幸不幸など二元葛藤する世界へと退転してきたということだ。従って、罪はもとより何ら価値を伴うものではなく、われわれが「本来の場所」から堕ちてきた事実を指しているに過ぎない。そして、「罪から来る報酬は死です」とパウロも言ったように、生と死もそうなのだ。なぜなら死は生（誕生）なくしてあり得ないからだ。

死は最も確実にして最も不確実なものと古の聖賢が言ったように、われわれの未来に何が起こるかなど誰にも分からない。ただ一つ確実なことは死だけであり、その時がいつなのか誰にも分からない。しかし、死はわれわれが無意識の内に避けてきたものであり、一方、生（誕生）とてあなたが望んだものではない。このように存在の始めと終りが共にわれわれの望んだものでないなら、われわれの生がそれほど確かなものでもなければ、多くの矛盾を孕んだものであろうとすぐ分かるはずだ。そのような生をアウグスチヌスは「死せる生」、あるいは「生ける死」と呼んだが、彼には、死でもって終る生など本当に生と呼べるであろうかという思いがあったろう。

人間は小さいながらもあなた（神）の被造物の一つとしてあなたをたたえようとします。しかし、それは死の性《さが》を負うものです……自分はどこからこの世にやってきたのか知らないのです。それは「死せる生」というべきか、「生ける死」というべきか、これも知りません。

（アウグスチヌス『告白』）

しかし、ひとりの人（アダム）によって罪が世界に入り、罪によって死が入り、死が全人類に拡がったという一連のプロセスは（『ローマ人への手紙』）、決して彼に何かが欠けていたというのではなく、自ら内に懐いた「大いなる富」に目を閉ざし、過ぎ行く「世の富」を求め始めたに過ぎない。

イエスが言った、「アダムは大いなる力と大いなる富から成った。それにもかかわらず、彼はあなたがたにふさわしくならなかった。なぜなら、もし彼がふさわしくなったなら、彼は死を味わうことがなかったであろうから」。

（『トマスの福音書』85）

もしアダムが本来具えている「大いなる富」に適っていれば、彼は死を味わうことはなかったであろうと言う。今となっては空しく響くこの仮定は、ひとりアダムだけではなく、われわれ自身にも当てはまる。われわれもまた内に「大いなる富」を携えながら、それを見て取ることができないために、善悪、生死など二元葛藤する世界へと退転してきたということだ。そうすると、今でこそわれわれは二元性の世界（二なる世界）にあって、多くの矛盾と理不尽を感じながらも、生きんがために「世の富」を求めてはいるが、かつては一元性の世界（一なる世界）に在ったであろうことは容易に察しがつく。

イエスが言った、「あなたがたが一つであった日に、あなたがたは二つになった。しかし、あなたがたが二つになるときに、あなたがたは何をするであろうか」。

（『トマスの福音書』11）

一なる世界（一元性の世界）にあった人間が二なる世界（二元性の世界）に退転し、そこでわれわれ人間は一体何をし、何を求めているかという問に答えるのはそう難しくない。それは二元相対する「表」、すなわち、生、愛、美、善、喜、富……を、ただひたすら追い求めているだけなのだ。そして、それが自分の幸福につながると誰もが考えている。しかし、事の本質からしてそんなことはあり得ない。というのも、表には必ず「裏」、すなわち、死、憎、醜、悪、悲、貧……が、ついて回るところにわれわれの不安、恐れがあり、それが二元葛藤する世界に存在するわれわれ人間の避けられない宿命なのだ。一例を挙げれば、祝福された生（誕生）が厭うべき死によって終るところに二元性の世界の矛盾と限界があるということだ。そして、ナグ・ハマディ文書はわれわれが生息するこの二元性の世界を「幻影の世界」と言い切る。

生きているものたちは死ぬであろう。どうして彼らは幻影の世界の中に生きられようか。富める者たちは貧しくなり、王たちは投げ捨てられてしまった。万物は流転するものなのだ。この世界は幻影である。こう言っても、私はこの世の事物を不当にけなすことにはならないだろう。

（『復活に関する教え』）

この世は万物が流転する幻影の世界であるからこそ、われわれの生（生誕）にも死が避けられないのだ。否、生と死だけではなく、あらゆる二元相対する概念は絶えず人の想いなど無視するかのように移ろうのだ。この事実は、われわれが確かなものとして手に入れようとする幸せが（その内容を分かり易く言えば、生、愛、美、善、喜、富……となろう）、それほど確かなものではないことを意味している。不当にけなすどころか、「この世界は幻影である」と看破した聖賢たちは洋の東西を問わず存在していた。しかし、われわれにとってこれほど明確に対立し、またリアリティを以って経験している事物・事象が幻影であるなどと言われても、そうとにわかに信じる人はおそらくいないであろう。

光と闇、生と死、右のものと左のものは互いに兄弟である。それらが相互に引き離されることは不可能である。だから、善きものも善いわけではなく、悪しきものも悪いわけではなく、生も生ではなく、死も死ではない。

（『ピリポの福音書』）

善悪、生死……をはじめ、対立する二つの概念は本来一つのものであるがゆえに、二元相対するわれわれの世界はもとより存在基盤の極めて薄いものなのだ。分かり易く言えば、もともと一なる世界（一元性の世界）から二なるものに分裂した幻影の世界（二元性の世界）へと退転してきたのであるから、この世でわれわれが遭遇するさまざまな経験も当然のことながら確固とした根拠を持っていないということだ。われわれ人間の良識では考えられないことながら、「善きものも善いわけではなく、悪しきものも悪いわけではなく」と言うのも、そのためだ。

しかし大切なことは、ルーミーなどが「この世は夢の如し」と言ったように、彼らがこの世は如夢如幻の世界であると言ったとしても、われわれにとってここは幻影の世界どころか、存在する唯一の世界であり、真にリアリティのあるものと映っている。ただ彼らのように目覚めた目（心の目）を通して見えてくる世界を真実と言うならば、われわれが今捉えている世界は幻影と言わざるをえないというだけなのだ。従って、二元性の世界（幻影の世界）と一元性の世界（真実の世界）が二つ存在しているというのではなく、覚めた目で見たとき、見るものすべてが真実を顕している が、酔い痴れたわれわれの目には、見るものすべてが幻影となっているに過ぎない（もちろん、そうという自覚もないが）。このように、世界は一つなのだが、見るもの、あるいは認識するものの姿勢によって真実ともなれば、幻影ともなる。例えば、生と死はわれわれにとって、明らかに際立つ二つの経験として映っているけれども、実際は「生も生ではなく、死も死ではない」、本来一つのもの（仏教はそれを「生死一如」と言う）と彼らには映っている。もっと言うなら、生もなければ死もない一なる世界に彼らは身を置いているといえば、少しは理解していただけるであろうか。

こう見てくると、パスカルが「本来の場所」と呼んだものは、この一なる世界（一元性の世界）を指していることが分かる。そして彼は、人間は不安に駆られてその場所を求めていると言ったが、実際はそうではなく、人間は一元性の世界があることなどすっかり忘れ、二元相対する世界で自分がそうありたいと思うものをひたすら追い求めているだけなのだ。そして、これが欲望といわれるものであり、この世は個々の人間の欲望とその総意である国家の利権を通して造り上げられる幻影の世界であり、それには終るということがないがために、われわれは決して落着くということがない。

確かに、われわれの心の深層における落ち着きのなさと焦燥感は二元性の世界に生息し、あれかこれか、否、あれもこれもと欲求することから生じてくるが、その選択の自由というのも、われわれが「一つであった日に二つになった」ことから派生した意思決定に過ぎない。ところが、われわれは自らの意思で選択（二者択一）できるところに自由があるなどと誤解する。選択の自由は、本来の場所から退転したわれわれが手にした二義的なものであるだけではなく、選択に基づく行為こそ（それを仏教は「有為」と呼ぶ）、われわれから真の自由を奪い、真理に至る道（至道）を妨げる枷となっていることにわれわれは全く気づいていない。

至道無難　唯《た》だ揀《けん》択《じゃく》を嫌う
但《た》だ憎愛莫《な》ければ　洞然《とうねん》として明白なり
……………………
二見に住せず　慎《つつし》んで追尋すること莫《なか》れ
才《わず》かに是非あれば　紛然として心を失す

（僧璨『信心銘』）

認識は、認識するもの（主観）と認識されるもの（客観）、そしてそこから得られた知識（識別・判断）から成り立っている。この主客の認識構造から二元相対する幻影の世界が現れてくる。つまり、われわれは目に入るいろんな事物・事象を捉え、文字通り主観を交えて、是非・善悪・損得・好悪などさまざまな判断（二見）を下していくところに二元性の世界が冗々と現れ、そのためにかえって真理（至道）からますます懸け離れていくことになる。しかも、われわれの判断にはさしたる根拠もなければ、多くの場合、それは良識や嗜好であったり、また自分（達）の都合と打算の入ったものであるがゆえに、感情的に縺れにもつれていた者が互いに利権のために、昨日までの考えをいとも簡単に翻し、手を結ぶという無節操はこの世に事欠かない。

昨日の是とせしところを　今日また非とす
今日の是とせしところも　いずくんぞ昨の非にあらざるを知らん

（良寛『草堂詩集』）

真理（至道）はわれわれ人間が是非・善悪を論じ、選び取るようなものでは決してない。むしろ、主客に基づくあらゆる二元論的な思考（二見）を離れたところに、もとより真実なるものは厳然（洞然）と存在するのだ。従って、この複雑に錯綜した二元相対の世界では、どれだけ議論を尽そうとも、麻糸が絡み縺れるように、問題はさらなる問題を生み出し、本当の意味で解決法などなく、まさに良寛（1758–1831）が言ったように、「三界（この世）は冗々として、事は麻の如き」ものなのだ。それは今に始まったことではなく、有史以来ずっとそうなのだ。ところが、われわれ人間はこの二元性の世界にあって、ひたすら幸福になろうと努めているわけだが、そんなことは荒海に小船で漕ぎ出して安定を得ようとするようなもので、立ち上げては壊れ、波々《はは》として生を渡り、結局は転倒して大海の藻屑と消えるほかない。もちろん、私は幸福を求めることが悪いなどと言っているのではない。二元葛藤するこの世界に本当の幸福はあるのだろうかと言いたいのだ。

けわしい道をどこへ行こうとするのか。おまえたちのさがすところに安息はない。幸福の生を死の国にさがしている。そこに幸福の生はない。生のないところに、どうして幸福の生があり得ようか。

（アウグスチヌス『告白』）

転変際なき「死の国」でわれわれは幸福であろうとしているのだが、そんなことはありえないとアウグスチヌスは言う。すべては終る時間の中で、永遠の幸福を誓ったりするが、果たしてこの世の生は、生というよりも死のようなものであり、そんな中で、たとえ一時の幸福と財（権力）を手にしたとしてもどれだけ長く続くものであろうか。今日に至るまで、私たちの生命理解は余りにも一面的で、その本質、その可能性を理解するまでには到底達していない。

イエスが言った、「この天は過ぎ去るであろう。そして、その上の天も過ぎ去るであろう。そして、死人たちは生きないであろう。そして生ける者たちは死なないであろう」。

（『トマスの福音書』11）

何億年と年を重ねてきたこの宇宙にも始まりがあるがゆえに終るということがある。いわんや、われわれの命、愛、富、名……など、いともあっけなくわれわれの手もとをすり抜けていく。否、あなた自身が過ぎ去るというのに、われわれはそれに恋々と執着する。だから、イエスの「過ぎ行く者となりなさい」(『トマスの福音書』42)という箴言は、すべては過ぎ行く幻影の世界に生息するわれわれ人間に対して、この世に生きる的確な術を示唆しているように私には思える。

イエスは人間を死せる者(死人)と生ける者の二つに分けるが、彼が教えようとしていることは、まさに死せる者から生ける者へ、死すべきものから不死なるものへ、如何にして到達するかということだ。キリスト教が死者(死人)の復活(詳しくは後述)を説いてきた本当の意味はここにある。そして、ひとたび不死なるものを知った者は再び死を味わうことがないから、「生ける者たちは死なないであろう」とイエスは言ったのだ。彼はまた、不死なる生を知らず、ただ過ぎ行く肉体に過剰にかかわり続ける死人同様のわれわれ人間を「屍」とも言う。

イエスが言った、「この世を知った者は、屍を見出した。そして、屍を見出した者に、この世はふさわしくない」。

(『トマスの福音書』56)

われわれはこの世に死すべきものとして生まれてくる。が、われわれはそのことを知って生まれてくるのではない。やがてその事実を知ったとしても、自分自身が永遠に「生ける者」であると知らない限り、自分をも含め、この世が屍(死人=死せる者)から成り立っているということが本当には分からない。もし人が自己の真実に目覚め、不死なるものを知ることができたら、この世は死すべき人間（屍）がただ欲望（願望）の赴くまま跋扈しているに過ぎないと明らかに知るだろう。そして、彼は再びこの「死の国」に戻り来ることはないであろう。なぜなら、この世は死すべきもの、過ぎ去るものからなる幻影の世界であり、不死なるものを知った者に「この世はふさわしくない」からだ。

イエスは、「人間は空でこの世に来、再び空でこの世から出ようとしている」と言ったが、死すべきものとしてこの世に入ってきた人間が内なる自己の真実（大いなる富）を知らず、再び空しくこの地上を去って行く姿を見て心を痛めていたのだ。われわれはこの世で人を持ち上げたり、貶めたりと全く節操がないが、屍が屍をどう評価しようとも何ほどのことがあろうか。イエスは、この世を屍と知ったものに、この世はふさわしくないと控えめに言うが、その真意は、この世は屍（死人）からなる幻影の世界であるから、ここから出て行きなさいと言っているのだ。禅の思想家臨済も「三界（この世）は安きことなく、なお火宅のごとし。汝が久しく停住するところにあらず」と言ったように、いかなる宗教もこの世にあって如何にうまく世渡りをし、生き延びるかなどを教えているのではない。

二元相対の世界に生きるわれわれ人間にとって、生とは欲望とならざるを得ない。それが言い過ぎなら、人間は未来に夢を投影する動物であると言えば、少しは穏やかに聞こえるかもしれない。ともあれ、知的欲求から、物（金銭）、名誉、権力、事業とその対象はさまざまであるが、人間の行動を突き動かしている基本的情動は欲望であり、その根底には自己愛、究極において死から自分を守ろうとする自己保身が働いている。

イエスが言った、「ある金持が多くの財産を持っていた。彼は言った、『私は私の財産を利用して、まき、刈り、植えて、私の倉を作物で一杯にしよう。いかなる欠乏にも悩まされることがないためである』。これが、彼の心の中で考えたことである。そして、その夜に彼は死んだ。耳ある者は聞くがよい」。

（『トマスの福音書』63）

イエスの譬えは如何にも時代を表し、古めかしく感じられるかもしれないが、時代が移ろうとも、個々の人間は自分の名誉のため、家族のために汗し、果ては、いかなる欠乏にも悩まされることがないように、少しのお金をもとでに如何に多くのお金（物）を造るかに忙しくして（これがビジネスの意味である）、蔵を物（金銭）で一杯にしようとしているのだ。

多少般《いくばく》の数の人か　百計《ひゃくけい》して名利を求む
心を貪りて栄華をもとめ、経営して富貴を図《はか》る

（『寒山詩』）

時代とところが変わっても人間という生き物の本質は変わることがない。相も変わらず、人は急き立てられるように、日夜ノルマのため、紙幣のために疲弊するほど頭を使い、宝の山を築こうとしている。そして、堆く積まれた宝の山で蔵が殆ど一杯になろうとするその夜、人は内に懐いた「大いなる富」を知ることもなく、すべてを残して一人旅立つ。そこで、例によってイエスは言う、

「耳ある者は聞くがよい」と。この響きの中には、人間はここまで愚かなのだという彼の嘆きと深い悲しみが込められている。

ある日、イエスの一行は、子羊を伴ってユダヤに向かうサマリヤ人に遭遇する。それを見て弟子たちは、彼はその子羊を殺して食べようとしているとイエスに告げる。すると、イエスは、何事につけ、他人がしていることには即座に反応し、批難がましいことを言う彼らに（われわれも彼らとどこも変わりはしない）、次のように諭す。

イエスが彼らに言った、「それが生きている間は、彼はそれを食べないであろう。しかし彼がそれを殺し、それが屍となったときに、彼はそれを食べるであろう」。彼らが言った、「彼は他の仕方でそうすることはできないでしょう」。彼が彼らに言った、「あなたがたが屍になって食われないように、あなたがたも自分のために安息のうちに場所を求めなさい」。

（『トマスの福音書』60）

サマリヤ人が自分の命を繋ぐために手持ちの子羊を危《あや》めることはことさら非難され、咎《とが》められるようなことではない。今日われわれが毎日大量に動物の命を奪っているように、土（humus）で造られた人間（human）が、同じ土で造られたものを食せねばならないことに大きな矛盾を感じてはいても、それに対する充分に納得のいく答など人間は持ち合わせていない。イエスもまた、その矛盾に直接答えるのではなく、あなた方自身はどうなのかと逼っているのだ。あなたがたも自分と見なしてきた肉体がいずれ機能しなくなり、屍となって土に返る時、蛆虫が群がり、その餌食となるではないか。相食むすさまじい人と動物、そして、それを超えた、これまたすさまじい世界を詠んだものを一つ挙げておこう。

猪《ぶた》は死人の肉を喫《くら》い　人は死猪《しちょう》の腸《はらわた》を喫う
猪は人の臭《くさ》きを嫌わず　人は返《かえ》って猪を香《かんば》しと道《い》う
猪死して水の中に抛《なげう》たれ　人死して地を掘って蔵《ぞう》せらる
彼れと此れと相い喫《くら》うこと莫《な》くんば　蓮華沸騰《ふっとう》に生ぜん

（『寒山詩』）

最後にイエスも、彼らが目にした光景とは何の関係もない、思いもかけない難問を彼らに突きつける。あなた方も屍になって食われないために究極に安らぐ場所を求めなさいと言うのだ。つまり、土で造られた者が土に返る前に、あなた方が本当に帰るべき安息の場所を求めなさい。そうすれば、あなた方はもう二度と屍となって、食いちぎられることもなければ、何よりも、そこでは土で造られたものが相食むということもないであろう。その場所がどんな所であるかをあなた方も少しは考えてみなさいということだ（寒山はそれを象徴的に「蓮華」と表現している）。そうでなければ、われわれの生は、その内側に隠された生の真実を知ることもなく、ただ墓（土）から墓（土）へと巡るだけのものになるだろう。そこでイエスは、生きているうちに生ける者を捜しなさい、いつまでも死せる者（死人＝屍）にかかわり続けてはならないと言う。

イエスが言った、「あなたがたが生きている間に、生ける者を注視しなさい。あなたがたが死なないように。そして、あなたがたが彼を見ようとしても、見ることができないであろう」。
（『トマスの福音書』59）

イエスの言葉はわれわれ人間の愚かさと救いようのない無知に鉄槌を下し、われわれをして無明長夜の眠りから目覚めさせようとしている。われわれは死すべきものとしてこの世に生まれてくる。そして、誰もが死はすべての終りと考えている。ところがイエスは、あなたがたが死なないように、生きている間に、生ける者を注視しなさい、と言う。これは一体どういう意味なのか。何よりも、死すべきわれわれが死なないようにというのであるから、彼はわれわれと全く異なる視点に立って人間のいのちというものを考えている。その一つは、先ほど述べたように、彼は人間を死せる者と生ける者の二つの側面から見ているということだが、前者はいずれ朽ち果てる肉体の命であり、後者は永遠に朽ちることのない不死なるいのちである。共観福音書はそれを「まことのいのち」（『マタイの福音書』）と呼ぶ。

人はそれぞれ死といのちを自分自身の中に持っている。実に彼はその二つのものの間に生きているのである。
（『真理の証言』）

人間は死せる者（死）と生ける者（いのち）の間に掛けられた橋であり、そのどちらともなり得るのだ。「私たちは、自分が死からいのちに移ったことを知っています」（『ヨハネの手紙Ⅰ』）とあるように、われわれは生けるまことのいのちに触れることもあれば、それを知ることもなく命を終えるということがあるのだ。実際、われわれの多くは、死せる者（屍）しか知らず、内に隠された自己の真実、すなわち生ける者（まことのいのち）について何も知らなければ、事実これまで一度も教えられては来なかった。そこでイエスは、生きている間に生ける者を見つけ出しなさい、そうすればあなたはその不死なるまことのいのちによって、もう二度と死を味わうことはないであろうと諭しているのだ。もちろん、その生ける者はあなた方の粗雑な肉眼で捉えられるようなものではないが……。

原罪は一なるもの（一元性の世界）であったわれわれ人間に善悪・生死をはじめとする二なるものの分裂（二元性の世界）を引き起こしたが、もう一つ、われわれ人間にとって二なるものに分裂してきた重要な事実が隠されている。それは他でもないわれわれが二つの性に分裂してきたことである。まさにこの分裂こそ、良くも悪くも二元葛藤の最も基本にある文字通りイエスのアポクリュフォン（隠された言葉）ではなかったかと私は考えている。

エバがアダムの中にあったとき、死はなかった。彼女が彼から離れたとき、死が生じた……分離が死の始めとなったのである。

（『ピリポの福音書』）

愛憎、幸不幸、悲喜……など、どれを取ってみても男女の性と深く結びついているが、何よりも性の分裂が死の原因であったとするグノーシスの宗教は、今日われわれが生と死を根本的に問い直す場合に、傾聴すべき重要なヒントを与えてくれるであろう。宗教というものが生と死の問題を基本に据えていることは紛れもない事実であるが（例えば、親鸞などが「生死出離」ということを生涯の課題としたように）、その実、二つの性に分裂した男女こそ根本的に問い直さねばならない問題ではないかということだ。もちろん、それは生（生誕）というものは性に他ならず、死はその必然的結果であるからだ。また、人間間、あるいは国家間の暴力が最も凄惨を極め、人格を踏みにじるその対象はいつの時代も生であり、また性に向けられていることは、過去の歴史を繙くまでもなく、誰の目にも明らかであり、現在も至るところで子供から老人まで恐怖と戦慄に身を震わせ、これまで一体どれだけの人が苦痛に顔を歪めながら葬られ、また陵辱されたことであろうか。人類の歴史というものが、一面でこのような無数の人々の拭い去ることのできない怨念と屈辱の上に成り立っていることに思いをいたし、また今もなお繰り返されている憎悪剝き出しの民族紛争などを見るとき、私は人間の持つ底知れない醜悪さと残酷さに慄然とすると同時に、少し東洋的になるが、人類が永劫にわたって背負って行かねばならない業（カルマ）のようなものを感じ、暗澹たる思いに身が竦む想いだ。

ともあれ、性は命の始まりであり、死は命の終りである。それゆえ、われわれが命（生命）というものを根本的に問い直そうとする場合（宗教などはそうあるべきなのだが）、当然のことながら二つの方向からのアプローチが考えられる。一つは命の始まりである性を問い直す、もう一つは命の終りである死とは何かを問う道である。しかし、性と死が人の子としてこの世に生を享けた誰もが良くも悪くも避けて通れない事柄であるにもかかわらず、実際、正しい雰囲気の下で取り扱われることは極めてまれであり、また最も難しいことでもあるようだ。

しかし、われわれの命の始めと終り、つまり性と死を考慮することなく、その間（あわい）をいくら論じても生命の本質は決して明らかにはならないだろう。せいぜい取りたてて考えなくとも、誰もの意見が一致する、一度しかない人生を悔いなく、精一杯生きるという結論に落ち着くことは明らかだ。しかし、宗教は、この未熟な大人たちの子供騙しというか、そんな気休めやまやかしに満足できず、性と死の問題に果敢に挑んだものたちが体験的に引き出した結論に基づいている。そして、いずれ方法論（復活）を扱うところで詳しく取り上げるが、『トマスの福音書』は宗教書としては珍しく、性をどう理解し、またその分裂を如何に解消して一元性の世界に帰っていくかを説いているのだ。

第二章　神の国・地の国

キリスト教がいう神の国、またパスカルが不安に駆られて人間が求めていると言ったその場所はどこに求められるべきものであろうか。もちろん、それは現在われわれの目が捉えている地の国ではない。もしそうならわれわれはあらためて神の国を捜し求める必要もなければ、何の問題もなかったはずだ。それでは神の国は空間的にここから遠く離れたどこかにあるのかというと、そうではない。たとえ何億光年の彼方であれ、またこの宇宙の果てに存在するというのでもない。要は、神の国をどこか場所のように考えてはならないのだ。もしそうなら、その場所に近いものと遠く離れたものがあることになるだろう。そうではなく、神の国はすべての人にとって同じように近くもあり、また遠くもある。その意味を明らかにするために、まず、神の国について共観福音書から引用してみよう。

神の国はいつ来るのかと、パリサイ人が尋ねたので、イエスは答えて言った、「神の国は見られるかたちでくるものではない。また、『見よ、ここにある』とか、『あそこにある』とか言えるようなものではありません。いいですか、神の国はあなたがたのただ中にあるのです。

（『ルカの福音書』）

イエスは、神の国は見られる形で来るのではないという。その意味は、われわれが「生ける者」を肉の目では捉えることはできないように、神の国についても同じであるということだ。なぜなら、われわれが見ることができるのは形あるものだけなのだ。ところが、人は自分に見えていないのだからそんなものありはしない、だから自分は信じないのだとのたまう。イエスは人間の合理的愚かさは救いようがないことをよく理解している。先に「心の中で盲目であり、見ることがないからである」と言った彼の言葉の中には、神の国が見えないというのではなく、われわれの心の中が盲目であるから見ることができないという含みがある。

さらに、われわれ自身の内側にある神の国をあなたはどうして見ることなどできよう。というのも、われわれは外側にあるものしか見ることができないからだ。エックハルトが「魂には二つの目がある。つまり、外なる目と内なる目である」と言ったように、目には二つある。内側を見るためには、内なる心の目が機能していなければならないが、それが今、闇に閉ざされて盲目であるからわれわれに神の国は見えていないのだ。問題は神の国が存在するかしないかではなく、あなたの内なる目が明らかかどうかの問題なのだ。

神の国がわれわれ自身のただ中にあるということは、言葉を換えれば、われわれがあるべき本当の場所（パスカルが言う「本来の場所」）は、われわれ自身の内側ということになる。しかし、われわれはその場所から堕ち、迷い出てしまったのだ。つまり、内から外へと迷い出たものにとって帰るべき場所はわれわれ自身の内側であるとも知らず、遠く地の国を彷徨っているのだ。このように、神の国は空間的に特定される場所にあるのではなく、われわれ一人ひとりの内側にあるとすれば、どこかに神の国を捜し始めたら、それだけでわれわれは間違ったところを探すことになる。というのも、われわれにとって捜すとはいつも外側であるからだ。そして、神の国がわれわれ自身の内側にあるなら、それを見出すためにわれわれはどこに赴くこともない。外側に求める姿勢を改め、立ち止まって、内側へと辿りさえすればいいのだ。ところが『トマスの福音書』は神の国（御国）はわれわれの内側にあるだけではなく、われわれの外側にもあると言う。

もしあなたがたを導く者があなたがたに、『見よ、御国は天にある』と言うならば、天の鳥があなたがたよりも先に（御国へ）来るであろう。彼らがあなたがたに、『それは海にある』と言うならば、魚があなたがたよりも先に（御国へ）来るであろう。そうではなくて、御国はあなたがたの只中にある。そして、それはあなたがたの外にある。

（『トマスの福音書』3）

神の国はわれわれ自身の内側にあるというのであれば、これまでわれわれは一度なりとも内側を見たこともなければ、内側などという観念すら持っていなかったのであるから、その説明を受け、また実際に内側へと辿る術を学べばいいだろう。しかし、神の国がわれわれの外側にもあるというのであれば、われわれの目は外側を見ているのであるから、今この時、神の国が見えていなければならない。しかし、そうでないことはすでに述べた。結論としては、現在のわれわれは自らの内側にも、また外側にも神の国を見ているのではないということだ。

では、どうしてわれわれは内側にも外側にもある神の国を見ることができないのであろうか。まず、内側について言えば、イエスが言ったように、われわれが「心の中で盲目」であるから見えていないということになる。内側を見ようにも、われわれは今、闇に閉ざされ、見る目を持っていないということだ。次に、外側はどう理解すればいいのだろう。神の国は外側にもあり、われわれの目は外側を見ているにもかかわらず、見えていないのは何故かということだ。その理由はわれわれの外なる肉の目は神の国を見る器官ではないということだ。イエスがわれわれ人間に示そうとした真理（神、神の国）は目だけではなく、耳など人間の五感を通しては知り得ないものなのだ。

イエスが言った、「私はあなたがたに、目がまだ見ず、耳がまだ聞かず、手がまだ触れず、人の心に思い浮かびもしなかったことを与えるであろう」。

（『トマスの福音書』17）

われわれは自分の目で確かめ、実際に手で触れられるものしか信じないとよく言う。しかし、そんなことを言っている限り、イエス（だけではなく世界の優れた宗教的思想家たち）のいう世界には一歩も近づけないだろう。イエスは初めから神の国は手で触れたり、目で見える形をとってわれわれの前に現れてくるようなものではないと言っているからだ。

このように、今述べた二つの理由から、われわれの内側にも外側にも存在する神の国は見えていないのだ。人間の感覚器官は神の国を知る器官ではなく、ただ地の国を捉えているに過ぎない。従って、われわれの心の中が盲目であるために自己の真実だけではなく、神の国が見えていないということになる。

しかし、心の中が盲目（闇）であってもわれわれは何も考えないというのではない。それどころか、善いことと悪いことさまざまな思いが心に浮んでは消える。議論を重ね、計算し、策を練るのもこの心をおいて他にはない。また、心は思考を捏ね回して哲学の体系すら生み出す。否、神の国についても想いを巡らすことだってできる。しかしイエスは、かつて人の心に思い浮びもしなかったものをわれわれに与えようとしている。言い換えれば、神の国は人間の五感だけではなく、心あるいは思考をもってしても捉えることはできない。感覚器官がだめなら、思考（心）はどうかというと、それも不可であるということだ。だから、いかなる哲学も、また神学も神の国（神）についてどれだけ思考を重ね、言葉を尽そうとも、それを知るには至らない。イエスが説こうとしている真理は、たとえ彼であっても、手にとって人に見せられるものではははじめからないのだ。

思考も含め、すべての認識器官は宗教的真理、すなわち永遠なるものを捉える器官ではない。仏教はこの五感を眼根（色）、耳根（声）、鼻根（香）、舌根（味）、身根（触）、そして心（思考）を意根（法）とし、これら六根が捉えているわれわれの世界を「六塵の境界」、「妄境界」、また「穢土」とも言った（キリスト教が言うところの「地の国」に相当する）。もちろん、妄境界に対して真如界（真理の世界）もある。彼らは（イエス、仏陀……）、われわれの五感はもとより、人間の優れた特徴である思考を通しても認識されないものをわれわれ人間に示そうとしているのだ。

私はあなたがたに知らせたい、地に生まれた人が皆、宇宙の開闢以来、今に至るまで、いるのは塵の中だということを。彼らは神を、それが誰であるか、それは何に似ているかと求めてはいるのだが、その方を見つけてはいない。

（『イエスの知恵』）

神の国はこの地上に拡がっており、われわれの内にも外にも存在しているにもかかわらず、今に至るまで、われわれがいるところは「塵の中」（六塵の境界）であると言う。イエス自身は地上に拡がる神の国を見ているが、彼の弟子たち（またわれわれ）の目にそれは見えていない。しかも、その原因は彼ら自身（またわれわれ自身）の側にある。それはちょうど、ブッダがシャーリプトラ（舎利弗）に、この世が仏土（仏国土）とあなた方に見えていないとしたら、それはあなた方の無知（無明＝心の闇）からくる咎《とが》（過失）であって、誰の責任でもないと諭したという『維摩経』の一節を思い出させる。

六年におよぶ修行の結果、悟りを開いたとされるブッダにとって、この世の見るものすべては美しく、欠けるものは何もない。いわば仏土（浄土）と映っている。しかし、弟子たちの目にはとてもそうは見えていない。むしろ穢土といった方がふさわしいのではないかと弟子の一人であるシャーリプトラが疑問に思っていると、ブッダは、彼の心を察し、太陽や月の光が輝いていても、目の不自由な人にとって闇としか映らないように、この世は仏土であるけれどもそう見えていないのは、あなたがたの咎（罪）であって、誰のせいでもない。この世が仏土と見ることができないのはあなたがたの側に問題があるとして、「舎利弗よ、我が此の土は浄けれども汝は見ざるなり」と結んでいる。

かくして、われわれが存在しているこの世界が神の国か地の国であるかということは、われわれ自身の問題ということになる。もっとも、われわれはこの世が神の国（仏土）であるか地の国（穢土）であるかなど問うこともなければ、全く関心もなく、自分に見えていないのだからそんなものありはしないと言うだろう。しかし、それはあなたの「咎」、あなたの心が「盲目」であるがゆえに見えていないということだけは確認しておかねばならない。次に、時間的にはどうだろう。つまり、神の国はいつわれわれの面前に現れてくるのであろうかということだ。神の国の到来を未来に待ち望むというのであれば、現状を見る限り、われわれが今生において神の国の到来に立ち会える可能性はまずないであろう。すると、われわれはその日までどうしているのだろう。これは奇妙な疑問だ。

彼の弟子たちが彼に言った、「どの日に御国は来るのでしょうか」。イエスは言った、「それは待ち望んでいるうちは来るものではない。『見よ、ここにある』、あるいは『見よ、あそこにある』などとも言えない。そうではなくて、父の国は地上に拡がっている。そして、人々はそれを見ない」。

（『トマスの福音書』113）

イエスの弟子たちはどうしてこのような愚かな質問をすることになったのであろうか。イエスにとってわれわれが今いるここが神の国（御国・父の国）と映っている。そして、イエスひとりが神の国にいるのではない。彼の弟子たちもその中にいる。しかし、彼らにはそれが見えていない。しかも、その原因は彼ら自身の欠陥、すなわち「心の中で盲目」であるから見えていないのだ。ところが彼らは、今ここに神の国が存在しないなら、より正しくは、自分たちに見えていないなら、それはいつわれわれの前に現前してくるのかと考えたのであろう。そうすると、彼らがイエスにどの日に神の国は来るのでしょうか、と問い糺したとしても何の不思議もない。そして、人間は本当に自分自身を省みない奇妙な生き物であるようだ。というのも、イエスが神の国は今この地上に拡がっていると言い、それが自分に見えていないとなると、原因は自分自身にあるのではと考えるよりは、どこか別のところに求める。間違っているのは私ではなく、いつも私以外の何かがおかしいと人間は考える、愚かなことだ。

イエスが言った、「あなたの目の前にあるものを知りなさい。そうすれば、あなたに隠されているものはあなたに現わされるであろう。なぜなら、隠されているもので、あらわにならないものはないからである」。

（『トマスの福音書』5）

イエスはわれわれに目の前にあるものを知りなさいと言う。ということは、われわれの目の前にありながらわれわれには見えていないものがあるということだ。目は開いているのにわれわれの目には見えていないということで、「隠されているもの」と彼は言ったのだ。しかし、それは実際、隠されているのではなく、われわれが見る目を持っていたら、眼前に了々と現れてくるだろうということを示唆している。すると、われわれは今、一体何を見ているのであろうか。

人間の知的欲求は宇宙の彼方から原子核や細胞の内部まで留まることを知らない。学者然とした彼らの真摯な態度は、余所目にはいささか滑稽で、異常とも映るが、これからもその探求の手を緩めることはないであろう。しかしイエスは、そうすることによっても、あなた方はあなた方の目の前に拡がっているものを知ることはないであろう、と言う。もちろん、ここで彼が言う面前にあるものとは神の国（神）を指している。そして、われわれ人間が今ここにいることがどんなことかをあなた方は理解していない、とも言う。「あなたがたは天地の模様を調べる。そしてあなたがたは、あなたがたの面前にあるものを知らなかった。そしてあなたがたは、この時を調べることを知らない」（『トマスの福音書』91）。繰り返しになるが、人間とは本当に奇妙な生きものであるようだ。なぜなら、肉眼ではとても見えない遙か宇宙の彼方やこれまた肉眼では見えない微細なものを見届けようと一生懸命になる。また、他人の秘密を覗き込むことに異常なまでの関心を示し、情報開示などと騒ぎ立てるが、自分自身の面前にあるものが見えていないというのだからどこかおかしいことは明らかだ。だから私はかつて、人間（学者も含め）はいささか滑稽で、エキセントリックに映ると言ったのだ。

イエスは「今ここ」で神の国を見ている。そして、神の国は地上に拡がっているが、人々はそれを見ていない。「今」と「ここ」はそれぞれ時間と空間（場所）を表しているが、ここはわれわれが日常よく使う「ここにある」とか、「あそこにある」という場所（空間）でないことは、われわれがここにいながら神の国が見えていないことからも容易に頷ける。イエスにとってここは地上に拡がる神の国であるが、われわれにとってここはただ地の国（塵の中）としか映っていないからだ。

では次に、「この時」を調べてみよう。つまり、イエスが「今」この時、神の国を見ているとはどういうことであろう。われわれもまた今ここにいる、それなのに今、神の国が見えていないのはなぜかということだ。ここには宗教を語る場合の大変難しい問題を孕んでいる。それは時間と永遠の問題に還元されるが、時間と言えばわれわれは過去、現在、未来という三時（三世）を考える。そして、もしわれわれが「今」に来ることができたら、「ここ」にも来ることができるはずだ。ところが、現在が「今」でないことは、われわれが現在神の国を見ていないことからもそれは分かる。われわれは現在にいながら「今」にいないということだ。このようにわれわれが「今ここ」に在ることができないから神の国（仏国土）を見ることができないということになる。

そうすると、一体何がわれわれをして「今ここ」に在ることを妨げているのであろうか。それはイエスが心の中の盲目と言い、ブッダが心の闇（無明）と言った、われわれの心にその原因がある。なぜなら、心は「今」に来るよりも、常に未来を志向し、また過去をさ迷っているからだ。いわば、心が時間を紡ぎ出しているのだ。もし心が「今」に来ることができたら（瞑想などによって）、未来を志向することもなく、心、あるいは心の盲（闇）は「今」の中に消えて行く。それだけではなく過去、現在、未来という時間もまた「今」において消え去る。つまり、もうそこには時間は存在しないのだ（拙著『瞑想の心理学』参照）。それをキリスト教は「時が満ちる」と言い、その意味をエックハルトから参酌すれば「時が満ちるとは、時間がその果てに至り、永遠の中に入るときである。なぜならば、そこでは一切の時間が終りを告げ、そこには以前も以後もないからである」となろうか。このように、宗教において永遠とは無限の時間の流れを言うのではなく無時間を言う。だから、宗教は徒に延命を図ったり、まして不老長寿などを問題にしているのではないのだ。

この無時間の体験がわれわれを「今」に連れて来ると同時に「ここ」に連れ戻し、そのとき初めて永遠に朽ちることのない神の国（神）を見ることが可能となる。それ以前では決してない。言わば、「今」も「ここ」もわれわれが知っている時間と空間の概念には収まらないものなのだ。われわれが「今ここ」へと再び戻り来ることができたら、そこは環境の破壊もなければ、自然はかつてあったように美しく、いつまでもそうなのだ。そして、われわれが再び「今ここ」にあるために宗教における方法論（道）が存在すると言って良いかもしれない。

イエスにとって、神の国（御国・父の国）は待ち望んでくるものではなく、それはすでにこの地上に拡がっている。今この瞬間が永遠であり、真理（神）はその全身（神の国）を顕しているのだ。しかし、われわれの思考の形式が常に時間、すなわち過去と未来にあり、過去の政治的・経済的な愚行を二度と繰り返さないように、人知を集結して、互いに協力するならば未来はかつて経験したことのない夢のような理想郷が実現されるはずであると考える。ここには現代人の信仰ともいうべき進歩と発展という妄想がある。しかし、われわれの社会は、いつの時代も、基本的にはどこも変わっていない。それは人間の自己保身と欲望体質がいつの時代も変わらないからだ。卑近な例で申し訳ないが、かつて高利貸しと呼んでいたものが、銀行に名前を変え、さらに悪いことにはモラル・ハザードを起こし、国家規模で混乱している違いなのだ。もちろん、神の国はわれわれがこの地上にユートピアを築くように到来するのではない。神の国は決してわれわれが未来に造り出す地上の楽園でないことだけは明確にしておかねばならない。なぜなら、神の国は初めから「今ここ」に存在し、決して人為で造り出すようなものではないからだ。

弟子たちが言った、「天国は何に似ているか、私たちに言って下さい」。イエスは彼らに言った、

「それは一粒の芥子種のようなものである。それはどんな種よりも小さい。しかし、それが耕されている地に落ちると、地は大きな枝をつくり、空の鳥の隠れ場となる」。

（『トマスの福音書』20）

神の国は一粒の小さな芥子種のようなものとイエスが言う時、神の国はわれわれ一人ひとりが自

ら開発しなければならない可能性として与えられているということだ。しかし、それはわれわれがこれから神の国を造るというのではなく、それを見る目、つまり心の盲（闇）を除くことなのだ。そのための条件はすべての人に平等に整っている。その可能性を拓くかどうかはわれわれ自身に委ねられているのだ。

われわれはややもすると神の国と地の国は二つ存在すると考えるが、その違いはアウグスチヌスが言ったように愛の形に二つあるからということになるが、それもわれわれ自身の心の問題に還元されるであろう。認識主体であるわれの心の中が盲目かどうかの違いなのだ。従って、地の国を離れて神の国がどこかに存在するのでもなければ、いわんや、死後に神の国を期待するというのでもない。われわれの心の目が盲目であるか、開眼しているかの違いによって、地の国ともなれば神の国ともなる。同じ世界にいながらイエスと彼の弟子たち、またブッダと彼の弟子たちの間に認識のずれが生じてくるのもそのためだ。要は、この地上が地の国ともなれば神の国となるのもあなた次第ということであり、問題はわれわれの心の盲（闇）を除き、酔いから覚めない限り神の国は見えてこないということだ。この盲（闇）を除いた心をアウグスチヌスは「完全な心」と呼び、その心を通して見えてくる世界（自然）を印象深く描き、また、それを見ることができた者にとって、信仰はその完成に至ると言った。

そこには聖にして完全な心にのみ明らかな、言い表せない美がある。この美を完全に見ることが至福である。……信仰によって始め、見ることによって完成される。これがすべての教理の要点である。

（アウグスチヌス『エンキリディオン』）

少し視点を変えて説明すると、二つの目（肉の目）を通してわれわれは二なる世界、つまり二元葛藤する幻影の世界しか見ることができない。神の国を知るためにはもう一つの目が開かれねばならないということだ。この目をアウグスチヌスは「心の目」、同じくスーフィズムの代表的思想家ルーミーも「心眼」と言い、禅の思想家大珠慧海は「慧眼」と呼んだ。そして、南泉普願はわれわれも早くこの目を開く（著く）べきことを「言詮不及、宜しく急に眼を著くべし」（『碧巌録』）と言った。いずれにせよ、この心の目を開くのはあなたをおいて他にはない。そのとき初めて神の国がわれわれ自身のただ中に存在すると知ると共に、外にも存在すると知ることになるのだ。

イエスが言った、「御国はその畑に宝を持っている人のようなものである。それは隠されており、それについて彼は何も知らない。そして、彼が死んだときに、彼はそれを自分の息子に残した。彼の息子もまた何も知らなかった。彼はその畑を受け取り、それを売った」。

（『トマスの福音書』109）

神の国（御国）は地中（畑）に埋め込まれた宝のようなものであるとイエスは言う。言うまでもなく、畑とはわれわれの肉体を指しているが、その内側に神の国は存在する。つまり、存在の謎を解く鍵はわれわれ自身の内側に隠されているということだ。否、隠されているという表現は正しくない。というのも、神の国はこの地上のいたるところに拡がっているが、われわれ人間にそれが見えていないのはわれわれ自身の咎《とが》ゆえであるからだ。われわれの心の盲目（心の闇）ゆえに、宝（大いなる富）が見えていないだけなのだ。この見識のなさが（いわゆる識者といわれる者もここに含まれる）人間社会の混乱と饒舌の根本原因であると気づいている人は殆どいない。そんな大人たちの後姿を見て育った子供もまた肉体の内側に隠された宝を知るはずもなく、至極当然のように、いかなる欠乏にも悩まされないように、自分の周りに物や金銭、何であれ溜め込み始めるのだ。この愚かさは親から子へと限りなく引き継がれてゆく。

イエスが言った、「父の国は、荷物を持っていて、一つの真珠を見出した商人のようなものである。この商人は賢い。彼は荷物を売りはらい、自分のためにただ一つの真珠を買った。あなたがたもまた、衣蛾が近寄って食わず、虫が食いつくさぬ所に、朽ちず尽きることのない宝を求めなさい」。

（『トマスの福音書』76）

われわれはこの地上でたくさんのものを手に入れようとする。物（金銭）、知識、名誉……何であれ、われわれはより多くを求める。どれも自分にとって幸せになるためには必要ということだろう。しかし、それらはわれわれにとって荷物（重荷）になってはいないか。言い換えれば、本当に必要なものが何かが分かっていないのではないか。イエスはわれわれが本当に手に入れるべきは「一つの真珠」であり、これはイエスのアポクリュフォンとして深く心に銘記しておかねばならない。でなければ、われわれは死ぬまで自分にとって本当に必要なものは何かが分からないまま、それこそ世界の果てまで駆けずるが、結局のところ、自分の周りにガラクタを積み上げたに過ぎないことになってしまうだろう。

イエスは、いずれわれわれは知識も物も人も全て後に残して一人旅立つことになる。その時われわれにとって本当に私のものと言えるのはわれわれ自身の内側に隠された、「朽ちず尽きることのない宝」だけであると言おうとしているのだ。もちろん、世間を渡るためにそれらも必要であろう。しかし、この内に隠された真珠（大いなる富）を手に入れない限り、われわれはこの地上で何を手にしようとも間違ったものを手にしたことになる。だから彼は、朽ちることのない宝を手に入れるために、一度は全てのものを脇に置く必要があるというので、手にした全ての荷物を売り払い、「自分のためにただ一つの真珠」を手にした賢い商人のように、あなた方も心しなければならないと注意を喚起しているのだ。そしてイエスも言うように、「自分のために」というところが大切なのだ。宗教というと自分はさておき、他人を優先してと、ちっぽけな愛を振りかざす人がいるが、そうではない。心の中で盲目であるあなた自身が混乱していることをまず知らねばならない。なぜなら、あなた自身が自らを整えない限り、あなたは何をやろうとも、無意識の内にこの地上に混乱とトラブルを持ち込むことになるからだ。

この盲目が世界のいたるところで紛争とモラル・ハザードを引き起こし、その結果、見るに耐えない多くの人々が弾き出されているのだ。間違ってはならないのは、これらすべては人間の心の闇（盲目）、すなわち地の国を成り立たせている愛（自己愛）が生み出した人為であり、ただ傷口を覆い隠すだけでは決して根本的な解決とはならないということだ。そうは言っても、私は世界のいたるところで繰り拡げられている権力闘争、民族や経済紛争などがイエス（やブッダ）が言うようなことで一気に解決されるなどと考えているのではない。なぜなら、人間はいつの時代もイエスが言ったこととは逆に、「自分のためにただ一つの真珠」を売り払って、益体もない、背負いきれない荷物を手にしようと、競争を煽っているからだ。その姿勢はこれからも変わることはない。

真珠はわれわれ自身の内側にある。外側は二元葛藤する多様性の世界であるが、内側は一なる世界である。イエスはこの一なる世界のために荷物を売り払い、朽ちず尽きることのない宝を求めなさいと言っているのだ。しかし、それを文字通りに受け取って、荷物を売りに行く必要はもちろんない。要は外側に向かっていたあなたの関心をあなた自身の内側へと向けさえすればいいのだ。道元はそれを「回光返照《えこうへんしょう》」と言い、「いかんが回光返照せずして、甘んじて宝を懐いて邦《くに》（この世）に迷うことをせん」と言った。内に隠された真珠（宝）を知りさえすれば、われわれは内にも外にも拡がる一なる世界（神の国）を知ることになる。この「一なるもの」こそわれわれが辿るべき道なのだ。

第三章　隠れた宝

イエスが言った、「肉が霊の故に生じたのなら、それは奇跡である。しかし、霊が身体の故に生じたのなら、それは奇跡の奇跡である。しかし私は、いかにしてこの大いなる富がこの貧困の中に住まったかを不思議に思う」。

（『トマスの福音書』29）

キリスト教は人間を構造的に肉と霊の二つに分ける。普通われわれが生きているのは前者であり、貧困とは土で造られたもの（肉体）とそれを成り立たせているこの世を指している。しかし、イエスはどうして人間の過ぎ行く肉体の中に永遠に朽ちることのない「大いなる富」が宿ることになったのか、これは不思議というほかないと言う。彼のメッセージはすべて、われわれの誰もの内に住まうこの「隠れた宝」（ルーミー）に目覚めさせるために、聴く人やその状況に応じていろいろと語られている。この「大いなる富」は、先に「一つの真珠」とも言われたものであり、イエスのアポクリュフォンとして、今後われわれが所有とはどういうことか、あるいは真の豊かさとは何かを考える場合、常に考慮しなければならないキー・タームの一つとなるだろう。

なぜなら、どんな人もこの地上で豊かさを追求しながら、何かが欠けているという漠とした不安に駆られ、死に行くまで欲望（夢）を捨て去ることはないからだ。イェスは、この「大いなる富」はわれわれの誰もがすでに所有しているものであり、この真珠（宝）を見出すこととわれわれが神の国（父の国）に入ることとは同じであると見ている。しかし、それが分からないために、われわれは自らの貧困を嘆き、あれもこれもと溜め込もうとしているのだ。そして、この貧困はわれわれが内に「大いなる富」を懐きながらそれを知らないために、外に求めるという性質のものであり、決してわれわれが言う、持たざるものという意味における貧困ではなく、すでに所有しているものなのだ。いささか荒唐無稽に思われる、この「隠れた宝」に類似した思想は、グノーシスの宗教に見られるだけではなく、多くの世界宗教の中にも、その中心的な教義として登場する。

先にイエスは「人間は皆酔いしれて、彼らの中に一人も渇ける者を見出さなかった」と言ったが、その意味は、物（金銭）、名誉、権力など、この地上の財に酔いしれ、それを渇くほど手に入れようと、躍起になっている者はそれこそ吐き捨てるほどいるが、彼らの中に、永遠に朽ちることのない隠された宝（一つの真珠）を求めて渇いている者は一人もいなかったという意味なのだ。『碧巌録』の「第六二則」に「雲門、衆に示して云く、乾坤《けんこん》の内、宇宙の間、中《なか》に一宝有り、形山《ぎょうざん》に秘在す」とあり、同じく宝（一宝）は形山、すなわちわれわれの肉体の中に秘め置かれているという意味であるが、肉体の内側にわれわれの生を何倍にも豊かにする宝が隠されているにもかかわらず、われわれはそれを知らず、結局それを顧ることもなくこの地上を去る。もちろん、あくせくと溜め込んだ、まがいものの宝を残して、独り死出の旅へと赴く。

ここに「一宝」と言い、また「一つの真珠」とあるように、この「一」が非常に大切なのだ。この「一」には、われわれ人間にとって大切なものは多くない、ただ一つであるという意味と、この「一」の中にすべては円かに具わっているという二つの意味がある。しかも、それをわれわれ人間は自らの内なる真実としてすでに所有しているものなのだ。では、どうしてこの大いなる富が貧困の中に住まうことになったのであろうか。言い換えれば、富と貧困という相矛盾する状況になぜ人間は立ち至ったのかと言うことだ。

自分たち自身のことを知らないままに存在するようになった者たち、彼らは自らがそこから出てきたプレーローマのことも知らなければ、自らが存在するようになったことの原因者についても知らなかった。

（『三部の教え』）

気づいたらわれわれはこの世に存在していた。しかも、それはいつかは終る有限の生であると知る。ここから人間は「なぜ」と独り思考することを余儀なくされる。というのも、人生の根本問題はこの気づきから始まるからだ。パスカルは、その時、彼を捉えた言いようのない不安を「誰が自分をそこに置いたのか、自分は何をしにそこに来たか、死ぬとどうなるかをも知らず、あらゆる認識を不可能にされているのを見るとき、私は眠っているあいだに荒れはてた恐ろしい島に連れてこられて、目覚めてみると、そこがどこかわからず、そこから脱出する手段もない人のような、恐怖におそわれる」と言った。わずか三十九年という短い生涯であったが、彼を死ぬまで悩ませたこの問題に粘り強く立ち向かう人は少ない。もちろん、そういう問があることを人は知らないわけではないが、それには容易に解答が見つからないために、いつしか忙しさの中で忘れ、波々として生を渡る。まさにイエスの言う、空でこの世に来たものが再び空で出て行こうとしている。

われわれは自分がどこから来たかを知らない。せいぜい男と女から生まれ出たものであり、それ以上深く理解しようする者は多くない。殆どの人はそんな無益な問にかかずらっている時間もないと言うことだろう。しかし、ナグ・ハマディ文書はそんな人間の無関心と怠慢をよそに、われわれ人間の出自はプレーローマ（充溢）であると言う。そして、プレーローマから流出した人間が行き着いたところが欠乏（貧困）からなる地の国、すなわち二元葛藤する幻影の世界であったのだ。
弟子たちがイエスに言った、「充溢（プレーローマ）とは何ですか。そして、欠乏とは何ですか」と。彼が彼らに言った、「あなたがたは充溢に由来するものであり、そして欠乏のあるところにいる」。

（『救い主の対話』）

人間は何ら欠けることないないプレーローマから流れ出たものであるが、今はこの地上で貧困と欠乏に喘いでいる。それはちょうど『法華経』に登場する「父を捨てて逃逝し、遠く他土に到り」、かえって逼迫している「窮子《ぐうじ》」のようなものなのだ。この「長者窮子」の比喩はわれわれ人間が落ち込んでいる状況を見事に言い表している。人間は誰が強要したわけでもないのに、富める父の家を捨てて、遠く生死の迷いの世界（他土）で、あれもこれもと、まるで乞食のように地上を徘徊しているというのだ。イエスもまた、人間は一にして全体のプレーローマから退転して、今は欠乏と貧困の状態（塵の中）にあると見ているのだ。そして、われわれが存在するようになった第一原因は一者である神（「すべての上にある光」『トマスの福音書』77）であり、すべてはそこから流れ出たものである。
父（一者）以外に、存在する者は一体誰であろうか。すべての場所は彼の流出である。彼らは知った。すなわち、彼らは、完全な人間に由来する子供のように、彼（父）に由来したことを。

（『真理の福音』）

しかし、一体どうして人間は神（一者）の充溢（プレーローマ）から貧困へと彷徨い出ることになったのであろうか。この大いなる「何故」に応えることは容易なことではないが、『真理の福音』からそのヒントが得られそうな個所を二つ引用してみよう。

万物は彼らがそこから出たものを求めていた……彼らは把握し得ざる者、考え得ざる者、あらゆる思考に勝る者の内にあった……そのとき、父に対する無知が不安と恐怖となった。そして不安が霧のように濃くなったために、誰も見ることができなかった。それゆえに、プラネー（迷い）が力を得た。彼女は自分の物質に働きかけたが、真理を知らなかったので、虚しかった。彼女は作り物に取りかかり、力をもって美しく真理の代替物を作成した。

彼らが、父を知らずに父の中にいたということ、そして彼らが、その内にいた者を受け入れ、認識することができなかったので、そのもとから自分自身で出てくることができたということは、実に驚くべきことであった。

（『真理の福音』）

万物（人間も含む）は一なるもの（神）の内にあったにもかかわらず、それを認識することができない無知と不安の中で、やがて迷い（プラネー）に陥り、ゆくりなくもその場所（プレーローマ）から離れ、善悪、生死、得失……など、二なるものが葛藤する地の国へと流出したとなろうか。

そうすると、この地上はわれわれ人間が本当にあるべき場所ではなく、自らの無知と迷い（プラネー）ゆえに流出した仮の住処ということになる。そして、人間は自らの生の由来を知ることもなく、すべては過ぎ行く時間の世界（死の国）で、そうという自覚もないまま、営々と作り物の虚構の世界を築こうとしている。それらは人の目には美しく、魅惑的に映るが、惜しむらくは「真理の代替物」でしかない。

われわれ人間が確かなものを手にしたいと、多くのものを得ながら、また経験しながら、それがいつしか色あせ、虚しく感じられてくるのも、それが本当に求むべきものではないからだ。われわれは真理そのものではなく、その影（代替物）を捉えようとしているのだ。しかし、われわれがそこから流出したプレーローマ（充溢）が失われてしまったのかというと、そうではない。「隠れた宝」として、今この時も、われわれの過ぎ行く肉体の内側に常に変わらず存在する。だからイエスも「いかにしてこの大いなる富がこの貧困の中に住まったかを不思議に思う」と言ったのだ。

このように、われわれが今いる世界が真理（一者）に由来するものでありながら、その始まりは一なるもの（神）を認識できなかった無知、あるいは迷い（プラネー）に原因があったとすれば、「世界は一つの過誤から生じた」とする『ピリポの福音書』の言葉が決して誇張でないことが無理なく理解されよう。そしてグノーシスの宗教が説く無知、あるいは迷い（プラネー）という考え方は、人間は一なるもの（それを『大乗起信論』は「一法界」、「法界一相」と言った）を覚りえなかった無明から（同様に「不覚無明」という）、二元相対する迷いの世界（妄境界）に退転してきたとする仏教の思想と一脈通じるものがある。また、その著者（アシュバゴーシャ）が、われわれが捉えているものは「鏡中の像」のように実体の無いものであると言うのも同じである。
これまで、われわれの内側に隠れ住まう「大いなる富」ついて誰も言ってくれないし、また教えられてもこなかった。われわれを産んだ父母も、より高い生の可能性について何も知らなければ、生まれたあなたもまたそれを知ることなくここまで来た。われわれはそれこそ遺伝子を残すことで自分は繋ぎの役割を果たしたなどと、たわいもないことで自分のこの地上に存在した証などと言う、全く愚かなことだ。一体どれだけの人がわれわれ人間の内に隠された生の真実（宝）について語って聞かせることができるであろうか。父母から得た肉体の中に朽ちることのない宝が種子としてあることを知らず、あたら一生を無駄に使い果たす人の何と多いことか。イエスが繰り返し、「耳あるものは聞け」という言葉が虚しく思えるほど、この地上に蠢く人間は何か決定的に大切なものをいつか何処かに忘れてきてしまったようだ。

なぜ、あなた方は外に向かって求めていくのか。なぜ、あなた方は自分自身の内に留まって、あなた方自身の宝をつかまないのか。あなた方はすべての真理をあなた方の内に本質的に持っているではないか。

（エックハルト『ドイツ語説教』）

われわれは外側で多くのものを手に入れんがために、世界を駆けめぐる情報に目を光らせ、その変動に右往左往する。まさに時は金なりということだろう、モニターから一瞬も目が離せないという有り様だ。しかし、たとえ得たとしてもこれで良いということはなく、いつももっともっとなのだ。外側で多くのものを溜め込みながら、足ることを知らず、未だあなたが満たされず混乱しているとしたら、その問題は外側にあるのではなく、あなた自身の内側にあるはずだ。われわれを取り巻く生活環境は進歩と発展を見たけれども、われわれ人間の内なる実存、すなわちプレーローマ（充溢）を知らないことから生じてくる虚しさと焦燥感ではないかということだ。われわれはこの内なる宝（真珠）を顧みないで外側で宝の山を築こうとしている。そして生涯、物（金銭）であれ、知識（情報）であれ、寸暇を惜しみ、汗しながら溜め込むが、どれも自分のものとはならない。すべてを残して一人この地上を立ち去る。空でこの世に入ったものが内に隠された生の宝を知ることもなく、再び空でこの世から出ようとしている。実のところ私たちは、人間にとって何が本当に必要なものかが分かっていないし、本当の意味における豊かさ（所有）とはどういうことかも知らない。

この宝（真珠）はわれわれ一人ひとりの実存にもとより内なる真実として存在している。すると、それをあなたは他者から受け取ることはもちろん、ある意味では、神でさえもあなたにそれを手渡すことはできない。というのも、神はすでにあなたにそれを与えたのであり、あなた自身が再び見出さねばならないものであるからだ。しかし、われわれはすでに携えているにもかかわらずそのことをすっかり忘れ、あれもこれもと求めて外を駆けずる。そして、その努力のすべてはわれわれが人並みの、あるいは人並み以上の幸福と満足を手にせんがためなのだ。しかし、その幸福もわれわわれがかつて一つ（一元性）であったプレーローマから二つ（二元性）に分裂し、二元相対する「欠乏」の世界へと退転してきた結果生じてきたものであることなど全く気づいていない。

いわゆる幸福の追求とは、充溢（プレーローマ）を捨て置いて、欠乏を満たそうとするわれわれ人間の足掻《あが》きであり、空しい努力なのだ。というのも、われわれ人間がこの欠乏を充たすことなど金輪際ありえないし、もとより矛盾した試みであるからだ。だからと言って、私は幸福を求めることが悪いなどと言ったことは一度もない。どうでもいいことだが、幸福とは二元相対する世界に生息するわれわれ人間のささやかな夢でしかないということだ。そして、宗教はこの幸福に資するために編み出された人間の英知では断じてない。もしそうなら、ことさら宗教などを持ち出すこともなかろうし、またそうだからこそ、多くの人々にとって（幸福になるために）宗教などの必要ないのだ。アウグスチヌスも『告白』の中で言っていたように、宗教はこの幸福がどの程度のものかよく知っているのだ。だからイエスもまた、死でもって終るような幸福ではなく、死によっても朽ちることのない「大いなる富」をわれわれ人間に知らせようとしているのだ。

「隠れた宝」というのも、もちろん単なる呼称であって、それを人間の言葉でもって言い表すことはできない。エックハルトはそれを魂の内にある「一つのあるもの」と言った。そして、幸いにもそこに辿り着いた者は、われわれ人類が探し求めきた幸福（至福）の本当の在り処はどこかを知るであろうと言う。

この「あるもの」を知ればだれでも、どこに至福があるか分かるであろう。このあるものには以前もなく以後もなく、付け加えるべき何ものもない。なぜならそれは得ることも、失うこともありえないからである。

（エックハルト『ドイツ語説教』）

人間の内側には、われわれが考える幸・不幸には関《かかわ》らない至福の源泉が隠されている。エックハルトは、もしわれわれが幸いにもそれを知れば、われわれ人間が幸福を求めて、さまざまな環境と条件を整えようとしてきたが、それらはすべてこの「至福」の代替物に過ぎなかったと知るであろうと見ているのだ。内なる至福は時間を超えて存在するものであり、われわれが人為でそれに付け加えるようなものは何もなく、常に完全に満たされた、言わば不増不減のプレーローマであり、永遠にそうなのだ。また、われわれが地の国であれ、ハデス（黄泉）であれ、どこを彷徨っていようとも、それを失うということはなく、内なる実存に常に携えているものなのだ。そして、それさえ知れば、人間は求めるべきすべてのものを手にしたことになる。これについては、スーフィズムの偉大なシェイフ、ルーミーに語ってもらおう。

世間でいう学問とか技能とかは、いずれも海水を茶碗で量るようなもの。あらゆる技術で身を飾り、金もあり顔も綺麗だが、一番大切な「あのもの」を欠く人がたくさんいる。反対に、見かけはいかにも見すぼらしく、美しい言葉も力強い言葉も喋れないが、永遠不滅の「あのもの」だけは持っている人もいる。それこそは人間の栄光であり高貴さの源であり、またそれあればこそ人間は万物の霊長なのである。もし人間が「あのもの」に辿り着けさえすれば、それでもう己《おのれ》の徳性を完全に実現したことになる。が、もしそれができなければ、人間を真に人間たらしめる徳性とは縁なき衆生だ。

（『ルーミー語録』）

まさに人間の高貴さの源であり、われわれが求めて止まない至福の源泉がわれわれの実存深くに隠されている。もしわれわれが「あのもの」に辿り着けさえすれば、この世に生を享けた人間としてなすべきことを成就したことになるから、ルーミーは「それでもう己の徳性を完全に実現したことになる」と言ったのだ。スーフィズムの思想家たちは、そのように自己を実現した人を「普遍的人間」、あるいは「完全な人間」(al-insan al-kamil) と呼び、人間があるべき理想の姿をそこに見ていた。宗教があらゆる人間的営為の中で、最も高い生の可能性と言われ、また、多くの聖賢たちによって、時代を超えて語り継がれてきた理由がここにある。しかし、その可能性はすべての人に与えられているが、これまで殆どの人の耳目に届くことはなかった。そして、それを実現しない限り、人間は欠乏と不完全性に悩まされ、決して安らぐことがない。実際、それを手にすることができるのは、それを求めて努力する者に限られるのだ。

イエスが言った、「あなたがたがあなたがたの中にそれを生み出すならば、あなたがたが持っているものが、あなたがたを救うであろう。あなたがたがあなたがたの中にそれを持たないならば、あなたがたがあなたがたの中に持っていないものが、あなたがたを殺すであろう」。

（『トマスの福音書』70）

イエスの言葉は一つ一つ深く理解されねばならない。まず彼は、われわれは何を持っていると言うのだろう。もちろん、「大いなる富」であり、「一つの真珠」である。それこそわれわれが求めて止まない至福の源泉であり、欠乏と貧困からわれわれを救い、本当の豊かさを与えてくれるプレーローマなのだ。しかしわれわれは、人間の栄光であり高貴さの源である「隠れた宝」を知らず、それを捨て置いて、手には荷物が一杯になって、歩くのが難しくなった旅行者のようなものだ。しかしイエスは、もしあなたがそれを知ることがなければ、あなたがこの地上で手にしたすべてのもの（荷物）、といっても、さしたるものではないが、それさえも取り上げられるであろうと言う。

イエスが言った、「おおよそ、手に持っている人は、与えられ、持っていない人は、持っているわずかなものまでも取り上げられるであろう」。

（『トマスの福音書』41）

手にすべきものは多くない、ただ一つの真珠である。そして、それを手にする人はすべてが与えられ、ルーミーが言ったように、自己の徳性を完全に実現したことになる。しかし、もしそれを手にすることができなければ、あなたは欠乏と貧困の内にあり、「長者窮子」の譬えの如く、富める父の家を離れ、この地上を徘徊する乞食であり、何も持たずに空でこの地上に入ってきたあなたは再び何も持たずに空でこの地上を去っていくことになる。しかし、もしあなたがそれを持っていなければ、そのことがあなたを「殺す」であろうとは、いささか穏やかではないが、なぜイエスがそこまで言うかといえば、空でこの地上を去るだけではなく、あなたにとって死が「二重の死」となるからだ。

魂は神を所有することなしには生きることもできず、また死によって身体の苦痛を免れることもできないので、死は存在しないどころか、永遠の死が存在するからである。第一の死は魂をその意に反して身体から追い出し、第二の死は魂をその意に反して身体のうちに留める。

（アウグスチヌス『神の国』）

具体的に言うと、一つは肉体の死であり、もう一つは、アウグスチヌスが、ある時、病に臥せって、このまま死ぬようなことにでもなれば「自分の行いにふさわし地獄の火と責め苦のもとに行くよりほかない」（『告白』）であろうと言ったことを指している。第一の死はわれわれの意思に反して、誰もが行き着く肉体の死であり、一方、第二の死もまた、われわれの意思に反して、審判のために身体（もちろん、物質からなる肉体ではないが）の内に留まざるを得ない死である。つまり、われわれがこの隠れた宝（真珠）を手にすることができなければ、いわゆる死（第一の死）はすべての終りでなく、「永遠の死」がわれわれを待っているということだ。宗教とはもちろん今生の問題ではあるが、ここまで視野に入れて考えられている。逆に言えば、この隠れた宝（真珠）を手にすることができれば、われわれは第二の死である「永遠の死」に至ることなく、第一の復活（復活については後で詳しく取り上げる）を成し遂げて、もはや肉体を身に纏うことはないから、死（の苦しみ）を味わうこともない。

この第一の復活にあずかる者は幸いな者、聖なる者である。この人々に対しては、第二の死は、なんの力も持っていない。

（『黙示録』）

真珠（富）はかつて失われたことはなく、われわれの実存の核として今も存在しながら、われわれが忘れ去っているものであるから、われわれはそれを求めてどこに赴くこともなく、それを再び想起するならば、人間として知るべき究極のもの（真理）を知ったことになり、また、二重の死を逃れて永遠の生（まことのいのち）を知ることにもなる。しかし、それを知ることができなければ、この地上で手に入れたささやかな富と名声……すべてのものを残して、独り虚しくこの世から出て行くことになるが、それが単なる死で終るだけではなく、「二重の死」となるから、イエスは「耳あるものは聞くがいい」とわれわれ人間に注意を呼びかけているのだ。

禅はこの隠れた宝を「自家の宝蔵」と呼ぶ。これは師である馬祖と弟子の大珠慧海との間で交わされた問答の中に現れる。慧海が初めて馬祖に参じた時、あなたは何のために遙か遠くからここまで来たのかと問われ、慧海が仏法（究極の真理）を求めてと答えると、馬祖はすかさず「自家の宝蔵を顧みず、家を抛《なげう》って散走して何をか作《な》す」と諌める。ここには人間が求めるべき究極の真理はすべての人の内側（自家）にすでに存在するが、それをわれわれが血肉のからだで蔽うがゆえに見えていないという含みがある（「宝珠は失わず、失想を作すこと莫《なか》れ。血肉の皮、覆って、この故に現れず」『涅槃経』）。それなのにあなたはそれを求めてわざわざ私のところまでやって来た、それは大きな過ちである。あなた自身の内側にあるもの（自家の宝蔵）を私はあなたに与えることはできないし、またその必要もない。それはあなた自身が回向返照して手にするかどうかの問題であるというのだ。早く臨済も、この隠れた宝を知るために、「ただ自家に看よ」と言っていた。われわれの内側こそ真理が隠れ住まう所であるにもかかわらず、われわれは「自家屋裏《おくり》のものをあえて信ぜず、ひたすら外に向かって求める」と。例によって、分かり良いところで良寛の詩を挙げておこう。

ここに一顆《いっか》の珠あり
終古　人の委《す》つるなし
……………………………
明珠は元《も》と吾が方寸に在り
光は日月を蔽うて方隅を超え
彩は眼睛《がんぜい》を射て正視し難し
これを失えば　永劫苦海に淪《しず》み
これを得れば　登時《たちまち》彼岸に游《あそ》ぶ

（良寛『草堂詩集』）

彼は自家の宝蔵を「一顆の珠」とも、「明珠」とも言う。それはもともとわれわれ自身の心（方寸）の中に存在するものであり、古より誰もそれを棄て去った者はない。それはかつてあったたし、今もあり、たとえあなたが生死の世界を彷徨っていようとも、それはいつもあなたと共にある。しかし、われわれはかつて一度たりともそれを手にしたことがなく、そのために虚しく生と死を繰り返す常没の凡夫に甘んじている。もしあなたがこれを手に入れることができなければ永劫にわたって生死の苦海を転々とすることになるだろう。しかし、幸いにもこれを手に入れることができればあなたはたちまち真実の世界（彼岸）に至るであろうと良寛は見ているのだ。

第四章　永遠の故郷

プレーローマに由来する人間が今、欠乏と貧困に喘いでいる。しかし、この貧困の中に「大いなる富」は隠れ住まう。そして、この富（真珠）はわれわれを離れて存在しているのではなく、われわれ自身の内なる真実として誰もがすでに所有しているものなのだ。ところが、われわれは内側に隠れた宝があるとも知らず、内なる自己を投げ捨てて、幸福と満足を得るために、外側であらゆるものを手に入れようと努力している。ここから、アウグスチヌスも言ったように、人間に外なる人（homo exterior）と内なる人（homo interior）があるとする、キリスト教独自の人間観が生まれてくる。

人間に外側と内側、あるいは外なる人と内なる人があるとすれば、その違いはどのようなものであろうか。それを言うには、エックハルトの「ドアと蝶番」の関係で説明するのがいいだろう。外側では生死、幸不幸、喜悲、愛憎、得失……と、ドアが大きく左右に振れるように、良いこと悪いこと、さまざまなことが絶えず起こっている。そして、この比喩が優れているのは、内側を蔑ろにして、外側へと向かえば向かうほどドアが大きく振れるように、二元性はその対立を深め、先進国に見られるように、社会の歪と矛盾ますます混沌としたものになってゆく。しかし、どんなに外側が揺れ動いていても、それを支えている蝶番は何事も無いかのように、いつも変らず不動を保っている。

比喩からも分かるように、われわれの内側には、いかなる擾乱や悲しみにも触れることのない不動の一点が存在するのだ。そこは静寂で、至福に充ち、永遠にそうなのだ。つまり、外側ばかりを見ていたら、そこは二元葛藤する欠乏と混沌の世界であり、われわれは波々として生を渡り、決して充たされることのない貧困の内にあるのに対して、その姿勢を翻し、外から内へと目を転じ、内側へと辿るならば、そこは一元性の世界であり、プレーローマなのだ。

この比喩のもう一つ優れている点は、蝶番がなければドアも機能しないように、二元葛藤するわれわれの世界も一なる不動の世界（一元性の世界）に支えられて存在していることだ。実はこの程度ですら、神の恩寵であるのだが、現在のわれわれはプレーローマ（一元性の世界）を離れ、ただ対立と衝突を繰り返す欠乏の世界（塵の中）で、徒に混乱しているのだ。そして、プレーローマはわれわれの生の源泉であるにもかかわらず、そこにしっかりと根を下ろしていないために、死が避けられないということもわれわれは知らない。

イエスが言った、「一本のぶどうの木が父の外側に植えられた。そして、それが固められていなかったので、それは根本から抜き取られて、亡びゆくであろう」。

（『トマスの福音書』40）

いわゆる生はその源泉であるプレーローマ（父）の外側に植付けられたために、根付くことなくやがて朽ちていく木のように、死が避けられない。要するに、われわれの生はその源泉に根付いていないのだ。この分離こそ人間の姿であり、蝶番が外れたドアのように、自分自身の居場所が定まらないまま、根無し草のようにあてどなく彷徨っているのだ。そして、われわれが再び生の源泉に根付くのでない限り、その虚しさ、その不満、その矛盾の本当の原因も分からないまま、人はただ生き急ぐばかりで、生の真の味わいを知ることもなく、この世で手にした人（友）、物（財）、境遇（家庭）すべてを残し、失意と悲しみの内に一人、また一人と死出の旅へと赴く。宗教とは生の源泉であるプレーローマに再び根付くことであり、一本の木が目に見えない大地に根を張り、そこから生きるエネルギーを吸い上げて、花と咲き、果実が実るように、われわれもまたこの不可知のプレーローマに深く根付くことによって初めて、生は本当の意味で欠けることのない充溢と尽きることのない真実を顕してくるのだ。

さらに私は、一方に偏ることなく本当のことを言わねばならない。人は外側で起こる悲しく、辛いことは早く無くなってほしいが、楽しいことはいつまでも続いてほしいと思う。それが人情というものだろう。しかし、この内なる不動のプレーローマはわれわれが考える不幸や悲しみがないだけではなく、われわれが思い描く幸福など一切存在しないのだ。ただわれわれがそこから離れるとき、喜びと悲しみ、幸福と不幸などを経験するのであり、それらのものが現れてくる根源（プレーローマ）は初めからそれら二元性の彼方にある。

われわれが外側に留まる限り、よくも悪くも、生死、幸不幸、愛憎、得失……に囚われて生きることになるが、内側へと辿るとき、それらを超えた彼方なるもの（プレーローマ）を知ることになる。そして、この彼方なるものがこれからわれわれが辿ろうとする究極の真理なのだ。しかし、その彼方とは遠く離れた場所をいうのではなく、あなた自身の内なる実存を指している。ここに東洋と西洋の違いなどどこにもない。もちろん、作り物の幻影の世界（二元性の世界）に留まっていたいなら、それもいいだろう。それを宗教は咎めたり、非難することは一切しない。ただ人が作り物の世界（真理の代替物）に満足しておれなくなる時が誰にもいつか訪れるであろうと見ているのだ。というと、少し楽観に過ぎるようだが、とにかくそれには時が熟すこと（時熟）が必要なのだ。もう少しまがい物で充ちた欠乏の世界（塵の中）で徹底的にそれを味わい尽すことが必要なのだ。そうしてようやく人は人間存在の危うさと、如何に自分が自分自身について無知であったかを知ることになる。

政治、経済、学問……何であれ、人間の営為が一体どこに向かっているかなどわれわれは一顧だにすることなく、ただ進歩と発展の名のもとに日夜エネルギーを使い果たし、中には目的を達成するには人間の命は余りにも短いと嘆いている御仁もいるかもしれない。しかし、あなたの（また、私の）ささやかな目的が達成されたとしても、あなたの（同）存在などほどなく人々の記憶から忘れ去られ、これまでもそうであったように、人はさらにそこから歩み出し、人間の営みに終るということはない。そうすると、個々の人間はどんなに時代が進もうとも、いつまでも完成することのない未完のプロジェクトを見ていることになる。そして、国家も、また個人も、この未完の状態に満足できないでいるのが人間という存在なのかもしれない。逆に言えば、われわれ人間が本当に満たされ、安らぐことができる時は永久に来ないのではないか。ただ毎日、ビジネスに、学問にと命をすり減らし、死に急ぐのではなく、生が究極において完成される安息の場はないのかということだ。われわれの生が進歩という未来ではなく、本当はどこに向かって歩むべきなのか、生が辿るべき目的地はどこなのかということである。この人生の根本問題に対してイエスはどう答えているかを見てみよう

パスカルが人間は「本来の場所」から堕ち、その場所を求めていると言ったように、グノーシスの宗教もわれわれ人間が探し求めているものは、意識するしないにかかわらず、人間がそこから出てきた場所であると言う。もちろん、その場所とはプレーローマ（充溢）であり、われわれが堕ちてきたところが「欠乏」からなる地の国であった。

どんな人も自分がもともと出てきた場所へと戻っていくことが必要なのである。事実、人は自らの実践と自己認識によって、自己の本性を明らかに知ることになるであろう。

（『この世の起源について』）

ここには、記憶の彼方に忘れ去られたために、あてどなく彷徨い続ける人間が向かうべき方向が端的に示されている。われわれが辿るべきところは、われわれがもとより存在したプレーローマで

あり、そこに辿り着いて初めて、人は自己の内なる本性、すなわちわれわれは本来何も欠けることのない「大いなる富」を携えていたと知るのだ。大切なことは、後で詳しく取り挙げるが、われわれが自己の本性（自己の真実）を知る実践的な方法（プロセス）が自己認識への道を辿るということだ。そして、この二つのプレーローマの間（あわい）が、われわれが今いる欠乏と貧困の世界（地の国）ということになる。われわれは父（神）を認識することができないプフネー（迷い）ゆえに、生の源泉であるプレーローマ（本源）から迷い出たのであるが、たとえここが欠乏と混乱の世界であっても、われわれは本来神の子であり、神の本性（神性）を失ったわけではない。だから、迷い（プラネー）を翻して、自己認識への道を辿ることによって、再びプレーローマへと帰って行きなさいと勧めるているのだ。

宗教がいわゆる学問と一線を画するのは、前者がわれわれ人間の辿るべきところと、そこに至る方法論を明らかにしたのに対して、後者は現在われわれが逢着しているさまざまな問題や事件について、その背景や原因を分析し、個々の事象の解決法を示し得たとしても、その全体がどこに向かうべきかを示せないまま、もぐら叩きのように、問題はさらなる問題を生み出すばかりで、一向に埒があかないことだ。少し厳しく言えば、そのように提言している者自身が問題を抱え、どこに向かうべきかを知らず、自ら問題を作っておきながら、立ち行かなくなると、早く頭を下げて、逃げを決め込むという体たらくが人の世なのだ。イエスの次の言葉に真摯に耳を傾けるならば、その違いは一層明らかになるであろう。

弟子たちがイエスに言った、「私たちの終わりがどのようになるかを、私たちに言って下さい」。イエスが言った、「あなたがたは一体、終わりを求めるために、始めを見出したのか。なぜなら、始めのあるところに、そこに終わりがあるのであろうから。始めに立つであろう者は幸いである。そうすれば、彼は終わりを知るであろう。そして死を味わうことがないであろう」。

（『トマスの福音書』18）

これはイエスの言葉の中でも、なみなみならぬ真実を秘め、無知と迷いの中を彷徨うわれわれ人間に（もちろん、そうという自覚はないが）、存在の奥義を開示するものとして長く人々の記憶に留められるべきものである。まず、弟子たちはイエスに尋ねる、われわれ人間の終りはどのようなものでしょうかと。つまり、人間の究極的な安息と充溢の場をわれわれはどこに探し求めたらいいのでしょうかと問うているのだ。それに対する彼の答は、未来の何処かではなく、全く反対に、「始めに立つであろう者は幸いである」と答える。要するに、われわれが流出してきた一者（神）の充溢（プレーローマ）の中にこそ、われわれ人間が求めている究極の真理と安息があり、そこに辿りついて初めてわれわれの生は完成されるということだ。決して、個々の生が歴史（時間）の中で完成を見るということはなく、われわれが流れ出た「始め」に立ち帰ることによって成就されるということだ。

さらにイエスは、「始め」に復帰することができた者は、再び死を味わうことがないと言うのであるから、この言葉がただならる内容を秘めたイエスのアポクリュフォンであることは容易に察しがつくであろう。しかし、逆に言うと、「始め」に復帰することができない者は、終りなき生と死の直中に留まることになるのではないか。なぜなら、死は生（誕生）なくして考えられないからだ。そうすると、東洋の宗教が人間を生と死という迷いの世界（仏教が言う「サンサーラの世界」）を転々とする「衆生」と呼んだ概念に限りなく近づいてくる。ともあれ、この「始めが終りである」とする考え方の中に、人間が辿るべきは、あるいは帰るべきはわれわれがもといたプレーローマ（本源）であることは明らかである。キリスト教の歴史の中でこの思想に類似したものを挙げるとするならば、それはやはりエックハルトということになる。彼はその「始め」を「原初」と言う。

すべての草もまた原初の純粋性においては一である。そこではすべてのものは一である。原初の始めは最後の終りのためにある。生が一つの存在であるような生の明白な原因の内に連れ戻されない限り、生は決して完全なものとはならない。

（エックハルト『ドイツ語説教』）

彼は人間だけではなく、存在するすべてのものは、われわれの目に個々ばらばらに存在しているように映っているけれども、われわれが「自己の本性」を明らかに知るとき、この孤立は単なる仮象であって、その「原初の純粋性」において万物は一なるものであることが分かると言う。もちろん、原初とはプレーローマ（本源）のことであり、イエスが、「始めのあるところに終りがある」と言ったと同様に、彼も「原初の始めは最後の終りのためにある」と言う。いずれも、始めが終りとなるところに、われわれ人間にとって究極の安息の場を見ており、この一なるものに到達して初めてわれわれの生は完全なものとなるのだ。このように、原初（始め）こそわれわれ人間が辿るべきところであり、また帰るべき永遠の故郷なのだ。キリスト教以外の宗教に目をやると、イスラーム神秘主義（スーフィズム）の思想家モッラー・サドラー（1571-1640）はわれわれが帰るべき生の源泉を「始源」と言う。

　存在について無知なものにあっては、魂がいかにして究極の始源に帰り行き、その旅路の最終点に到達するかについても、全く知らない。

（モッラー・サドラー『存在認識の道』）

人生という旅は、始源という言葉が明確に示しているように、われわれがそこから来た本源に再び立ち帰ることによって初めて本当に安らぎを得るのであり、それが人生の究極目的を達成することにもなっている。しかし、そうとも知らず、ますますプレーローマ（始源）から遠ざかり、いつも夢ばかりを追い続けているのがわれわれ人間なのだ。そして、夢をかなえることが人生の目的でもあるかのように考え、存在について無知な大人は、遅れてくるものに帰るべき生の源泉（プレーローマ）があること示せないだけではなく、彼ら自身が迷い（プラネー）の中にあることを知らない。この本源の世界をスーフィズムは存在一性の世界と呼ぶ。

人生という旅路の最終目的地を始源（プレーローマ）とする考え方は当然仏教にも見られ、それを簡潔に表現したものが「返本還源」（本に返り、源に還える）なのだ。禅における悟りの階梯を視覚的に表した廓庵の『十牛図』は、第九図に「返本還源」を説き、われわれ人間が帰る（還る）

べきは本源であることを分かりやすく示している。その本源を覚れば人間も仏となるが、覚ることができなければ生死に迷う衆生となる。しかし、その本源は悟れる者（仏）だけが有しているのではなく、たとえ迷える者（衆生＝人間）であっても、かつて失ったことはなく、誰もが本来有している「真源」であるから、「諸仏の真源は衆生の本有なり」（『十牛図』総序）と言う。

見ずや無事の人　独脱して能《よ》く比する無きを
早く須《すべか》らく本源に返るべし　三界　縁起に任《まか》す
清浄にして如《にょ》の流れに入り　無明の水を飲むこと莫《なか》れ

（『寒山詩』）

本源に辿りついた人を禅は「無事の人」と呼ぶ。文脈からそれが「仏」を指していることはすぐに分かるであろう。仏というのも、われわれの誰もが有している本源（真源）へと帰り着いた人のことであり、生死の苦海（親鸞の言葉）を脱し、真如（真理）の流れ（本源）に帰入した者は再び無明（無知）の淵に沈むことはない。だから、われわれも早く本源へと帰っていきなさいと寒山は勧めているのだ。真言密教の開祖空海（774-835）もまた、われわれ人間は帰るべき本源の世界があることを知らず、虚しく、夢の如き生と死の世界を往来していることを次のように言う。

世間の凡夫は諸法の本源を観ぜざるが故に、妄《みだり》に生ありと見る。所以《ゆえ》に生死の流れに随って自ら出づること能《あた》はず。

（空海『吽字義』）

万物（諸法）が生じてくる本源を見て取れないために、妄りに生（と死）があると思い、それに執着するあまり、死を死ぬほど恐れるようになるが、実のところ「生も生ではなく、死も死ではない」ことが分からない。われわれ人間（世間の凡夫）が辿るべきは、われわれがそこから立ち現れてきた本源（プレーローマ）であるとも知らず、あれもこれもと試みるが一向に本当のものが見えてこない。立ち上げては壊れていく作り物の世界にあって、われわれは本当に達成すべきは何かが分からなくなっているのだ。実のところ、それはわれわれが努力して達成するようなものではなく、ある意味で、それはすでに完成しているものなのだ。ただわれわれがそれを実際手にするかどうかの問題であり、未来を見据えて、事業計画を練り、いつの日か達成されるユートピア（理想郷）でないことだけは確認しておかねばならない。何よりも、本来の場所から堕ち、迷い（プラネー）の中にある人間に、真実なるものを造り出すことなど絶対にできないのだ。すべては「真理の代替物」に過ぎないからこそ、この地上における人も物も思想も立ち上げてはどんどん壊れていく。これからもそれは変わることはない。

翻って、人生という旅は死でもって終る。そして家族も、出会ったものもすべてがばらばらになっていく。その悲しみがあることをわれわれはよく知っている。しかし、出家を前にしてシッダールタ（釈尊）の心を悩ました、この人生の根本問題をなぜか問う人は少ない。自分だけは違うとでも思っているのだろうか。そうではないはずだ。事実は、その避け難い悲しみの根本原因がどこにあるかが分からず、死に急いでいるだけというのが偽らざるところであろう。

生の深みはどれだけ深く生を問えるかによる。マネーゲーム（それに限らないが）に明け暮れ、ビジネスに忙しい者に、生の深みが見られないのは、生の環境やノルマを問うてはいても、そもそも初めから生そのものを問うてはいないという単純な理由によるのだ。それは「皮の衣」（肉体）のみに終始する医療の現場でも言える。だからと言って、深く生を問えば、その答が見つかるかというと、そうでもない。それなら問う必要もないであろうと、反論されそうだが、深く生を問うことによって、より正しくは、その問に深く瞑想することによって、われわれ人類が抱え込んだ生死、善悪、悲喜、得失をはじめ、二元葛藤するさまざまな問題は、すべてさしたる根拠もないまま、夢の如く消え去り、本当は何もないところにわれわれ自身が造り出した幻影に過ぎなかったと知るのだ。

例えば、生と死さえ、白隠（1685-1768）が「生もまた夢幻、死もまた夢幻」（『遠羅天釜』）と言ったように、われわれがプレーローマ（本源）を離れることになった迷い（プラネー）が造り出した幻影であるから、迷いを翻してプレーローマへと立ち帰るならば（瞑想の目的はここにある）、生と死はその中へと消え去り、「生も生ではなく、死も死でない」と知るところに、イエスが言う、再び死を味わうことのない永遠の生（まことのいのち）があり、それを知って初めてわれわれの生は完成と安息を得、言葉の最も厳密な意味において、人生という旅路の最終目的地に到達するのだ。

宗教とは本来、外側を捜し求めた末に、一つとして真に安らげる場所もなければ、移ろう時間の中に真実はないと知った者が、内側へと目を転じたところから始まる。その旅を歩み始めた者がたとえどれだけいたとしても、本質的にその旅は全く独りの旅であるだろう。なぜなら、少なくともプレーローマへと辿る旅の初めは自分自身と向き合うことになるからだ。そして、幸運にもプレーローマ（本源）へと辿りついたものはその一瞥をさまざまに表現してきた。「旅人は自分の家の戸口にたどりつくまでに、他人の戸口を一つ一つ叩かなければならない。こうして、外の世界をあまねくさすらい歩いたあげく、ようやく内奥の神秘に到達するのだ」。このタゴールが言う「内奥の神秘」こそ宗教が説こうとしているものであり、宗教はそれを「隠れた宝」（共観福音書、スーフィズム）、「自家の宝蔵」（禅）、「一つの真珠」（グノーシス）、「摩尼宝珠」（仏教）など、さまざまに呼んだのだ。

まことに、神は造りたもうてのち立ち去ったのではなく、これらのものは神からでながら神のうちにある。一体、真理はいずこにましますか。いずこにおいて味わわれ得るか。心の最も奥深いところにおいてだ。しかるに心は、そこからさまよい出てしまった。道を踏みはずしたものたちよ、心に立ち帰れ。

（アウグスチヌス『告白』）

アウグスチヌスはわれわれが求むべき真理は心の最も奥深いところであり、心の奥の院（心の本源）こそ神が隠れ住まうところと見ている。ところがわれわれはそこから彷徨い出てしまったのだ。「心に立ち帰れ」と彼が言うように、生はただ死へと向かうだけではなく、われわれにはもうひとつの旅があることを不幸にしてわれわれは知らない。それは外側から内側へ、心から心の本源へと帰っていく旅だ。そして、その旅は死すべきものから不死なるものへ、虚妄なるものから真実なるものへ、束の間のものから永遠なるものへとわれわれを連れ戻し、そこに、われわれが帰るべき永遠の故郷があるということだ。

そして、この故郷に辿り着いて初めてわれわれの生は完成されるというのであるから、人間はまだ成るべきものに至っていない未完の存在ということになるだろう。そして、人間が未完の状態にあるからこそ、今の自分にも、また自分を取り巻く環境（世界）にも満足できず、この状況を乗り越えようとしていろいろと試しているのかもしれない。グノーシスの宗教はその完成を「始めに立つ者は幸いである」と言って、始めが終りになるよう、われわれに旅の用意を整えることを勧めているのだ。このように、宗教とは蝶番が外れたドアのように、故郷を離れ、あてどなく彷徨う人間に自己の存在の居場所を明らかにし、そこに再び根付く方法を説いているのだ。

インドのファテプル・シークリーに「この世は橋である。だから渡っていきなさい。そこに家など建ててはならない」という碑文があるそうだ。言うまでもなく、橋は渡るために造られるのであり、そこに留まるべきものではない。そして、この世も橋であるというのであるから、渡って行かねばならないのだ。つまり、この世はわれわれが本当にあるべき場所ではなく、地の国（欠乏）から神の国（プレーローマ）へと渡って行くためにあるということだ。仏教的に言えば、この世は此岸の世界（サンサーラ）から彼岸の世界（ニルヴァーナ）へと渡る橋に過ぎないということだ。しかし、われわれはこの世が橋であるとも知らず、橋の上に終の棲家を作ろうとしている、愚かなことだ。だから、イエスの口調も自ずと厳しくなる。

イエスが言った、「私はこの家を壊すであろう。そして、誰もそれを再び建てることができないであろう」。

（『トマスの福音書』71）

もちろん雨露をしのぐ家を壊す必要もないが、われわれはいぎたなく眠りを貪り、夢を追うのではなく、ここが仮の住処と知って、ここから出て行く旅の準備を始めれば良いのだ。しかし、旅といっても、目的地は何処か遠い宇宙の彼方でもなければ、遠い未来というのでもない。旅すべきは、彷徨い出た心の奥の院（本源）へと再び立ち帰ることなのだ。なぜなら、われわれの内なる実存は欠けることのないに「大いなる富」が隠れ住まうところであり、われわれが帰るべき永遠の故郷でもあるからだ。そして、幸いにも、始め（故郷）に立ち帰ることができたら、もう二度とこの地上に家を建てる必要はない。言い換えれば、この過ぎ行く地上に戻り来ることはもうないということだ。しかし、始めに帰ることができなければ、人は何度も何度も溝（子宮）に嵌り、繰り返し一から家を建てることになる。

私たちの住まいである地上の幕屋が壊れても、神の下さる建物があることを、私たちは知っています。それは、人の手によらない、天にある永遠の家です。

（『コリント人への手紙II』）

ところが、愚かな人間は、イエスの言葉をまともに受け取り、古いものを徹底的に破壊し、代わって新しい国家社会を建設することだなどと誤解する。そういうことは政治家に任せておけば良いことだが、なお悪いことには、ひとりの人間の脳裏を掠めた狂気と彼に追従するどうしようもない愚か者たちが招いた惨劇はいつの時代にもあったし、そのために流された無数の人々の血と涙は怨念となってこの地上に拡がっている。それにもかかわらず私は、宗教はこの世界に直接手を下すことではないと言う。なぜなら、無知と迷い（プラネー）の内にある者は何をしようとも、結果的に、この世にトラブルと騒動を持ち込むことになるからだ。

問題は、短絡的にわれわれが今いるところを破壊し、新たな理想の世界をこの地上に造るというのではなく、すでに述べたように、神の国はわれわれの外にも、内にも拡がっているが、それが心の中が盲目（無知）であるために見えなくなっているだけなのだ。また「欠乏」を補うために平等にあてがうというような、如何にも安っぽいコミュニズムではない。それならば、粗衣を纏っていたスーフィー、柴門《さいもん》を閉ざし、粗食に甘んじていた禅者など、全く滑稽と言わざるを得ない。彼らは自らの生の源泉（プレーローマ）にしっかりと根付き、われわれには隠されている「大いなる富」の味わいを知って、決して欠けるものがないのだ。もちろん地上に蠢く人間に彼らの消息など分かろうはずもないが……。

第五章　真知の覚（グノーシス）

アウグスチヌスは「神は造りたもうてのち立ち去ったのではなく、これらのもの（被造物）は神からでながら神の内にある」と言った。神の創造は、女性が新しい生命を産み落とすと、やがて人の子は独立して、女性（母）の下を去っていくように、被造物を造ったのではない。あなたが存在するところ、常に神は存在している。それなのにわれわれ人間が神のもとに復帰することは実に難しいと彼は言う。

ああ、あなたはいとも高きもののうちに何と高くましますことか。深きもののうちに何と深くましますことか。あなたはいずこにもしりぞきたまうことはない。それなのにあなたに立ち帰ることは実に難しい。

（アウグスチヌス『告白』）

神を離れて人間は存在できない。神は人間の内にも、外にも存在している。生だけではなく死の中にも神は存在する。生が神の現れならば、死もまた神の現れなのだ。人が神の子と言われるのはこの意味なのだ。

真珠は泥の中へ投げ込まれても、価値を失いはしない。……神の子たちについてもちょうどそれと同じである。彼らがどこに居ることになろうとも、それでも、彼らは彼らの父にとっては常に変らない価値を持っているのである。

今日の社会では自分を売り込むためのスキルを有し、組織にとって利用価値があるかどうかで人間は計られる。こんな社会にあって、人間が本来神の子であるから価値があるとするイエスの言葉など、可笑しくてとても問題にはならない。もちろん、私もまたそういう人々のために書いているのでないことははじめに断っておいた。彼らの目にとまることもないので、ついでにルーミーの言葉を借りて言えば、そういう「うつけ」がいないことにはこの社会も回っていかないのだ。

（『ピリポの福音書』）

イエスが言った、「私は彼らすべての上にある光である。私はすべてである。すべては私から出た。そして、すべては私に達した。木を割りなさい。私はそこにいる。石を持ち上げなさい。そうすればあなたがたは、私をそこに見出すであろう」。

（『トマスの福音書』77）

神は至るところに存在する。人間だけではなく自然の中にも神は存在するが、それはひとえにわれわれの「見る」能力に関係している。尊いのは人間だけではなく、見るものすべてが神なるもの（神性）を顕しているから尊いのだ。人も物も利用価値があるかどうかという価値基準で動いているところに現代社会の病巣の一つがある。はっきり言っておきたいことは、宗教とはスキルを有した優れた人材と成る前に（あるいは成ったとしても）、優れた人、といっても、ルーミーが言う「高貴な人」に成るかどうかを問うているのであり、決して社会や組織に利用されるだけの人間に終ってはならないということだ。たとえ、あなたが命をすり減らし、組織のために大いに貢献したとしても、空でこの世に来たあなたは自らの本性について何ひとつ知ることもなく、再び空でこの世を出て行くことになる。それこそ本当の意味で粗大ゴミではないか。

問題は社会や組織にあるのではなく、あなた自身の自己であり、宗教はその本性の解明の中にこそあなたが本当に私の「私」と言えるものが存在すると教えているのだ。だからといって、社会から落ちこぼれ、抵抗することがただ無能（ノンスキル）に過ぎないのであれば何の意味もない。ともあれ、宗教を考える場合、尊大になるのでも、また不当に自分を蔑むのではなく、「真珠は泥の中へ投げ込まれても、価値を失いはしない」と言ったイエスの言葉だけは心に留めておいて良いだろう。もちろん、真珠とはわれわれの内に隠された「大いなる富」であり、泥とはプレーローマ（充溢）を離れ、血肉のからだで蒔《ま》かれた塵と欠乏からなるこの世界を指している。

イエスが、われわれ人間を神の子と言う時、神がわれわれ人間の本性であるということだが、存在するすべてのものはもとより神たる本性（神性）を有しているからといって、一体どれだけの人が自らの体験から、そうと知っているであろうか。それは恰度、『涅槃経』が「一切衆生悉有仏性」と言い、われわれ人間（衆生）の本性が仏に他ならず、どんな人も仏の種姓に繋がるとし、また白隠が『座禅和讃』の冒頭に「衆生本来仏なり」と言ったとしても、人間が本来仏であることを自らの体験として知っている人が果たしてどれだけいるかというように同じだ。

今、この三界は皆これわが有なり
その中の衆生は悉《ことごと》くこれ吾が子なり

（『法華経』）

この世界（三界）は私自身（如来＝仏）の住まうところであり、それは仏土に他ならない。そして、そこに生息する人間（衆生）もみな我が子である、という意味であるが、果たして、われわれはここが仏土であることも知らなければ、われわれがその内側に仏種を宿した仏の子であるとも知らず、徒に生まれ、徒に死に行く迷道の衆生となっている。

神は存在するすべてのものの中に自らの住いを定め、「大いなる富」として、その中に自らを隠している。つまり、形あるものの中に形なきものとして神は存在している。しかし、神は自らを隠しているというのは正しくない。というのは、神は至る所に存在し、われわれがどこを向いてもそこに神は存在するが、惜しむらくは、われわれ人間の目に形なきものは見えてこないのだ。

彼が彼らに言った、「あなたがたはあなたがたの面前で生きている者を捨て去り、死人たちを語った」。

（『トマスの福音書』52）

至るところに存在する神をイエスはまた、われわれの「面前で生きている者」と言う。しかし、私たちはこの「生ける者」（『トマスの福音書』59）を知らず、死人（屍）ばかりを問題にしているから、一向に神など俎上にあがってこない。事実、事がうまく運んでいる時は神や仏に頼らなくとも、自分の力でやっていけると嘯き、事がうまく運ばなくなると、神も仏もあるものかと、恨み言を言う。神も仏も随分と地位を下げたものだ。

死人とは、もちろん死体を意味しているのではなく、アウグスチヌスが「死せる生」と呼んだものであり、狭義には、われわれが自分と思っている身体を指している。そして、われわれの関心の基本にあるものは身体であり、われわれが最も恐怖を覚えるのも身体が危険に晒される時である。快適で健康な生活を送る基本に、イエスが言うところの死人（身体）があり、今日の医療技術も生の由来と本質を問う前に、死人（屍）の延命のみに終始してきた。しかし、この死と戦って勝利した人はかつて一人もいない。そしてイエスは、ただ死人にのみかかずらうわれわれ無知の徒輩に、われわれの面前で生きている者が存在することを知らせようとしているのだ。

赤肉団上に一無位《いちむい》の真人あって、常に汝等諸人の面門《めんもん》より出入す。未《いま》だ証拠せざる者は看《み》よ、看よ。

（『臨済録』）

われわれの面前で生きている者を臨済は「真人」と言う。そして、われわれ自身の肉体（五感）の内にも外にも出入りする真人を未だ知らない者はよく看なさいと言う。なぜなら、この人（？）を見届けることができなければ、われわれは生死に迷う衆生となり、一方、覚知すればたちまち仏と成る。迷いを翻して悟りともなる真人（本来の面目）についてわれわれは全く知らないために、火宅無常の世界でただ徒に生まれ、徒に死を繰り返しているのだ。

かのものがどこにいるか言うことはできないであろう。かのものは至るところに、いわば魂の目の前に現れて、どちらを見つめても、かのものが目に入るのであるから。

（プロチヌス『エネアデス』）

神（かのもの）がどこに存在するか場所を特定することはできない。というのも、すべての場所（空間）は、本来神から流れ出たものであり、神そのものは場所を持たないのだ。だからこそ、神は至るところに存在するということになるが、われわれの目に神は見えていない。エックハルトも言っていたように、目には二つある。一つは肉の目（外なる目）であり、もう一つは魂の目（内なる目）である。そして、魂の目の前に現れてきたものが、至るところに存在しながら、肉の目では捉えることのできない「かのもの」ということになる。そうすると、当然のことながら、われわれが「見る」ことにも二つあることになる。

魂の目のようなものによって私が見たものは、どんな光とも異なる不変の光だったのです。その光によって、不変なるもの自体を知ったのです……この美しさは肉眼では見られず、ただ魂の内奥から見られるのです。

（アウグスチヌス『告白』）

プロチノスが「どちらを見つめても、かのものが目に入る」と言ったことを、イスラーム教は「どこを向いてもそこに神の顔がある」と言う。自然とそこに存在するすべてのものが神であるということだが、こう言うと、人は汎神論を考えるかもしれないが、そうではない。先にイエスが、「宇宙の開闢以来、今に至るまで、われわれがいるのは塵の中であり、神を見てはいない」と言ったように、現在のわれわれは自然の中にも、また自己自身の中にも神を見ているのではないから、自然即神、あるいは我即神とは言えない。つまり、われわれが内にも、外にも存在する「不変なるもの自体」（神）を見るにはそれなりの修練（プロセス）が必要なのだ。いや、そんなもの見たくもないし、この世で欠乏と貧困に喘いでもいないと人は言うかもしれない、その通りだ。われわれはこの塵の中（六塵の境界）で、束の間の喜びを見つけては、ひとときの夢に興じる。それについて私は何も言うことがない、また言う必要もない。

悠々たる塵裏《じんり》の人
常に塵中の趣を楽しむ
（『拾得詩』）

彼らには彼らの道を歩んでいただくとして、先に進もう。要点は、われわれが神の子であると言われているにもかかわらず、それを知らず、またわれわれが外にも、内にも拡がっている不変なるもの自体を知らないで、貧困と欠乏に逼迫していることだ。簡単に言えば、目は開いていても、「面前に生きている者」をわれわれが知らないでいることだ。そして、宗教とは、イエスの言う、この面前にあるもの（神）を如何にして「見る」かということであり、われわれが見る確かな目（魂の目）を持っていれば、見るものすべてが神（神性）を顕している、つまり「信仰によって始め、見ることによって完成される」（アウグスチヌス）のである。

しかし、このプロセスを辿る場合、大変難しい問題がある。それは肉の目で面前にあるものを見ることはできないだけではなく、今われわれが見ているすべてのもの（被造物）が消え去らねばならないのだ。しかし、そんなことは日常生活の中で問題にされることもなければ、実際に起こることではない。しかし、宗教とは敢えてこのあり得ないことに果敢に挑んだ人々によって明らかにされた真理に基づいている。もちろん、それは彼らだけが知り得る真理というのではなく、そのための条件はどんな人にもはじめから整っているが、見えていない。それはなぜかということなのだ。

イエスが言った、「あなたはあなたの兄弟の目にある塵を見ている。それなのに、あなたは自分の目にある梁を見ない。あなたが自分の目にある梁を取りのければ、そうすればあなたははっきり見えるようになって、兄弟の目から塵を取りのけることができるであろう」。

（『トマスの福音書』26）

われわれは目を覆う梁のために（これはまた「心の盲目」とも言われた）、盲驢が脚にまかせて駆けるように危険（二重の死）が待ち受けていることも知らなければ、自分たちが無知と迷い（プラネー）の中にあることさえ気づいていない。それなのにわれわれは他者をあげつらい、人を持ち上げたり、貶めたりと全く節操がない。これが迷えることを覚らぬ人間の世渡りの術なのかもしれない。それはともかく、われわれが全エネルギーを注いだとしても、果たしてどれだけの人が今生において自分の目にある梁（心の盲目）を除くことができるであろうか。しかし、幸いにもそのヴェールが取り除かれたとして、イエスは何が「はっきり見えるようになる」と言ったのであろうか。もちろん、われわれの面前にある「生ける者」、すなわち神（神の国）を明らかに見るであろうということだ。そして、その梁（盲）を除いて初めて人は本当の意味で「兄弟の目から塵を取りのけ」、他者を真理の道へと導くことができるのであり、それ以前では決してない。

仏教に少し親しんだ人なら「真知の覚」が無著の『摂大乗論』で説かれるキー・タームであることを知っているだろう。なぜ私が敢えてこの言葉を『トマスの福音書』の副題として選んだかを言えば、グノーシスとは本来、真の知識に目覚めること、すなわち「真知の覚」という意味であるからだ。しかし、われわれが知ること、あるいは見ることに真・仮、すなわち真の知識とそうでない知識の区別などあるのだろうか。

グノーシスの宗教は、われわれ人間が現在いるところを、一なるもの（神＝父）を見て取れなかった無知の結果、善悪、生死をはじめとする二なる世界へと退転してきたと考える。ここは迷い（プラネー）と分裂が招いた幻影（仮象）の世界であり、われわれはそれをリアリティがあるかの如く見ているが、実際は眠りの中で夢を見ているようなものなのだ。

このように、彼らは父に対して無知の内にあった。父を彼らは見ていなかった。それ（無知の結果）は恐怖と混乱と不安定と二心と分裂であったので、これらによって働く多くの幻想と虚しい虚構があった。彼らは眠りに移され、混乱した夢の中にあったかのように。……目覚めれば人は何事もなかったと知る。無知を眠りのように投げ捨てる者もこれに似ている。つまり、無知の内にあるとき、人は眠っているかのように振る舞うが、目覚めた者のように人は認識を達成するのである。目覚めてその本源へと帰える者はすばらしく、盲人が開眼することは幸いである。

（『真理の福音』）

われわれが現実と見なしているこの世界は、眠りの中で見る夢に実体がないように、無知（仏教が「無明」と呼んだもの）が造り出す虚構（幻影）の世界であり、われわれは眠りに移され、混乱した夢の中にいるかのように振る舞う。「目覚めの状態は夢の延長に過ぎない」と言ったヴェーダーンタの言葉が思い出されるが、もちろん、無知といっても、知識が無いと言うことではなく、真知（真の知識）に未だ目覚めていない者、あるいは真の認識に未だ至っていない者という意味である。このように無知に閉ざされた人間はそういう自覚もないまま、何かに取りつかれたように夢を追い、幻想と虚構の世界を築いていくが、それが無知（無明）に根ざしたものであるがゆえに、どんな行いも結果的にこの世に混乱と無秩序を齎すことになる。それは政治や経済の世界だけではなく、文化の世界にまで及ぶ。

夢から目覚めた者が眠る前の自分に戻り、現実の世界を再び認識するように、さらに幻影（虚構）に過ぎないこの現実から目覚めるということがあるのだ。そういう人たちのことを宗教は真知に目覚めた人と言い、仏教は彼らを悟れる者、すなわち覚者と呼んだが、われわれが目覚めるとき、それまで見ていた夢は一切消えて存在しないように、現実という夢から目覚めることができたら、幻影の世界もそこに消えてないだろう。そして、その後に残った世界を彼らは神の国とも仏土とも呼んだのだ。言葉を換えれば、われわれが現実として捉えている世界はいわば真実を覆うヴェールであり、われわれの面前で天と地が巻き上げられる時（『トマスの福音書』111）、見るものすべてが真実を顕してくる。つまり、どこを向いてもそこに神の顔が在るのだ。このようにして、真理に目覚めた人をイエスは「無知を眠りのように投げ捨てる者」と言った。そして、この無知（心の盲）を除き、夜見た夢のように、いわゆる現実を後に残し、真知に目覚めた人たちが語り出したものが宗教なのだ。

従って、真知の覚（グノーシス）は現在われわれが有している認識能力などではなく、あたかも夢から目覚めるように新たな認識に至るがゆえに、イエスは「目覚めた者のように人は認識を達成する」と言ったのだ。もちろん、この新たな認識の世界はわれわれ人間がいずれは帰るべき本源の世界であり、プレーローマなのだ。しかも、本源の世界（プレーローマ）はこの世界を離れたどこか遠くに存在するのではなく、われわれの面前に常に存在している。しかしそれが今、われわれの無知（心の盲目）のために見えていないだけなのだ。もし、その無知（盲目）を除き、目覚めることができたら、面前にあるものが了々と顕れてくるであろう。つまり、この世界が無知と迷い（プラネー）に基づく欠乏の世界（二元葛藤の世界）ともなれば、何ら欠けるものがないプレーローマ（充溢）ともなるところに、宗教の妙味がある。仏教がそれを娑婆即寂光土、生死即涅槃と言ったことはよく知られている。

真知に目覚め、本源（プレーローマ）へと帰り着いたものは、世界は変わらないのに、盲人（人間）が視力を回復したかのように世界を新たに見ることになる。真知の覚、すなわちグノーシスとはそういう体験なのだ。このように、われわれが今見ている世界は欠乏からなる幻影の世界であるが、それに対して真に見る（それを仙道の思想家劉一明は「真見」と呼び、禅の思想家大珠慧海は「正見」と言った）ということがあるのだ。そして、われわれが今生において、この正しい認識に達することができなければ、本当の意味で豊かになることはできないから、イエスは、人は空でこの世に入り、再び空でこの世から出て行くことになると言ったのだ。

欠乏が起こったのは一者（父）が知られなかったためである。だから父が知られれば、その瞬間から欠乏はもはや存在しないであろう。ある人の無知は、闇は光が現れれば消え去るように、その人が認識すれば直ちに消え去る。そのように、欠乏も完全の中に消え去るのだ。この瞬間から姿形が見えなくなり、一者との融合の中に消え去るであろう。今は彼らの業が同じく残されているのだ。しかし、やがて一者が場所を満たすであろう。一者の内にそれぞれが自己を受け取るであろう。知識の内に彼は自己を多様性から一者へと浄化するであろう。彼は物質を炎のように呑み込むであろう。そして闇を光によって、死を命によって呑み込むであろう。

（『真理の福音』）

欠乏と貧困に逼迫することになった根本原因が一なるもの（神）に対する無知にあったことはすでに述べた。またこの無知が、もしわれわれが正しい認識（真知の覚）に達するならば、光が射し込むと漆黒の闇も一瞬の内に消え去るように、われわれの無知も消え去るというのであるから、単なる知識の有無を言ったものでないことは容易に察しがつく。しかも、この無知はただ消え去るだけではなく、それと同時に、欠乏も完全性と充溢（プレーローマ）の中に消え去り、われわれがそこから流出してきた一なるもの（唯一性）へと、喜びの内に立ち帰る瞬間でもあるからなおさらだ。

完全な人間は直ちに認識を受け取り、急いで自分の唯一性のもとへ、そこから彼がやってきた場所へと立ち帰った。しかも、あの場所へ、すなわち、彼がそこからやってきた場所、彼がそこから流出してきた場所へと、喜びの内に立ち帰ったのである。

（『三部の教え』）

このように真の知識（グノーシス）に達するとき、われわれは一なるもの（一者）に溶け合い、一なるものに根付くことによって、自己を再び取り戻すことになる。といっても、それはルーミーが自らの徳性を完全になし遂げた「高貴な人」と言い、臨済が「真人」と言った真の自己（本来の面目）を指している。そして、『三部の教え』が「完全な人間」と言うのも、われわれがそこに到達して初めてわれわれの生は究極の完成を見るからだ。否、それだけではなく、闇から光へ、多なるものから一なるものへと変容を遂げたあなたは、「死からいのちへと移り」、もはや二度と死を味わうことはない。

無知は奴隷である。認識は自由である。われわれは真理を知るならば、われわれの内に真理を見出すであろう。われわれがそれに結びつくならば、それはわれわれのプレーローマを与えるであろう。

（『ピリポの福音書』）

人類の歴史は一面において自由を勝ち取る闘争の歴史でもあった。自由を旗印にわれわれは民族の独立、社会（経済）制度、男女差別とさまざまな改革を試みてきた。もちろん、それについて私は異議を挟むつもりは毛頭ないが、それらが整備されたとしても、やはり個々の人間は、いつの時代であれ、どうしようもない差別（差異）に息苦しさを感じているのではなかろうか。そこで、真の自由を妨げているのは社会の制度や差別にあるのではなく、われわれ人間がプレーローマの世界を離れ、貧困に喘ぐこの地上へと退転してきた根本的な無知（無明）と迷妄（プラネー）に原因しているると考えているのが宗教なのだ。それを「無知は奴隷である。認識は自由である」と簡潔に言ったのだ。われわれは今、無知の奴隷であり、欠乏と貧困のあるところにいる。しかし、われわれが無知（心の盲）を除き、真の認識に達することができたら、本当の意味における自由を手にし、真の豊かさ、すなわちプレーローマ（充溢）を獲得するであろうということだ。

真理の認識を持つ者は自由である。……認識によって自由となったものは、認識の自由をなお受け取ることができずにいる者たちに対する愛ゆえに、奴隷となっているのである。

（『ピリポの福音書』）

真知の覚（真理の認識）に達し、プレーローマに辿り着いた完全な人間（真人）にして初めて他者に愛の手（救いの手）を差し伸べることができる。宗教的な愛の行為の何と気高く、また何と稀有なことか。それは過誤から始まったこの地上に再び戻り来ることない完全な人間が（二度と死を味わうことはないから）、自ら愛の僕となって、人間の不自由と貧困のために、今しばらくこの地上に留まって、あり余るもの（プレーローマ）を分かち与えようとする愛であり、そうできる者が果たしてこの時代にどれだけいるであろう。それに比して、われわれの愛は空でこの世に入った来た者が、互いに貧困にあって、欠乏（欲望）を充たそうとしながら、いずればばらばらになっていく愛だ。これら二つの愛の相違は、真の認識（真知の覚）に立っているか、それとも無知（無明）に閉ざされた愛かの違いであることは、いやしくも宗教を語る場合、決して看過してはならない一線なのだ。アウグスチヌスの言葉を借りるまでもなく、この世が後者の愛から成り立っていることは、われわれの世相を見れば誰の目にも明らかだ。

愛について語るとき自己犠牲ということが言われるようだが、これほど間違った言葉の使い方もそう多くはないであろう。というのも、われわれはエゴを持ってはいても、犠牲に供するほどの確かな自己など持ち合わせてはいないからだ。そして、私たちが自己（エゴ）と呼んでいるものは記憶と思考からなる止めどない欲望の流れであり、それを空海は「仮我」と呼んだが、それに対して「真我」（白隠）、すなわち真実の自己（本来の面目）を説いているのが宗教なのだ。従って、言葉の厳密な意味で、自己を犠牲にできるのはこの真の認識に達した完全な人間（真我）だけなのだ。私が宗教的な愛の行為の何と稀有なことかと言った意味もここにある。

さて、われわれが現実だと思っているこの世界もまた夢（幻影）のようにリアリティがないことを良寛は次のように詠んだ。

夜の夢はすべてこれ妄にして　一も持論すべきなし
その夢中の時に当たっては　宛《えん》として目前に在り

夢を以て今日を推すに　今日もまた然《しか》り

（良寛『草堂詩集』）

夢はそれが美しい夢であれ、悪夢であれ、目覚めればすべて消えてない。それを取り立てて議論する者はいない。しかし、夢を見ている間、その夢は真にリアリティをもってわれわれの前に立ち現れている。つまり、夢を見ているときにはそれが夢だとは分からないものだ。夢だと知るのはわれわれが夢から目覚めたときだけなのだ。そして、いわゆる現実（今日）も夢のようなものであると良寛は言うのだ。

荘子は、この夢の如き現実を実際の夢と区別して「大夢」と呼ぶ。そして、夢から目覚めることがあるように、大夢からも目覚めるということがあるのだ。それを同じく「大覚」と言う。しかし、現実が大夢であるとわれわれが本当に知るのは、大覚あって初めて可能になるのは夢の場合と同じである。

その夢見るにあたりては、その夢なるを知らざるなり。夢の中に、またその夢を占う。覚めて後に、その夢なるを知る。かつ大覚ありて、しかる後に、これその大夢なるを知るなり。

（『荘子』）

夢を見ている間はそれが夢だとは分からない。それどころか、われわれは夢の中で夢占いをすることだってあり得る。いわゆる現実という大夢の中で、われわれはこれと同じようなことをしているのではないか、人間はこれほどまでに奇怪な存在だと荘子は言おうとしているのだ。しかも、この大夢（現実）からわれわれ自身が目覚めない限り、この奇妙な光景（プラトンの言葉）にわれわれは何の疑いを抱くこともなく、無明（無知）によって働く多くの幻想と虚しい虚構の世界は果てしなく続いていく。なぜなら、夢がそうであるように、この現実もまた、自ら進んで大夢（虚構）だとわれわれに言いはしないからだ。

グノーシスとは仏教的には「真知の覚」と同じ体験をいうとしたのであるから、実際、無著がそれをどう理解しているか本文に当たってみよう。

もし覚時において、一切の時処に、みな夢等の如くただ識《こころ》のみありとせば、夢より覚むればすなわち夢中にはみなただ識のみありと覚するが如く、覚時には何故にかくの如く転ぜざるや。真智に覚めたる時は、またかくの如く転ず。夢中にありてはこの覚は転ぜず、夢より覚めたる時、この覚すなわち転ずるが如く、かくの如くいまだ真智の覚を得ざる時は、この覚は転ぜず。真智の覚を得れば、この覚すなわち転ず。

（無著『摂大乗論』）

夢から覚めるように、どうして虚妄の世界（現実）から目覚め、真実の世界を知ることができないのでしょうかという問に対して、あなたが真の認識に達していないから、と無著も答えている。もし真の知識に目覚めるなら（真知の覚）、夜見た夢が消えるように、現実（虚妄）はそこになく、その後から真実の世界が了々と顕れてくるであろうということだ。換言すると、目覚めれば夢が心の造り出した幻影であったと知るように、さらに真知に目覚めれば、『華厳経』が、われわれの世界を「三界（この世）は虚妄にして、ただ一心の作なり」と言ったように、われわれが現実だと思っているこの世界（三界）もまた、心（心の盲）が造り出した虚妄に過ぎなかったと知るであろうということだ。このように、真知の覚とは、われわれが真の認識に達するとき、いわば現実という虚妄の世界が消え去るとともに、その後から真実の世界が立ち顕れてくる、そんな体験をいうのだ。それを宗教的に覚醒の体験というが、荘子が「大覚」と言ったことはその意味をよく表している。しかし、何よりも銘記しておかねばならないことは、われわれが確かなものとして捉えているこの現実が、虚妄（仏教）、幻影（グノーシス）、大夢（タオ）であるからこそ、真実の世界に目覚めるということがあるのだ。

人間は、歴史の時々に現れてくる冷酷非情な独裁者のように動物以下になることもあれば、イエスやシッダールタのように人間を超えた意識の高みに登ることもできる。その意識に到達した人をわれわれはキリスト（神）と呼び、またブッタ（仏）とも呼んだのだ。早くルーミーが言ったように、人間もかつては土塊（humus）であり、土塊から無機物となり、無機物から植物に、植物から動物へ、動物から人間へと進化してきた。そして、進化してきたのは形態だけではなく、意識もまた進化し、殆ど無意識の状態から、少しは理性的に考えられるまでになった。しかし、われわれは自分でここへ来たいと思ったわけではないが、ここで人間は行き詰まり、その先が見えていないのだ。

そういう中で、殆どの人は動物に成り下がることもできなければ（それで良いのだが）、さりとてより高い意識の高みに到達することもできず、死に急ぐばかりで、どこに向かって歩めばよいのか分からないまま、「塵の中」を彷徨っている。この世が「橋」であったように、人間は動物意識と神（仏）意識の間に架けられた橋なのだ。この宙ぶらりんの状態にある人間は、一体自分は何をしにここに来たのか、死ぬとどうなるかも知らず、橋の上で興味の赴くまま、あらゆることを試してみるが、実のところ、自分をどう扱って良いのか分からないというのが本音ではなかろうか。そして、ほどなく有限の生は死に呑み込まれ、死が永遠の生に呑み込まれる（『真理の福音』）ところまで到達することもなく、多くの人はその一生を終える。

人間を超えた意識の高みと言い、また神（仏）意識と言ったものが、これまで東洋と西洋の比較の上で縷々説明してきたところからも明らかなように、真の知識に目覚めた意識、すなわち真知の覚（グノーシス）を指していることは言うまでもない。それは、夢から目覚めた意識を日常意識と言うのに対して（われわれはこの意識に基づいて、政治、経済、学問など、いわゆる人間の知的営為につとめているのだが、私はこの根底にあるものが「無知」（無明）であることに再度注意を促しておきたい）、この現実（大夢）から目覚めた大いなる覚り（大覚）の意識をいう。そして、大夢から目覚めて見た世界が真実の世界であり、夢から目覚めて見た世界が仮像（幻影）の世界、といっても、われわれが何の疑義を挟むこともなく現実と呼んでいる世界なのだ。

私は「見る」ことに二通りあると言ったが、宗教はこの真・仮を問題にしている。つまり、宗教とは目覚めという眠り（大夢）から真に目覚めた意識（大覚）を通して見た世界をわれわれに教えようとしている。そういう意味において、人間は進化の余地を残している未完の存在なのだ。アウグスチヌスが「何人であれ、人間でしかない人間とは、何者であろう」（『告白』）という感慨もそのあたりにあるであろう。

第六章　自己認識と神認識

イエスが言った、「パリサイ人や律法学者たちは知識の鍵を受けたが、それを隠した。彼らも入らないばかりか、入ろうとする人々をそうさせなかった。しかしあなたがたは、蛇のように賢く、鳩のように素直になりなさい」。

（『トマスの福音書』39）

まず「知識の鍵」とは何を指しているのであろうか。それはわれわれが神の国に入るマスターキーはただ一つしかない、それは自己認識であるということだ。古の聖賢たちだけが神の国へと入る鍵を持っていたのではない。鍵はわれわれ自身の自己であり、その自己認識の中にこそ神の国は拓かれてくるのだ。

自己認識が神の国に入る鍵であるならば、どんな人の助けも究極においては用をなさないことになる。なぜなら自己を認識するのはあなたをおいて他に誰もいないからだ。そこにもし誰かが介在してくるとしたら、パリサイ人はもちろん、たとえそれが神であっても、エックハルトがその神すら後にして行かねばならないと言い、また禅が、師に会っては師を殺し、仏に会っては仏を殺すと言ったように、認識への道を塞ぐバリアーでしかないだろう。われわれは蛇のように賢く振る舞い、鳩のように素直に「自己の本性」(『この世の起源について』)へと独り辿らねばならないのだ。問われているのは、われわれ一人ひとりの自己であり、その自己認識の中に未知の可能性、といっても、われわれが帰るべき生の源泉(宝)が隠されているからだ。このように、安易に他者依存に流れることを許さないところに宗教における最も厳しい現実がある。

イエスが言った、「すべてを知っていて、自己に欠けている者は、すべてのところに欠けている」。

(『トマスの福音書』67)

イエスは、すべてを知ってはいても(そんなことはあり得ないが)、自己を知らない人は無知そのものであり、絶対的に貧しいと言う。キルケゴールが、人間はどれほど知識を積もうとも狂気に近いと言ったのもこの自己認識に関係しているが、それでは自己認識はわれわれに何を明らかにし、何を齎すのであろうか。

イエスが言った、「あなたがたがあなたがた自身を知るときに、そのときにあなたがたは知られるであろう。そして、あなたがたは知るであろう、あなたがたが生ける父の子らであることを。しかし、あなたがたがあなたがた自身を知らないなら、あなたがたは貧困にあり、そしてあなたがたは貧困である」。

(『トマスの福音書』3)

自己認識とは、われわれが本来神なる本性（神性）を具え、何も欠けることのない神の子であると知ることなのだ（仏教的に言えば、われわれ人間はもとより仏性を具え、人間が本来仏であると知ること）。イエスは自分一人が父の子であるとは言わない。自己認識に至るとき、われわれもまた生ける父の子であり、本当の意味で自己のアイデンティティと真の豊かさ（大いなる富）を獲得するのだ。しかし、この認識に欠ける時、あなたは絶対的に貧困であり、空でこの世に来て、再び空でこの世から出て行くことになる。

自己を知らない人は何も知らないことと同じだ。しかし、自己を認識した人は同時に存在の奥義を知ることになる。

（『闘技者トマスの書』）

自己について無知であることは、知識の有無を計るという、人間の相対評価ではなく、人間にとって根本的な無知（無明）であり、宗教はそこから人間の在り方、あるいは認識というものを問い糺そうとする。つまり、われわれ人間が知るべきことは多くない、ただ一つである。しかし、それを欠くならばすべてに欠け、われわれは貧困の内にあって、決して満たされることがない。逆に言えば、自己を知りさえすればすべてを知ったことになるが、それはいつか用をなさなくなる、いわゆる知識や技能が増えるという意味ではなく、人間として知るべき「存在の奥義」が明らかになるということだ。では、その奥義とは具体的に何を指しているのだろう。もちろんそれは、あらゆるものの本源であり、われわれが辿るべき究極の目標でもある生の源泉（プレーローマ）を知るということだ。言葉を換えれば、自己を認識する者は、われわれ人間がどこから来て、どこへ行くかという人間存在の根本問題に対する答を手にするのだ。

このように自己を認識するものは、自分がどこから来て、どこへ行くかを知っている。彼は酔いしれており、酔いから醒めた者のように自己を知るのである。彼はおのれに帰って、自分のものを整えたのである。

（『真理の福音』）

私はどこから来てどこへ行くのか……誰も一度はこんな問が脳裏を掠めたことがあるに違いない。しかし、その答が分からないまま、いつしか忙しさの中で忘れてはいるが、遠い記憶の片隅で今もくすぶり続けている問ではなかろうか。しかし、私はすでにその問に一様の答を提示しておいた。『トマスの福音書』であれば「始めがあるところに終りがある」というものであり、要は、われわれ人間はプレーローマから出て、再びプレーローマへ帰るというものであった。そして、自己を認識することとプレーローマ（本源）へ帰ることは同じプロセスなのだ。

宗教とは真知の覚、すなわち真の知識に目覚めること（グノーシス）であったが、それは同時に自己に目覚めることでもある。煩を厭わず、もう一度、夢を例に、自己に目覚めるとはどういうことかを説明してみよう。夢の中であなたは何者かに追われ、もうどこにも行き場はないと観念したところで、夢から覚めたとしよう。あなたはそれが夢であったと知ってホッとするだろう。その時のあなたは、夢の中で逃げ惑っていたあなたではなく、いつもの自分に戻っている。しかし、「酔いから醒めた者のように自己を知る」と言う場合、それは単に目覚めた時のあなたを意味しているのではない。宗教における自己認識は、われわれが普通に自分と呼んでいる私、例えば出自、性別、学歴、能力、性格、職業、趣味……などの総和を指しているのではない。それならば誰もがすでに知っている。そこでこの文章を読み換えると、「酔いから醒めた者のように、もうひとりの自己を知る」となろうか。夢の中のあなたが実際には存在しない仮の自分に過ぎなかったように、いつものあなたもまた仮の自分（仮我）であったと知るような形で自己を知ることになる。つまり、言葉の最も厳密な意味において、真の自己（真我）を知ることなのだ。

しかし、この真の自己に目覚める時、夢から覚めれば、夢はすべて消え去るように、これまであなたが見ていた幻影の世界はそこにはなく、あなたは視力を回復したかのように世界を新たに見ることになる。つまり、真の自己に目覚めることと真の知識（真理）に目覚めることは同時なのだ。私が真の自己を知ることが宗教である言うのもそのためであるが、今日、いかがわしいものの代名詞のごとく思われている宗教という言葉を持ち出すことに、私自身あまり気が進まないが、ともあれ、宗教を自己認識への道とするならば、そこに東洋と西洋の区別もないことだけは言っておかねばならない。しかし、宗教を快く思わない能天気な人はそんな世界などありはしないと言うだろう、違うのだ。今のあなたである限り、決して見えてこない世界であるからこそ、宗教は自己認識への道、分かり易く言えば、今のあなた（仮我）から真のあなた（真我）に至る道を説くのであり、そのためには外に向かうのではなく、自己自身に帰り、自己の内なる真実を整える必要があるのだ。

外に、知識（真理）、物、人……何であれ、追い求めている限り、われわれは自己を求めているのではなく、ますます自己から遠ざかることになる。自己を知るためには外に求める姿勢を改め、酔いから醒めた者のように真の自己に目覚め、目覚めて自己を知ることと本源（プレーローマ）に帰ることは同じなのだ。『真理の福音』が「目覚めてその本源へと帰える者はすばらしい」と言った意味もここにある。このように、私たちが真理（存在の奥義）を知るための実践的なプロセスが自己認識への道を辿ることであり、その他のすべての道は真理からわれわれを遠ざけることになる。

われわれを自己自身に帰らせるもの、それは自己認識である。これ以外のものは、われわれをわれわれ自身から遠ざける。自己認識こそ素面であることであり、純粋に透徹した眼差しである。

（キルケゴール『自らを裁け』）

宗教が自己認識と言う場合、その自己とはわれわれが言うところの自己（仮我）ではなく、真の自己（真我）ということであった。われわれは自己について知ってはいても、真の自己について無知ということがあり得る。否、殆どの人がそうなのだ。だからグノーシスの宗教に限らず、宗教は「私とは誰か」という根本問題をわれわれにに突きつけてきたのだ。この問は、われわれが社会においてどんな地位にあるとか、どんな職業に就いているかに関係なく、その行為者である「私とは誰か」という問なのだ。もちろん、「私とは誰か」と問うことは、今、われわれが自分自身のことをよく分かっていないことが前提とされていることは言うまでもない。もっと言うなら、われわれが自分と見なしている「私」の中に重大な誤解があるのではないかということだ。そうでなかったら、わざわざ「私とは誰か」を問うことなど全く愚かなことと言わねばならない。ところが、私たちは自分のことは自分が一番よく知っているなどと言う。もしこのような答をすでにあなたが出しているなら、あなたは宗教とかかわることなく、あなたが自分だと思っている自己を生きればいいのだ。しかし、そのあなたが今いるところは、イエスが言ったように、「幻影の世界」であり、見ているものはすべて「真理の代替物」でしかないことだけは付け加えておかねばならない。

あなたは夜となく昼となく自分の肉体を養うことに気を取られている。だがこの肉体はあなたの乗る馬、この世はその厩だ……あなたは肉体に組み敷かれてその意のままになり、哀れ虜囚の身となっているのだ。

（『ルーミー語録』）

ルーミーは真の自己を馬（肉体）に乗っている人に喩えている。しかし、われわれはこの肉体（馬）を自分と思い、いかに健康で、これをどう美しく見せ、若さを保つかだけが重要になっている。もちろん、それがだめだと言うのではなく、この世でわれわれは肉体を養うことのみに心奪われ、肉体の虜になっているが、あなたの真の自己とあなたの肉体はまるで別なのだ。

主が言われた、「生まれた時より前に存在するものは幸いである。なぜなら、存在しているものはかつて存在したのであり、また、存在するであろうから」

（『ピリポの福音書』）

われわれが現在知っている自分とは「生まれた時より後に存在するもの」、すなわち肉体を有するものとしての自分である。そして、この身体を自分と見なしているわけだが、これを切り開いて、どんなに微に入り細に入り、いじくりまわしても、真の自己は見つかりはしないだろう。また、手を尽して若さを保とうとしても、老いは避けられないし、ついには力尽き、虚しく終るだけの生に対して（再び空で出て行くことになるから）、イエスの目は「生まれた時より前に存在するものは幸い」とあるように、全く反対の方向を見ている。しかし、一体、誰が生まれる前に存在する自分など知っていよう。否、そんなものは絶対にあり得ないし、考えることすらできない。しかし、イエスの言葉は人間の本質を見事なまでに言い当てている。

分かり易く言おう。われわれが知っている自分とは、生まれてから死ぬまでの自己であり、生まれる前に存在した自己などわれわれの想像を超える。しかし、イエスはわれわれの内側には、生まれることもなければ死ぬこともない誰か、あるいは何かが存在すると見ているのだ。それはわれわれが生まれる前にも存在していたし、今も存在し、これからも変わることなく存在するものなのだ。宗教とはこの始め（生）もなければ終り（死）もない永遠なる生（まことのいのち）にかかわるものであり、多くの人がそうであるように、生まれた時より後に存在し、やがて死でもって終る生を如何に楽しく、どううまく生き延びるかなどを問題にしているのではない。

イエスが言った、「この天は過ぎ去るであろう。そして、その上の天も過ぎ去るであろう。そして、死人たちは生きないであろう。そして生ける者たちは死なないであろう」。

（『トマスの福音書』11）

始まりを持つものはいつか終るということがある。われわれの住む地球だけではなく、それを包む広大な宇宙にも終るということがあるのだ。もちろん生まれたものとして、個々の人間の命などそれに比べれば一瞬の耀きを放って消える線香花火のようなものだ。「死人」とは「生まれた時より後に存在するもの」の謂であり、肉体（と心）からなる外なる人を指している。それには始まり（生）があるゆえに終る（死）ということがある。一方、「生ける者」とは「生まれた時より前に存在するもの」を指している。しかし、この生ける者は肉体を纏う前に存在するだけではなく、肉体が朽ちた後にも存在する。もちろん、それは生と死の狭間にも存在するが、それ自身は生死を超えて存在するものなのだ。簡単に言えば、われわれの死すべき命（死人）の内側に生まれることもなければ、死ぬこともない永遠なる生が存在し、それを知るもの、あるいはそれを生きるものは死を味わうことはないということだ。『涅槃経』はそのような生を「不生の生」と言ったが、生まれるということがないのだから（無生）、死ぬということもない（無死）、そういう意味において永遠のいのちなのだ。

仙道の思想家劉一明はわれわれの身体を色身（rupakaya）と真身（dharmakaya）の二つに分ける。色身とはいずれ朽ちる肉体のことであり、真身とは、文字通り真の身体、あるいは真の自己を意味している。われわれは目に見え、触れることができるということだけで色身を確かに存在する自己と見なし、色身の内側にもう一つの真身が存在することを知らない。そのために、われわれは死ぬまで色身に執着するばかりで、一向に真身が見えてこない。「身外有身」と彼が言うとき、その意味は「色身の外に真身が有る」という意味であるが、その真身を求めていきなさい。生まれたもの（色身）はいずれ死なねばならない。しかし、その内側に隠れ住まう真身はかつて生まれたこともないから、死ぬということもない（無生無死）。その真身を知ることによって人は初めて不死なるものを知ることになる。イエスの言葉で言えば、「朽ちるものは、必ず朽ちないものを着なければならず、死ぬものは、必ず不死を着なければならない」（『コリント人への手紙Ｉ』）となろうか。

さらにイエスは『ピリポの福音書』と同様のことを、「成った前に在った者は幸いである」（『トマスの福音書』19）と言う。生まれる前の自分を知ることができた者、あるいは生まれる前に自分が在ったところに復帰した者は幸いであるということだ。しかし、われわれの生まれる前がどんな存在であったかなど多くの人には皆目見当もつかない。というのも、われわれは父母から生まれたのであり、心は別としても、少なくとも彼らから得た身体をもって自分は始まったと普通は考えているから、生まれる前の自分がどこかにいたなどそれこそ戯言と言って取り合わないであろう。しかし、少し考えていただきたいのは、あなたという一個の存在が、結果として、良くも悪くも親子の縁（えにし）を持つことになるとは言え、その境遇（親）を選ぶこともままならず、また、あなたとは直接関係ない「男女和合の一念」（一遍の言葉）に過ぎないとしたら（それだけではないが、今は問題にしない）、あなたがここに存在している理由の何と気まぐれで希薄なものであるか考えてみるのも必要ではないかということだ。

命は尊いなどと、いかにも人間について知っているかのように大人たちは言うが（くれぐれも断っておくが、私はそれに異を唱えているのではない）、果たして後れて来る者たちに納得のいく説明ができるとも思えないし、包み隠さず言えば、あなたという存在がただ男女の成り行き、あるいは計画ミスであることも充分に考えられることだ。そして、経過はどうであれ、父母から得た身体（色身）はいずれ朽ち果てる。われわれはそれをもって自分と考えているわけだが、その始まりから他人に委ねられている自分を、果たして「私」とするだけでいいのかということだ。

こういう自らの出自を曖昧にしているから、ときに存在の虚しさを感じ、また、逆境に晒されることにでもなれば、自己の無力を痛感し、生きる意味が分からなくなるとしても何ら不思議はない。何といっても、空でこの世に来たあなたが、生の由来はもとより、死の去り行くところも分からないまま、再び空でこの世から出て行こうとしているのだから、むしろ当然ではないか。もしかしたら、われわれはその虚しさを覆い隠すために、人、物、趣味、地位に執着し、真に手にすべきは何かを知らず、興味の赴くまま、死ぬまでいろんなことにチャレンジしているのかもしれない。しかし、独り自分と向き合う勇気だけは持ち合わせていない。このように、われわれ人間の始まりを「男女和合の一念」と考えるのに対して、プレーローマ（本源）まで遡るところに、グノーシスの宗教（だけではないが）と、いわゆる人の道（人倫）の違いがある。その違いを鋭く突いているのがイエスの次の言葉である。

イエスが言った、「もしあなたがたが女から産まれなかった者を見たら、平伏しなさい。そして彼を拝みなさい。彼はあなたがたの父である」。

(『トマスの福音書』15)

われわれは女から生まれたものであり、女から得たものは男女いずれであれ、身体である。そして、その身体をわれわれは自分と考えている。ところがイエスは、女から生まれなかったものがあると言う。これは一体何を指しているのだろう。何よりも女から生まれなかった者などこの世に存在するはずもない。もしかしたら、人はイエスの処女降誕を考えるかもしれないが、それは文脈から見て当たっていない。ここでイエスは、彼だけではなく、誰もの内側に女から生まれたのではなく、神から出たものとしての何か、あるいは誰かが存在することをわれわれに気づかせようとしているのだ。もちろん、それが「生ける者」、あるいは「生まれた時より前に存在するもの」を指していることは言うまでもないが、そこにおいては神(父)と子は一つなのだ。そことは、アウグスチヌスが言ったように「心の最も奥深いところ」と解してもいいし、エックハルトなら、「魂の内には、ひとつのあるものがある。それには名がなく、いかなる固有の名を持たない……、神は永遠の昔から絶えることなくこの内に在り続けたのであって、人はこの内において神とひとつなのである」と言ったことなどを考え合わせればよい。

あなたの内側には生まれたこともなければ死ぬこともない「生ける者」、あるいは「まことのいのち」が実存の核として存在している。つまり、ドアと蝶番の比喩で説明したように、生と死はあなたの外側（外なる人）で起こるが、内なる実存（内なる人）は生もなければ死もない永遠の生であるということだ。しかし、そうと知るのはあなた自身が内なる本源へと辿り、あなたが生まれる前のいのち（生ける者）に目覚めるときだけなのだ。「成った前に在った者は幸いである」とはこの意味であり、女から生まれたものではない内なる自己の真実を自らの体験として知る者は「存在の奥義」を知って、もはや死を味わうことがない。

伝統的なキリスト教が混乱し、躓きの石とも言うべき処女性という概念は、女から生まれた命（肉体）が死すべきものに定められているのに対して、イエスだけではなく、われわれの中にも、女から生まれたものではない何かが存在することを分からせようとして編み出されたレトリックなのだ。素直さはときに愚直となるだけではなく、危険でもある。なぜなら、真実を見ることよりも、人を一生過誤の中に閉ざす堅牢なバリアーともなるからだ。もちろん、性を介し、女から生まれた血肉のからだは神の国を継ぐことはできないが、この朽ちるものの中に朽ちないものが隠れ住まうのだから、ことさら性、あるいは性を通して生まれてくるものを貶めることもなりれば、逆に、出自を捻じ曲げて、敢えて言挙げする必要もない。そうでなければ、われわれをして終生間違った信仰に閉じ込めることになろう。「真珠は泥の中に投げ込まれても、価値を失いはしない」と言った『ピリポの福音書』の言葉を思い出してほしい。

以上述べたところと関連して、よく知られた禅語がある。それは「父母未生以前の本来の面目」というものだ（劉一明は「未生身以前の面目」と言う）。この禅の公案はわれわれに真実の自己

（本来の面目）は何かを問いかけているのだが、われわれが自分という場合、端的には男女いずれであれ、自分自身の身体を指している。その身体は父母から得たものである。そして、その身体は父母から得たものである。ところがこの公案は、あなたの父母が生まれる前のあなたはどんなあなたでしたかと問うているのだ。イエスの言葉をさらに一歩進めて、われわれに真実の自己を問いかけていることが理解されるだろう。われわれは父母から生まれ、その私を自分だと思って疑わないが、禅は父母未生以前にまで遡って、われわれの妄信を打ち破り、真実の自己とは何かを問い糺しているのだ。もちろん、われわれが自分と思っているものが本当の自分ではないことは言うまでもない。そうでなかったらわざわざ父母未生以前の自己を問うはずもない。

要するに、人間の本性が神（仏）であるにもかかわらず、父母（男女）から得た肉体にかかわり続けるばかりで、一向に「自己の本性」が見えてこない。一体、自らの本性を蔑ろにして、何になろうとも、足のサイズに合わない靴をはいているように、どこかしっくりこないであろう。誤解があっては困るが、人間は自らの本性を明らかにし、神（仏）に成るしか他になるべきものなど本当は何もないのだ。

私は端的に神に、神は私にならなければならない。もっとはっきり言うならば、神は端的に私に、私は端的に神にならなければならない。

（エックハルト『ドイツ語説教』）

しかし、アウグスチヌスが「私たちは神に与《あずか》ることによって神のようになるべきであるのに、神から離れることによって自分自身が神のようになろうとした」（『神の国』）と言ったように、神に成るには二つの道がある。一つは神から離れ、欠乏と貧困に我慢ならず、劣等感の裏返しに過ぎない権力志向と自己顕示欲に取りつかれた人間が、これまた彼に取り入る愚かな大衆に祭り上げられて、やがて神の如く振る舞う危険な暴君へと変貌する。もう一つは神に与る自己認識への道を通して神と成る。前者こそ、この地上のすべてを支配せんと、歴史の至るところでホロコーストを引き起こし、その代償は誇大妄想が招いた狂気の末に自ら果てた者たちだ。彼らの本質を衝いたものとして、聖書から一つ引用するとすれば次の言葉であろうか。

彼らの最後は滅びです。彼らの神は彼らの欲望であり、彼らの栄光は彼ら自身の恥なのです。彼らの思いは地上のことだけです。

（『ピリピ人への手紙』）

しかしこの中には、歴史を狂気と戦慄に陥れた彼らだけではなく、何とも規模は小さいが（だから良いとも言えるが）、われわれの多くも含まれることを蛇足ながら付け加えておこう。では、もう一方の自己認識の道はどういうプロセスを辿るのであろうか。まず、知ることには、知るもの（主）と知られるもの（客）があり、この主客の関係でわれわれは知識というものを増やしていく。学問もその一つである。しかし、これは自己認識への道ではなく、われわれの真の本性（真性）を知るには至らない。確かに知識や情報はあなたにそれなりの豊かさを齎してくれるであろう。しかし、一方で、人は情報を操作して（知識を悪用して）、世情を攪乱させることだってあり得る。このように、どちらともなり得る知識や情報であるがゆえに、それらは人間が知るべき究極の真理とはならないのだ。それはともかく、この認識構造において人は物知り（情報通）になるかもしれないが、知る主体であるあなた自身はいつまでも知られないままに残る。そして、私たちは「自己を知らない人は、何も知らないことと同じだ」と言ったトマスの言葉を忘れてはならない。

世に多事《たじ》の人有り　広く諸々《もろ》の知見を学ぶ
本より真性を識らず　道と転《うた》た懸遠《けんえん》す

（『寒山詩』）

本当にこの世の中には忙しく、多事に明け暮れる人がいるものだ。もちろん彼らは世間の事情に詳しく、世渡り上手であるが、もとより自らの本性（真性）など聞き及んだこともなければ、仏教が説く「無事の人」と「多事の人」の違いも知らない。ただ日夜、多事に忙殺されて無事の本当の意味が分からないために、人はますます真理（道）から外れていくばかりだ、と寒山は嘆く。この事実は彼が生きた時代よりも、一層現代のわれわれに当てはまることは誰もが認めるところであろう。

そこで、自己認識への道は何よりも知るもの（主）が知られるもの（客）にならねばならないが、知る対象が転換され、自己を知ろうとしても、あなたが知るのは自分の内側で何の脈絡もなく行き交う思考と絶え間なく続くお喋りでしかないだろう。それはあなたの過去の記憶（経験）や思い煩いであったり、五感を通してさまざまに反応する感情や欲望の乱れである。われわれの内側は、いわば観念の巣窟であり、どこまでも続く闇の空間のようなものなのだ。心の中が盲目であるからそれもいたしかたないが、だからそこには何もないと性急に結論を出し、外に向かえば、結局、過ぎ行く「世の富」を手にするだけで、イエスが言ったように、再び空のままこの地上を去ることになる。それゆえ、もう少しわれわれは内側に留まって、とりとめのない思考や感情の流れを、何の判断も下すことなく、ただ見ている必要があるのだ。すると、やがて妄りに起こるお喋り（言葉）と感情の乱れは収まり、あなたは一つに纏まって、沈黙の中へと入っていくだろう。そうして、あなたがそこからやって来た本源（プレーローマ）へと深く沈潜すればするほど沈黙はさらに深まっていく。

彼はまた、上へと受け入れられるにふさわしい者となる日まで、自分自身の中へ沈黙し始めた……そして、不滅性へ、すなわち、彼がもともとそこからやって来た場所へと帰って行くだろう。

（『真理の証言』）

プレーローマ（神）に受け入れられるにふさわしい者となるために、われわれは沈黙の内に自己の内奥へと辿ることになるが、やがてこの沈黙の中で、あなたがこれまで自分と見なしてきた自己の輪郭は曖昧になり、その深淵の中へと自己が失われてしまうような恐怖を覚えるであろう。というのも、あなたの個性を形成してきたものはあなたがこれまで良くも悪くも経験した心象（記憶）の集まり（蘊）であり、それが一滴の雫が大海に溶け合うようにプレーローマ（充溢）の中に消え去ろうとしているのだ。しかし、われわれは自己を知ろうとしたにもかかわらず、何故、自己が失われるというような矛盾に遭遇することになるのであろうか。

彼らの最後は再び彼らの始めのようになるであろう。つまり、存在していなかったものから出てきたように、やがて存在しなくなるものへと、再び戻ってゆくであろう。

（『三部の教え』）

われわれが辿るべきところは、その「始め」であることはすでに述べたが、そこはわれわれが自分と思っていたものが存在しなくなる無の空間なのだ。つまり、われわれの始めであり、また終りとなるプレーローマは、実は、場所もなければ、形もない虚空（空）であり、そこでは一切の被造物は無となるのだ。事実、われわれは無の中で生き延びることなどできない。

彼が言った、「主よ、泉のまわりには多くの人々がおりますが、泉の中には誰もおりません」。

（『トマスの福音書』74）

生の源泉（本源）であるプレーローマの周りで人々は自らの個（自我）を保ちながら、多事に明け暮れ、あれこれと頭を突っ込んでは、しばらくは我を忘れて興じる。しかし、その中には誰もおりません、とイエスは言う。この文章はどのようにも解釈可能であるが、私は少々深読みしたい気持になる。それは、ただ単に、生の源泉に帰ろうとする人は多くないというだけではなく、その深遠を覗き込むことは、われわれの死（自我の死）を意味しているから、人は無意識の内にそこに帰ることを避けているというのが一つであり、実際、この始めが終りとなるプレーローマへと死のダイブをし、自己が消え去ることを許す勇気ある人しかそこに辿り着くことはできないから、当然の事ながら、そこには誰もおりませんということになる。

しかし、プレーローマの中に自己を失うことは決して悲しむべきことではなく、イエスが言ったように、「始めに立つであろう者は幸いなのだ」（『トマスの福音書』18）。と言うのも、あなたがこれまで自分と思ってきた自己（仮我）が消え去り、プレーローマと一つに溶け合うと、あなたは一滴の雫が大海に溶け、一味となるように全体となるからだ。そのときあなたはどこに存在するのでもないが、至るところにあなたは存在する。そしてこの全体性こそあなたなのだ。要は、自己を失うことなくして、われわれは生の源泉（プレーローマ）へと辿り着くことはできないし、また、真の自己（真我）を知ることもない。この間の事情を見事に言い当てたものとして、共観福音書から引用すれば次の言葉となろう。

> いのちを救おうと思う者はそれを失い、いのちを失う者はそれを見いだすのです。人は、たとい全世界を手に入れても、まことのいのちを損じたら、何の得がありましょう。
>
> （『マタイの福音書』）

「いのち」と「まことのいのち」の違いを明確にし、われわれがいのち（外なる人）にしがみついて、その内側にあるまことのいのち（内なる人）を知ることがなければ、たとい全世界を手に入れようとも、何の得があろう、と言うのであるから、われわれ人間にとって、まことのいのち（真の自己）を知ることが如何に大切であるかを容易に窺わせるが、それは先に、「一つの真珠」、「大いなる富」と言われたものであり、それを手にするために、すべての物を売り払いなさいとイエスが言ったことでもある。もし、われわれがそれ（まことのいのち）を手にすることができなければ、今生において、あなたが何に成ろうが、何を手に入れようが、所詮は、空でこの世に来たあなたは、再び空でこの世から出て行くことになるということだ。

確かに、いのちを失う者（外なる人を脱ぎ捨てる者）は、個としての自己は死んで、もはや存在しないけれども、代わりに水を得た魚のように汲み尽せない生の源泉に触れ、まことのいのちと自由を手にすることになる（目ざとい読者はこの比喩が不完全なものであるとすぐに分かるであろうが、比喩はあくまで比喩と理解してほしい）。その時、われわれが自分と思っていたいのちがちょっとした牢獄であり、自由を縛っていた張本人であったと知るであろう。つまり、多くの人にまみえながら、息苦しさを感じている、他ならぬ自分こそバリアーであったと知るのだ。

真の自由は社会制度や教育の問題にあるのではなく（それが不必要と言っているのではない）、人間の意識（自意識）をも含む自己からの開放の中にこそある。それが沈黙の内に自らの実存へと辿る自己認識の道において起こるということだ。しかし、そこは存在しないもの（無）のように見えて、実際は欠けることのないプレーローマ（充溢）であるから、エックハルトも言ったように「ほんの一瞬でも、完全に自らを捨て去る人には、すべてが与えられるであろう」ということになる。このように充溢（プレーローマ）に裏づけされた自由こそ自由の名に値するものであり、自由が与えられて、はたと悩むような自由は本当の自由ではない。例えば、忙しくて、何をするにも時間がないと嘆いていた者が、退職した途端（あるいは退職後）、何をすべきか悩むというような空疎なものではなく、真の自由は極め尽せない生の源泉の味わいに、決して飽きることのないものである（「源は窮まれども水は窮まらず」『寒山詩』）。

本源（プレーローマ）はわれわれの出自であり、いずれ帰るべきところであるが、そこに神は隠れ住まうのであるから、われわれが本源に帰ることと神のもとに復帰することは同じことなのだ。それは、エックハルトが「神の根底は私の根底であり、私の根底は神の根底である」と言ったことからも明らかである。しかし、その帰るべきところが充溢（プレーローマ）でありながら、われわれには無、あるいは死のように映っているところに帰還の難しさがあるのだ。それは恰度われわれが実際の死を恐れるのに似ている。というのも、死はただ肉体の機能が停止するだけではなく、これまで自分と思ってきたあなた自身が半ば強制的に無と対峙させられる時でもあるからだ。

一粒の麦がもし地に落ちて死ななければ、それは一つのままです。しかし、もし死ねば、豊かな実を結びます……自分の命を愛するものはそれを失い、この世でその命を憎むものはそれを保って永遠のいのちに至るのです。

（『ヨハネの福音書』）

一粒の麦とはわれわれが自分と思って執着している外なる人（仮我）を指している。そして、その命はせいぜい、七十年、八十年であり、われわれはその命を養うことに気を取られて、その内側に隠された朽ちることのないまことのいのちについては何も知らない。キリスト教はこの内なる永遠のいのちを「新しい人」と呼ぶのに対して、死すべきわれわれの命を「古い人」と呼ぶ。そこでイエスは、古い人にあなたがしがみついていたら、あなたを待っているのは死だけであるが、もし古い人を脱ぎ捨てて、あなた自身が無となることができたら（仏教的に言えば、無我となることができたら）、あなたはまことのいのちに目覚めた新しい人として甦り、人間として知るべき究極の真理（奥義）を知ることになる。

あなたがたは、古い人をその行いといっしょに脱ぎ捨てて、新しい人を着たのです。新しい人は、造り主のかたちに似せられてますます新しくされ、真の知識に至るのです。

（『コロサイ人への手紙』）

さらに、新しい人として甦るあなたに、神はすべてのものを注ぎ込み、あなたは何物にも替え難い「大いなる富」を手にすることになるから、イエスは「もし死ねば、豊かな実を結びます」と言ったのだ。言うまでもなく、ここに「死」とあるのは、われわれがいずれ行き着く肉体の死を意味しているのではなく、今生において、古い人を脱ぎ捨てて無（無我）となることを言う。

あなたが自分自身をほんの一瞬でもいや、さらに短い間でも無にすることができたら、そのあるもの（真珠）がそっくりそのままあなたのものとなるであろう。

（エックハルト『ドイツ語説教』）

過ぎ行く「世の富」は死でもってすべて終るが、死でもっても終ることのない「まことのいのち」と「大いなる富」（真珠）を付与する、もう一つの死（無）があるのだ。そこで、実際の死を迎え、あなたが死と対峙し、死を死にきることができたら、あなたは死という人生最後の一瞬を永遠のいのち（新しい人）に甦る機会となすことも不可能ではないが、殆どの人の場合、それは望むべくもないから、宗教は生きている間に「死の練習」が必要であると説いているのだ。つまり、死ぬことが生きることであり、失うことが得ることであるという逆説の中に永遠なるものを見ているのが宗教であり、この死（無）へと入る勇気ある者でなければ生と死を超えたまことのいのちに到達することはできないのだ。スーフィズムは「死ぬ前に死になさい」と言い、禅は「大死一番」、キリスト教ならば「愚かな人だ。あなたの蒔《ま》く物は、死ななければ、生かされません」（『コリント人への手紙Ｉ』）と言ったことが、それに当たる。こういう死の体験（無の体験）を通して、われわれは真の自己、すなわちまことのいのちに目覚めることになる。ともあれ、死（無）の錬成を経て、永遠のいのちに到達しない限り、神、あるいは神の子といっても単なる言葉の遊びに過ぎない。

あたかも夢のなかでのように無を宿したと思った。この無の中で神が生まれたのである。それは無の果実であった。神は無の中で生まれたのである。

（エックハルト『ドイツ語説教』）

生ける者（神）を知り、それを生きるあなたはもはや死を味わうことがない。つまり、再びこの天地の間に虚しく生まれ、虚しく死にゆくことはもうないということだ。というのも、今生の生はあなたにとって最後のものとなり、あなたは再びこの地上に舞い戻ることはないからだ。

イエスが言った、「天は巻き上げられるであろう。そして地もまた、あなたがたの前で。そして、生ける者から生きる者は死を見ないであろう」。イエスは言っていないか、「自己自身を見出す者に、この世はふさわしくない」と。

（『トマスの福音書』111）

自己認識への道は、いわゆる自己を知るというのではなく、それが実体のない夢のよう消え、「酔いから醒めた者のように自己を知るのである」（『真理の福音』）。もちろん、ここでいう自己とは真の自己を指していた。しかし、真の自己に目覚めるとき、眠りから覚めれば夢は消えてないように、これまで見ていたすべてのもの（被造物）は消えてそこにはなく、その後に残ったものが神（神の国）であり、それを目覚めた者は見ている。といっても、主客の関係で、対象的に見ているのではなく、それを見ているものはそれと一つになっているのだ。

自己認識が神認識である（キルケゴール、そしてスーフィズムの思想家イブン・アラビーなどが好んで引用する「自己を知るものは主（神）を知る」というハディースを踏まえた成句）とは、自分自身を知るというのではなく、あなたが無の中に消え去り、神と一つになることによって、自分が神以外の何ものでもなかったと知ることなのだ。実は、これがわれわれ人間の本来の姿であり、エックハルトが「私は神に、神は私にならねばならない」と言ったことでもある（仏教的に言えば、白隠が「衆生本来仏なり」と言ったことを体験的に知ることであり、また、スーフィズムの体現者マンスールが「我は神なり」と言ったことに当たる）。もちろん、このように自己を知るに至った者はもはや塵の中（幻影の世界）に存在するのではなく、彼が存在するところすべてが真実を顕してくる（臨済はそれを「随処に主となれば、立処皆な真なり」と言った）。イエスが自己を認識する者はこの世にふさわしくないと言うのも、また当然と言わねばならない。

自己認識への道をわれわれが辿るとき、その行き着いた結論が「自己自身を見出す者に、この世はふさわしくない」というのであれば、宗教がこの世に適応するためにあるのでないことだけは明らかである（私は宗教を自己認識に至る方法論を説くものと考えているから）。自己を認識するに至った完全な人間はもはやこの世には属していないだけではなく、生と死からなる幻影の世界を超えた永遠のいのち（まことのいのち）に到達している。イエスが繰り返し「死を味わうことはない」と言ったことも、このようなプロセスを辿ってはじめて得られる結論であったのだ。そして、私は若い親鸞が、その時彼は二十九歳であったが、これを若いと見るか、そんな歳にまでなってと見るか、その判断はあなたに委ねるとして、比叡山を離れることになった人生の根本問題が如何にして生と死を超えるか（「生死出ずべき道」）であったことを思わずにいられない。

第七章　単独者

キリスト教は生命を「いのちとまことのいのち」（『マタイの福音書』）というように、死すべきいのち（死人＝屍）と永遠のいのちの二つに分けたが、そのことはわれわれの身体が単に肉体だけではなく、その内側にもう一つの身体（の可能性）を考えていたことを意味している。それは聖書に少し親しんだ人なら誰もが知っている、血肉のからだと霊のからだの二つである。

血肉のからだで蒔《ま》かれ、霊に属するからだに甦《よみがえ》らされるのです。血肉のからだがあるのですから、霊のからだもあるのです。

（『コリント人への手紙I』）

このようにキリスト教は身体論で言えば、二身論を採っていることが分かる。一つはわれわれがよく知っている自然の身体（肉体）であり、もう一つはキリスト教（グノーシスの宗教）がわれわれ人間に明らかにしようとした霊的な身体である。前者がいずれは朽ち果てるかりそめの身体であるのに対して、後者は、死の錬成を経て、死すべきものから不死なるものへと変容（復活）を遂げた者のみが知る完全な身体であり、それを私は「究極の身体」、あるいは「真理の身体」と呼ぶ。

主は死者たちの中から甦った。彼は以前そうであったようになった。しかし、彼の身体は完全なものであった。彼は肉を持っていた。しかし、この肉は真なる肉である。だが、われわれの肉は真なるものではなく、むしろ、真なるそれの模像としての肉である。

（『ピリポの福音書』）

やがて朽ちる肉体にかかわり続けるばかりで、その内側に隠された「生ける者」を知らないわれわれ人間をキリスト教が死者（死人＝屍）と呼んだことはすでに説明した。そして、イエスがこの世に蠢く死者たちの中から甦った身体こそ霊からなる真理の身体（真なる肉）であったのだ。しかし、それは彼が新たに獲得した身体というのではなく、血肉のからだを脱ぎ捨てて、彼が本来有していた完全なからだを顕にしたに過ぎない。これに対して、われわれが今、身体として知っているものはこの真理の身体の模像であり、いずれ朽ち果てる肉体だけなのだ。真なるものを知らず、かりそめの身体を生きるわれわれに、イエスだけではなく、われわれもまた死者たちの中から甦り、内に具えた霊的な真理の身体に目覚めるようにと勧めているのだ。このようにキリスト教は、一般的には身体を血肉のからだと霊のからだの二つで説明するが、グノーシスの宗教はさらにもう一つの身体をわれわれに示唆しているように思われる。

彼はこの世にあるか、復活に在るか、あるいは中間の場所に在るかのいずれかである。私が中間の場所に見出されることのないように。この世の中には善きものと悪しきものとが在る。その善きものは真に善きものではなく、その悪しきものも真に悪しきものではない。だが、この世の後には、真に悪しきものがある。すなわち、「中間」のものと呼ばれているものである。死がそれである。われわれがこの世の中にいる限り、われわれにとって益になるのは、われわれ自らに復活を生み出すことである。それはわれわれが肉を脱ぎ去るときに、安息の中に見出されることになり、「中間」の中をさまようことにならないためである。なぜなら、多くのものたちがこの道の途中で迷うからである。

（『ピリポの福音書』）

人間が存在する場所として、この世、中間、復活の三態が考えられている。最後の復活は、不死なる真理の身体（真なる肉）を着た者が知る本源の世界（プレーローマ）であり、そこに辿り着いて初めて人は本当の意味で安息と完成を見る。そうすると、当然問題になってくるのは「中間の場所」と言われているところである。それは復活でもなければ、われわれが今いる欠乏と貧困に喘ぐこの世でもない。そして、この世では善いこと悪いことといろんなことが起こり、ときにおぞましい事件があっても、人はしばらくすると忘れ、この一時を楽しみに興ずる。

しかし、「中間の場所」は少し趣が異なるようだ。なぜなら、その場所は「この世の後」というのであるから、死後を指していることは明らかであるが（親鸞が「後世」と呼んだものに当たる）、そこはわれわれがかつて経験したこともなければ、目にしたこともない異形の世界であり、いわゆる死は肉体が終る一瞬の出来事であるのに対して、それは終りなき死とも言うべきものであり、「真に悪しきものがある」と言われているからだ。さらに、われわれが肉体を脱ぎ去る死のとき、この「中間の場所」へと入り、その道の途中で迷うことがないように、今生において是非とも復活を成し遂げておくことが必要であると説いていることからも明らかである。

すると復活には二つあることになる。一つは永遠のいのち（霊のからだ）に甦り、本源の世界（プレーローマ）へと繫がる「第一の復活」であり、キリスト教（だけではないが）が勧めている真の意味における復活である。もう一つは、死はすべての終りと高を括っている愚か者も含め、死しても本源の世界（永遠の故郷）へと辿り着くことができず、無知ゆえに、真に悪しきものからなる「中間の場所」へと入って行く「第二の復活」である。ここから自殺が二つの意味において無知の業であるとすぐ分かるであろう。逆に、生きている間に真の復活を成し遂げた者にとって、死は、それがたとえ自殺であっても、どんな意味を持つか（正しくは、持たないか）考えてみるのも、いささか不謹慎であるが、興味あるところだ。要は、真の復活を成し遂げた者とそうでない者の間に死（と生）について、全くと言っていいほど理解に違いがあるのだ。「生も生ではなく、死も死ではない」と覚った彼らにとって、この世に留まるもよし、また本源の世界へと帰るのもよし、というところであろうか。

あなたがこの場所に在る間、あなたが欠いているものは何なのか。それは真の意味の復活である。それなのにあなたが学びたいと熱望していることは、からだの胞衣《えな》のことなのか。それならそれは老年のことである。あなたは滅びの中に在る。

（『復活に関する教え』）

「この場所」とは、もちろん三態の一つであるこの世を指している。そして、「あなたがこの場所に在る間」とは、われわれがこの世に生きている間にという意味であるが、今のわれわれに何が本当に欠けているのかというと、これまた三態の一つである復活であり、もちろん真の意味の復活であることは言うまでもない。それを欠くならば、あなたはやがて老い、死して、さらに悪しき「中間の場所」へと赴き、いつまでも滅びの中に留まることになろうから、注意しなさいと呼びかけているのだ。ところが、私たちが人間の生（と死）について考える場合（仏教的に言えば、生・病・老・死の四苦を考える場合）、いずれ朽ちる肉体（皮の衣）をいかにに若く、また健康を保つかだけが問題になり、復活が人の口の端に上ることはまずない。それは、死と対峙した人々に対する場合であっても、ただ死の不安と恐怖を除くために、死後に希望を繋ぐというような、その場しのぎの信仰という感は否めず、とても真に益となる復活（第一の復活）ではない。

ついでに言えば、仕事が生き甲斐であった者がリタイアし、なお老後の生き甲斐を見つけようとするが（それも悪いとは言わないが）、この地上に生を享けた人間として、本当に心すべきは何かが分かっていないのではないか。包み隠さず言うなら、われわれがこの場所に在る間に（生きている間に）成し遂げるべきは何かが分からず、迫り来る死の影から目をそらすために、その場限りの気休めになってはいないかということだ。今日の老人介護、とりわけ精神的なケアの問題なども基本的にはここを一歩も出るものではない。しかし、生まれ落ちた時から一瞬たりとも死の床を離れたことのないわれわれ人間にとって、復活が火急の問題であるのはなにも老人に限ったことではない。

こう見てくると、復活は本来この世界と中間世界（中間の場所）を共に超えた本源の世界（プレーローマ）へとわれわれを連れ戻そうとしていることが分かる。この世があるように死後の世界（中間世界）もある。しかも、決して死に至らない、真に悪しき迷いの世界としてそれは存在している。従って、実際の死は、すべての人にとって、生と死を超えた本源の世界へと帰り行くか、それとも真に悪しき中間世界へと入るかを決する最後の試金石となるであろう。しかし、人が死と対峙して、真の復活を成し遂げることなど殆ど不可能に近い。だから、この場所に在る間に、しかも若い間に、本当にあなたに欠けているものは何か、同じことだが、本当にあなたにとって益となるものは何かをよく考え、空でこの世から出る愚を再び繰り返さないよう、この機会を逃してはならないと警告しているのだ。それにもかかわらず、機根つたなく、この中間世界へとさ迷い行く時、人は一体何を纏っているのだろう。それは霊のからだでもなければ、もちろん、その模像である血肉のからだでもない。

ここにきてわれわれはもう一度人間の身体について考え直す必要があるようだ。身体にはこの世に存在するための血肉のからだ（肉体）と復活を成し遂げたものが着る霊のからだ（真なる肉）の二つがあったが、肉体を脱ぎ捨てて、中間世界へと入り、彷徨っている身体とはいかなるものかということだ。実際の死が、再び死を味わうことのない復活（第一の復活）とならない者にとって、如何なるあり方をしているかということだ。これまでキリスト教における身体を二身論で話を進めてきたが、この「中間の場所」を考慮に入れる限り、三身論でなければならない。それは、人間を構造的に三層から捉え直す必要があるということだ。

人類はその本質において、霊的、心的、物質的の三種類に分かれて、存在するようになった。

（『三部の教え』）

ここには人間というものが構造的に三つの身体から成り立っていることを示している。言い換えれば、人間の在り方に三つの様態、あるいは次元があるということだ。現在のわれわれが知っているのは一番外側にあって物質からなる身体の次元である。その内側に心（魂）からなる身体（次元）がある。生と死、闇と光、神と悪魔、あらゆる二元対立はその中にあり、天国と地獄もその心に属している。肉体を脱ぎ捨てて「中間の場所」を彷徨う者はこの心からなる身体を纏っているのだ。そして、さらなる内側に究極の次元である霊からなる身体がある。それはもちろん、真理の身体（真なる肉）と呼んだものであり、完全に満たされたプレーローマの次元なのだ。その真理の身体はイエスの場合と同様、われわれが本来そうであったところの身体であり、真の復活を通してわれわれが再び回復することのできる身体と言ってもいいし、また世界（次元）と言ってもよい。そして、前の二つはいずれもこの真理の身体の模像であり、それらは真理の影、つまり幻影の世界をなしているのだ。

『チベット死者の書』はわれわれ人間が死後に辿るであろう中間世界をバルド（中有）と呼ぶ。中有（バルド）が意味する「中間」とは、死と次に再生するまでの四十九日の間を言う。今生において、幸いにも真理（法）を覚ることができたら、究極の身体（法身）を得て、バルドを彷徨うこともなく、本源の世界（法界）へと帰り、二度とこの世に戻り来ることはない。しかし、多くの人の場合、死を経て、機根つたなく、辿り着いた世界（バルド）は自らのカルマに随って次々と起こるさまざまな幻影に惑うイマージュの世界なのだ。

死に臨みて奈河《だいが》を渡るに　誰か是れ嘍囉《ろうら》の漢ぞ
冥冥《めいめい》たる泉台（黄泉）の路　業《ごう》に相い拘絆《こうはん》せらる

（『寒山詩』）

もちろん、その中間世界（バルド）を彷徨う身体は肉体ではなく、「中有の身」と呼ばれるものであり、それは心（意識）からなる身体という意味で「意成身」とも言われる。そして、この中間世界でも覚ることができなかったあなた（中有の身）が、畏怖と混乱の果てに辿り着く一つの可能性が子宮（胞衣）であり、かくしてあなたは再び肉体を纏い、物質からなるこの世界（次元）へと舞い戻ってくるのだ。

母胎に入るは、要《かなら》ず三事のともに現前するによる。一には母の身が、この時調適すること、二には父母の交愛和合すること、三には中有の身の正しく現前することなり。

（世親『倶舎論』）

このように『チベット死者の書』における中間世界（バルド）は文字通り死と次に生まれるまでの間に位置する幻影の世界であり、多くの者たちがこの道の途中（チョエニ・バルド）で彷徨うことになるから、まさに死の瞬間（チカエ・バルド）から次の再生（シパ・バルド）に至るまでの間、死者（の魂）を教え導くことを目的に編まれた経典である。しかし、殆どの人は中間世界でも覚ることはできず、男女交愛の幻影に惑わされ、再び子宮の中へと入る。そして、これが「もし盲人が盲人を導くならば、二人とも穴に落ち込むであろう」（『トマスの福音書』34）という本来の意味なのだ。かくして、われわれは生と死からなる物質世界を再び捉え、土からなる血肉のからだを纏って、また一から営々と生業に勤しむ。もちろん、ここが仮の住処とも知らず、終の棲家を築くべく人は精を出す。

スーフィズム（イスラーム神秘主義）はこの物質の世界（二元性の世界）と真理の世界（一元性の世界）の中間に位置する心（魂）の世界をバズラフ（barzakh）と呼ぶ。また、復活にも小復活と大復活の二つがあると言う。小復活は今生において真理に目覚めることができなかった者が中間世界（バズラフ）に入ることであり、その世界は大きく分けて天国と地獄の二つに分かれるが、すべては生前の行為に相応しい姿をとって転々と彷徨うイマージュの世界であり、モッラー・サドラーはそのように心（魂）が彷徨うことをタナースフ（tanasukh）と呼ぶ。一方、大復活とは今生で真理に目覚めた者がこの世の源である本源の世界（存在一性の世界）へと帰り行くことであり、今生においてスーフィー的死、すなわち「死ぬ前に死ぬ」ことができた者とそうでない者の違いなのだ。くどいようだが、その死は、実際の死ではなく、キリスト教が「死ななければ、生かされません」と言った死の錬成を経たものということだ。そして、中間世界（バズラフ）が問題なのは、それがこの世界と同様、あなたの心が造り出す幻影の世界であるからだ。いずれも夢がそうであるように、われわれが見るが如くに実際に存在するのではない。

翻って、われわれは余りにも自分というものを物質からなる身体（肉体）に同化しているために、心からなる身体はもちろん、その内側に霊からなる身体（次元）があることを知らない。肉体を生きることとは、食と性を生きる動物と同じことだ（空海が「異生羝羊」と言ったものであるが、私はそれを非難しているのではない）。心（思考）を生きることは、感情と創造性（夢）を生きる人間のことだ。そして、霊的に生きるとは、肉体と心の領域を超え、われわれが帰るべき本源の世界

（プレーローマ）にただ存在することだ。そして、肉体と心を超えることは動物と人間の次元をともに超えた神（本来の面目）を知ることだ。そのとき人は、何ら欠けるものがない充溢と安息の内に、あれかこれかという行為もなければ、生もなく死もなく、ただ存在のみが在る。神とはこの存在を言うのだ。

主が言った、「真理に由来するものは死なないものである。女に由来するものが次々と死んでいくのである」と。

（『救い主の対話』）

イエスのこの言葉は今後、われわれが生と死を考える場合の指標ともなるであろう。なぜ人は老いさらばえ、次々と死にゆくのか、誰も答が見出せずにいる。一方で、今日、情報は溢れるばかりに飛び交っているにもかかわらず、本当に知るべきことが伝わってこない。繁栄と混沌、尊大と退廃が混在する現代に欠けているものは一体何かを、われわれ一人ひとりが少し立ち止まって、真剣に考えて見る必要があるのではないかということだ。その時、この「真理に由来するもの」と「女に由来するもの」という区分の仕方は重要な鍵になるだけではなく、あなたの実存に根本的な変容を齎す機会ともなろう。分かり易く言えば、性を介して生まれてくる者は次々と死んでいくが、幸いにも真理（処女性＝性の無媒介性）を拠所として生まれる者（復活する者）は永遠のいのちを知って、もう二度と死を味わうことはないであろうということだ。現行の四福音書に親しんでいる人なら、「血によってではなく、肉の欲求や人の意欲によってでもなく、ただ、神によって生まれたのである」（『ヨハネの福音書』）という言葉と重ね合わせられることだろう。

宗教は、われわれがこの世に存在する間に再び真理に根付くために、復活を成し遂げ、真理の身体（永遠のいのち）を着ることを教えようとしている。言い換えれば、肉体と心からなる身体を超えない限り、われわれの究極の目標である、初めに在った本源の世界（プレーローマ）へと帰って行くことはできない。否、それだけではなく、死は真に悪しき中間世界（中間の場所、バルド、バズラフ）へと続き、われわれはその道の途中で迷い、その成れの果てが女に由来する肉体（胞衣）を纏って、再びこの世に生まれることになるが、そこでも復活の機会を逃し、またもや空でこの世から出て行く。このプロセスは果てしなく繰り返されているのだ。以上、東洋との比較を交えながら、人間を三層構造的に捉え直したところで、もう少し具体的に復活のプロセスと問題点を考えてみよう。

血肉で蒔かれたわれわれ人間には死が避けられない。ところが、イエスのアポクリュフォンの一つは死すべきものから不死なるものへと人間を連れ戻し、再び死を味わうことがないように用意を整えることであった。すると、そもそも土で造られた肉体という形をとって存在すること自体に問題が在りはしないかということだ。そう、われわれは何よりもこの患いの本《もと》である肉体（老子の言葉）、あるいは空海が「六道の苦身」と呼んだものから開放されなければならないのだ。

この肉という要素から解き放たれることはよいことである。そうすれば彼は迷うことがなく、むしろ、再び初めから在った自分自身を受け取るであろう。

（『復活に関する教え』）

肉体から開放され、われわれが辿るべき究極の目的地であった「始め」に立ち帰る時、われわれは血肉のからだではなく、初めから在った自分自身（本来の自己）を再び獲得する。そうすれば、われわれはもう二度と生と死という迷妄の淵に淪《しず》むことはないであろうということだ。しかし、すでに女から生まれてしまった者がどうすれば血肉のからだから解き放たれ、自由に天翔る「天上のかたち」を手にすることができるのであろうか。その問に答えたのが、キリスト教に限らず「復活」という考え方であり、禅の思想家白隠はそれを真我（真実の自己）に蘇《よみがえ》ると言った（第一部一〇九頁参照）。

復活という概念から、まずわれわれが思うことは死から甦るということであろう。しかし、この死とは何を指しているのだろう。それが肉体の死を意味しているなら、復活は死体が再び命を吹き返して、墓の中を探してもそこはもぬけの殻であったというような怪奇現象の一つとなろう。よもやそんなことを信じている人が現代にいるとは思えないが、復活は、「血肉のからだで蒔かれ、霊に属するからだに甦る」とあったように、直接肉体にかかわるものではなく、われわれ人間の究極の身体（次元）である霊のからだ（真なる肉）に関係している。だからイエスは、死すべき模像のからだ（屍）は死者たちに任せておけば良いと言ったのだ。

しかし、肉体から開放されるためには、心という要素から解き放たれねばならないと気づいている人は少ないようだ（「生死を離るゝというは、心を離るゝをいうなり」『一遍上人語録』）。というのも、生と死という、一見肉体にかかわるように見える出来事も、実は、心に深く根ざしたものなのだ。心と肉体の関係を大変分かり易く言ったものとして、リチャード・バックの「我々の肉体は思考そのものであって、それ以外の何ものでもない」(『かもめのジョナサン』)を例に説明してみよう。ここでは思考となっているが、心と理解しても大過はない。肉体は思考(心)そのものであるという彼の洞察は、仏教的に言えば、「生死(肉体)はただ心より起こる」(『華厳経』)ということになるだろう。ともあれ、肉体から開放されるためには思考、つまり心の鎖を断たねばならないのだ。彼が続いて「それ(肉体)は目に見える形をとった君たちの思考そのものに過ぎない。思考の鎖を断つのだ。そうすれば肉体の鎖も断つことになる」と言うのもそのためだ。肉体は思考(心)を離れて存在しないから、思考の鎖を断つことが肉体の鎖も断つことにもなる。われわれを構成している肉体と心(思考)の要素から自由にならない限り(仏教はこの二つの要素を本来一つのものと考え「身心一如」と言う)、われわれは本当の意味で自由に天翔ることはできないのだ。

もう一つ問題になるのは、復活とは死んで甦ることなのか、それとも甦って後、死を迎えることになるのかということだ。復活というイメージからすると、前者の意味合いが強いが、イエスの例を見る限り、それは明らかに後者の意味になる。

主は初めに甦り、それから死んだのである。

『ピリポの福音書』

もちろん、これはイエスだけではなく、われわれもまた生きている間に、霊のからだで甦るのでなければ、死んだ後、復活（第一の復活）を遂げることなど殆ど望めないだろう。というのも、生前、死の準備（死の練習）をしたこともなければ、死はすべての終りと考える者にとって、それは無理というものだ。結局は、われわれを待つ「中間の場所」の道すがら多くの者たちは迷い、どこに辿るべきか分からないまま子宮に入り、再び模像に過ぎない血肉のからだを纏って生まれてくることになる。

「人はまず死に、それから甦るであろう」と言う者たちは間違っている。もし、人が初めに、生きている間に復活を受けなければ、死んだときに何も受けないだろう。

（『ピリポの福音書』）

この「生きている間」が重要な意味を持っているのだ。キリスト教に限らず、どの宗教も「この時」を虚しく過ごしてはならないと警告を発してきた本当の理由は、われわれの誰もが考えるような皮相な理由からではなく、この復活（第一の復活）と関係している。つまり、生きている間に復活を成し遂げることができなければ、再び空でここから出て行くだけではなく、あなたを待っているのはさらに悪しき「中間の場所」であるから、今ここに在る間に死の準備をしなさいということなのだ。死には、肉体の死と生きている間に死ぬ二つがあったが、もちろん復活とは後者の死（禅が「大死」と呼んだもの）から甦ることであり、その時われわれは朽ちる肉のからだを脱ぎ捨てて、新たに霊のからだとして生まれ、『ヨハネの福音書』が「人は新しく生まれなければ、神の国を見ることはできません」と言ったように、そのからだ（真理の身体）だけが神の国を継ぐことができるのだ。

あなたがたは真理の子だから、……あなたがたがあなたがたを脱ぐなら、その時、あなたがたは幸いなものたちとなるだろう。

（『救い主の対話』）

もちろん「脱ぐ」とは真の復活（第一の復活）に繋がる後者の死を意味しているが、何を脱ぐのかと言えば、それは肉体と心という二つ要素を脱ぎ捨てることであり、その体験を禅は「身心脱落」と言った。そして、この死（大死）から甦るとき、人は真実の自己（本来の面目）を知り、それを知る者は存在の奥義を知ることになる。このように、死ぬ前に死ぬことができたら（ハディース）、言葉を換えれば、生きている間に真の復活（第一の復活）を成し遂げることができたら、いずれ訪れる死は本当に至福に充ちたものになるだろうというのが宗教なのだ。これが死者からの復活であり、血肉のからだに閉じ込められた不自由（患い）と欠乏の状態から開放され、われわれ人間が初めに在った本来の場所へと帰入し、そこに安息と決して欠けることがない充溢（プレーローマ）がある。

魂が自らを新しく産み、彼女がかつてあったように再びなることは、ふさわしいことである。霊は今や自ら動く。そして彼女は再生のために父から神性を受容した。それは彼女が、初めからいた場所に再び受容されるためである。これが死人からの復活である。これが補囚からの救済である。これが天への高挙である。これが父への道行きである。

（『魂の解明』）

この声明の中にこれまで述べてきたことが要領よく纏められているが、一点だけ新たな考え方が加わっているので、煩を厭わず、その意味をなぞってみよう。それは、堕罪のプロセスを一者（神）を認識できない無知と迷い（プラネー）のために、われわれは一元性の世界から二元性の世界へと落ちてきたと説明したのに対して（「あなたがたが一つであった日に、あなたがたは二つになった」『トマスの福音書』11）、ここではその堕罪と復活を魂のプロセスとして説明しようとしていることだ。先に人間存在を肉、心、霊の三態に分けたが、魂というものを本来プレーローマに属する霊と堕罪の結果、二元葛藤するさまざまな幻影の世界を造り出す心という二つの要素に開き、堕罪とは霊から心を経て肉へ、復活とは肉から心を経て霊へと全く逆のプロセスとして理解していることだ。

そして、復活とは「魂が自らを新しく産む」ことであり、具体的には、心（の盲）を除き、魂が本来そうであった霊（のからだ）に再び甦ることを意味している。それは、続いて「彼女（魂）がかつてあったように再びなることは、ふさわしいことである」と言っていることからも明らかである。この新たな魂を、アウグスチヌスが言う、心の盲（闇）を除き、心の最も奥深いところに見出されてくる「完全な心」（『神の国』）と理解してもいいだろう。それを仏教は真心、本心、心性、聖心……とさまざまに呼ぶが、あくまでも本来の霊的な魂（完全な心）に復帰したまでのことであり、もとよりそれには古いも新しいもなく、そういう区別の彼方にある。ただ、そこから現れてくる心にのみ古いとか新しいという属性、すなわち、過去と未来という区別が生じてくるのだ。
　このように、魂が完全な心になることと、肉のからだを脱ぎ捨てて、霊のからだに甦ることは同じプロセスなのだ。これが死人（死者）からの復活であり、われわれが肉体という一種の軛を離れ、生と死を超えた永遠の生（まことのいのち）に甦り、われわれが初めに在った場所へと帰って行くことである。このように死が生となる逆説の中に宗教的な意味における救い、すなわち『魂の解明』が言うところの「補因からの救済」があり、具体的には「二重の死」から解き放たれることになるのだ。そして、真の復活を成し遂げ、生死の軛から開放されるかどうかは、今ここに生きるわれわれ一人ひとりに委ねられた試練であり、その試練を辿った一人がキリスト教最大の思想家であるアウグスチヌスなのだ。

　さて私は熱がひどくなり、いまにも死にそうでした。もしそのときこの世から去ったならば、私はどこへいったことでしょうか。あなたの真実の秩序のもとに、自分の行いにふさわしい地獄の火と責め苦のもとに行くよりほかなかったでしょう。……しかしあなたは、このような状態のまま私が二重の死をとげることを、お許しにならなかった。実際、母がどれほど私のことを心配していたか、私を霊において産むために、肉において産んだときよりもどんなに大きな気遣いをしていたか、私はとうてい言いあらわすことができません。

（アウグスチヌス『告白』）

アウグスチヌスにとって母モニカは彼に肉体のいのちを与えてくれた女性である。その母が、病床にある息子がこのまま虚しく死んでしまうのではなく、霊において再び生まれるようにと心を砕いているのだ。何という女性だろう。この地上で母となった女性はそれこそ無数に存在する。しかし、肉において産むことに気遣いはしても、霊において生まれることに心を砕いてくれる母は果たしてどれだけいるであろう、多くはないはずだ。ここで私は強く言っておきたい。女性の権利を声高に叫ぶ女性たちが、ここまで人間のいのちの理解を深め、自らの問題として考えることはもちろん、自分たちの都合と欲望の赴くまま産み落とすことになった者に対して、真に負うべき責務はこの一点に集約されることを!!

思わず声を荒げる格好になってしまったが、人が親として子に対して諭すべき大切な事柄の一つは、この霊において再び生まれることの意味を語って聞かせることではないかと、私は言いたいのだ。それは、親子の間だけではない、夫婦（男女）の間でもそうなのだ。そういう意味で、私たちは次に挙げる空海の言葉をよく嚙み締めてみるべきであろう。

父子の親親《しん》、親の親たることを知らず
夫婦の相愛、愛の愛たることを覚らず

（空海『秘蔵宝鑰』）

要するに、人間が、しかも親（大人）となった人間が子に何を諭すべきか、あるいは夫婦（男女）が何を本当に語り合うべきかが分からないために、親子（夫婦）ともども無明（無知）の淵に淪むというほどの意味である。キリスト教的に言えば「もし盲人が盲人を導くならば、二人とも穴に落ち込むであろう」（『トマスの福音書』34）ということだが、親から子へと受け継がれていくこの無知こそイエスがわれわれ人間に注意を促しているものであり、今日、それは家族だけではなく広く社会、あるいは教育の場において完全に抜け落ちているものなのだ。もちろん、こういうテーマを教育の現場に持ち込むことに私自身は問題なしとしないが、盲人が盲人を導けば二人とも溝（子宮）に落ちるのが目に見えているというのが、イエスの人間理解であり、それはキリスト教に限ったことではなく、仏教にも当てはまる。

肉で生まれることがあるように、霊で生まれるということがあるのだ。そして、この違いは、前者はあなたが感知しないところで（本当はそうではないのだが）、愛という美名と男女（夫婦）の都合によって齎されたものであり、後者はあなた自身があなたに齎す誕生である。この隔たりは途方もなく大きい。後者の誕生こそ宗教がわれわれ人間に要請している唯一のものであり、何よりもそれは、あなた自身が独り負わねばならない緊急の責務なのだ。キルケゴールはそれを再生と呼び、「再生こそ永遠の生であり、不死性である」と言った。このように、女から生まれてきた者が再び生まれるという、およそ日常生活の中で考えられないことを問題にしているのが宗教であり、それをキリスト教は「死者の復活」と呼び、朽ちる肉のからだ（卑しいもの）を脱ぎ捨てて、永遠のいのち（栄光あるもの）に甦るというものだ。

死者の復活もこれと同じです。朽ちるもので蒔《ま》かれ、朽ちないものに甦らされ、卑しいもので蒔かれ、栄光あるものに甦らされ、弱いもので蒔かれ、強いものに甦らされ、血肉のからだで蒔かれ、霊に属するからだに甦らされるのです。

（『コリント人への手紙I』）

しかし、多くの人は肉において生まれ、ただ肉において死んでいく。つまり、空でこの世に入り、再び空で出て行く。しかも、その死は「第二の死」（『黙示録』）、アウグスチヌスが「自分の行いにふさわしい地獄の火と責め苦のもとに行くよりほかなかったでしょう」と言った「二重の死」へと続いて行くことなどつゆ知らず、たとえ耳にしたとしても、歯牙にもかけない。宗教とは今生において肉のからだを脱ぎ捨てて霊のからだで甦ることを求めているのだが、そんなものありはしないと言うのであれば、パウロが言ったように、

もし、死者の復活がないのなら、「明日は死ぬのだ。さあ、飲み食いしようではないか」ということになるのです。

（『コリント人への手紙I』）

老いも若きも余命の分からぬわれわれ人間にとって、たとえそれが良識ある大人であっても、死者の復活ということがなければ、言葉に出して言うことはないであろうが、その生き方は自ずとパウロが言ったものとそう大きな隔たりはないはずだ。ここでは復活を、真の復活（第一の復活）とそれを成し遂げることができない殆どの人間が「中間の場所」に入る復活（第二の復活）の二つを考えた方がいいだろう。多くの大人は、復活があることを知らず、死はすべての終りという死生観に基づいて生きているのであり、その後姿を見て育った子供たちもまた、深く考えることもないま

ま、同じ人生観に依って生きていることは、われわれの生の事実がよく示している。

宗教とは洗脳であるかのように考える人がいるようだが、これに限らず、知らず識らずのうちに子供たちを洗脳しているのはわれわれ大人ではないのか。むろんそうという自覚も無いまま、子供から大人まで、さして考えなくともすべての人の意見が一致する、一度しかない人生を悔いなく、今日一日を大切に生きるという深遠な処世訓が生まれ、それが「明日は死ぬのだ。さあ、飲み食いしようではないか」というのであれば、このトートロジーから一体何が得られるのか聞いてみたいものだ。

翻って、科学技術の恩恵を十二分に受け、表面上は多くの人々が何の不足もなく、むしろ満ち足りた生活を享受している現代に、「死者の復活」を持ち出すなど時代錯誤もはなはだしいということを私自身よく理解しているつもりである。それだけに、私としては全く気が乗らないことであるが、過誤から始まったこの世が「幻影の世界」であり、われわれが見ているものが「真理の代物」に過ぎないこと、また、今生において真の復活を成し遂げることができなかった者は空でこの世を出て行くだけではなく、なお悪しき「中間の場所」へと赴き、その道すがら迷った成れの果てに再び子宮の中に入り、どこに到達することもなく同じ所を堂々巡りをしているのがわれわれ人間であること、しかし一方で、幸いにも真の復活を成し遂げた者は真理（存在の奥義）は何かを知って、再び幻影の世界（生と死の世界）に戻り来ることはないであろうと教えているのが宗教であるとだけは言っておかねばならない。

復活は幻影のようなものなのだと、決して考えてはならない。それは幻影ではなく、真実なものである……この世界こそが復活よりもはるかに勝って幻影に過ぎないと。

（『復活に関する教え』）

さらにアウグスチヌスは、女から生まれてしまったあなたが霊のからだで新たに生まれる復活こそ、この地上に生を享けた人間が自分自身に捧げる最大の贈り物であり、また義務であると考えていたことも付け加えておこう。

私たちが（自然的）誕生によって引き寄せたものは、当然のことながら、神の御心にかなわないものである。この新たに生まれるということが、私たちが自分自身に与える第一の施しである。

（アウグスチヌス『エンキリディオン』）

さて、原罪（堕罪）は一なるもの（一元性）であったわれわれ人間に善悪・生死をはじめとする二なるものの分裂（二元性）を引き起こしたが、もう一つ、二なるものに分裂してきた重要な事実はわれわれが二つの性に分裂してきたことであった。そして、この分裂こそ良くも悪くも二元葛藤の最も基本にある文字通りイエスのアポクリュフォン（隠された言葉）であったろうと、私は先に書いた。

もし女が男から離れなかったら、男とともに死はなかったであろう。女の分離が死の始めとなったのである……分離が死の始めとなったのである。それゆえに、始めからあった分離を再び取り除くために、彼ら両人を統合するために、そして分離の中に死んだ人々に命を与え、彼らを統合するために、彼が来たのである。

（『ピリポの福音書』）

永遠（一なるもの）の国に眠り、時間（二なるもの）の国に目覚めたアダムは自らも単性化された男性として、自分から切り離された女性エバを持つことになった。アダムは、かつて自分と共にあった美を女性エバの中に求めては愛の火を燃え立たせようとする。一方、エバもまた、もともとアダムの肉の一部として、再び彼の裡へと歩み入り満たされたいと憧れる。たとえ人間の愛がこのような願望に基づくものであることを人は知ることはなくとも、分裂した性は、かつての未分化の状態へ戻ろうとして異性の中にわけ入り満たされたいと思う。

愛とは、かつて成立していた男女両性具有への追憶と憧憬である。人間は性愛の中に、かつての本来的な在り方を無意識のうちに（これを本能と言い換えてもよい）志向しているのである。どんな人間も止み難い異性への憧憬と性愛を通して満たされたいという止むにやまれぬ衝動に駆られてゆくのも深い形而上的理由があるのだ。しかし、一方で性の分裂が人間の歴史に計り知れない暗い影を落してきたことも事実である。人間は情欲に燃え、満たされぬ苦悩を募らせつつ、性のエネルギーは人間の意識下に鬱々とそのはけ口を求めて彷徨う。いずれにせよ、人間の愛の中に流れているどんな感情をとってみても、その一つ一つが深く形而上的な悲劇の投影、あるいは反復をなしているのである。

さらに性の分裂は、決して看過することを許さないもっと重要な意味を含んでいた。それは性が人間に死の運命を与えたことである。男女両性具有の完全な人間が二つの性に分裂した結果、それに続くすべての人間が死の支配下に置かれることになるなどと誰が一体予想し得たであろうか。禁断の木の誡めに遵《したが》って人間は性に目覚めるべきでなかったのかも知れない。しかし、人間はこの最も哀切な営みから生まれ出たものであり、人間はそこで悩み、挫折しようとも常に喜びと信頼をこの性の中に求めてきたが、その性が人間に死の運命を担わせることになっていることとの矛盾、どうしても避けることのできない死が何を結果するかを人は知らなくとも、人間に死の運命を与えたものが性（の分裂）であったということは明確に心に留めておかねばならない。性は人間の生命の根源であるとともに、また死の根源でもあるのだ。

イエスのアポクリュフォンはこの分裂の中に死んだ男と女を再び統合し、性の分離を解消することによって、もはや死を味わうことのない永遠のいのちへとわれわれを連れ戻そうとしていることなど人は知る由もない。ここで人は「死者の復活」が性の分裂とその統合に重ね合わせられていることにはっきりと気づくべきである。

あなたがたが、二つのものを一つにし、内を外のように、外を内のように、上を下のようにするとき、あなたがたが男と女を一つにして、男を男でないように、女を女でないようにするならば、……そのときにあなたがたは神の国に入るであろう。

（『トマスの福音書』22）

一つであった日に、二つになったわれわれ人間が、そのプロセスを逆修して（仏教はそれを「摂末帰本」と言い、末を摂して本に帰るという意味であるが、「末」とはこの場合、二なるもの、「本」とは一なるものを指している）、二つのものを一つにすることができたら、再びわれわれが始めにあったプレーローマ（充溢）へと帰って行くであろうということだ。しかし、この人間の究極の目標であった「始め」に立ち帰ることと男と女の分離を解消して、一つに統合することはどう関係しているのであろうか、また、その意味は何であろうか。

劉一明は、人間は男女の陰陽二氣（エネルギー）が交愛和合することによって生まれてくると言った。男性の場合、外側は陽で、内側は陰、女性の場合はその逆という違いはあっても、いずれも、陰陽の二氣、すなわち女性エネルギーと男性エネルギーとを併せ持っている。そこで、男性と女性が外側で出会う時、新しい生命が生まれてくることがあるように、あなたが内側で男性エネルギー（陽）と女性エネルギー（陰）を一つにする時、もう一つの生まれるということがあるのだ。彼は前者を順造化（凡夫《ひと》の道）、後者を逆造化（仙仏の道）と呼んだ。

このように性のエネルギーには二つの道がある。一つは外に向かって、相手に向かって漏出するものであり、その時新しい生命が生まれるということがある。われわれ人間（凡夫）が知っているのはこれだけなのだ。もう一つは二つのエネルギーを内側で一つにするというもので、その時あなたは自分自身に新たな誕生を齎すことになる。つまり、二つのものを一つにして永遠のいのちに目覚め、われわれが始めにあった本源の世界（プレーローマ）へと帰って行くというものだ。これは男女を問わず、あなた自身があなたに齎す新たな誕生（再生）であり、それが霊のからだからなる「新しい人」を指していることは言うまでもない（ユングが紹介している『賢者の薔薇園』の第十図〈新生〉に相当する）。それはもはや男でもなければ女でもない、あるいはそのいずれでもある「完全な人間」（『三部の教え』）であり、このように性の分裂を解消して、再生したからだ（真なる肉）だけが神の国を継ぐことができるのだ。「あなたがたが男と女を一つにして、男を男でないように、女を女でないようにするならば、そのときにあなたがたは神の国に入るであろう」と言った意味はここにある。

イエスもまたわれわれ同様、女から生まれたものであるが、われわれと異なるのは、今述べたように、彼が二つのものを一つにして、自らに新たな誕生を齎したということだ。もちろん、その誕生は男女、すなわち性を媒介として齎されたものではない。この新しい人（キリスト）こそ女から生まれたのではなく「真理（神）に由来する」ものであり、キリスト教がイエスを神の子と言い、処女から生まれたことにこだわるならば、その意味はこのあたりにあるであろう。

内側で男と女を一つにして、自らに誕生を齎すとき（劉一明が「仙仏の道」と呼んだもの）、あなたは新しい人（それをキリスト、仏陀、真人、真身……何と呼ぼうといいが）を獲得することになる。その時、人は独りであるが、決して欠けた、不完全な者として独り（孤独）なのではない。内に男性なるものと女性なるものを併せ持つ「完全な人間」、といっても、これがわれわれ人間の本来の姿（本来の面目）であり、『トマスの福音書』はこの一つに統合された者を「単独者」と呼んだ（それを仙道は「独露全身」と言い、禅は「独露身」と呼ぶ）。今や彼は何ら欠けるものがない充溢（プレーローマ）と自由を手にし、自己自身において完結している。宗教における自己実現とはこの意味であり、女性は肉体を誕生させることはできるが、霊において誕生させるのは女性ではなく、男女いずれであれあなた自身なのだ。つまり、男と女を一つにし、単独者となって神の国に入るのはあなたをおいて他に誰もいないということだ。

イエスが言った、「単独なる者、選ばれた者は幸いである。なぜなら、あなたがたは御国を見出すであろうから。なぜなら、あなたがたがそこから来ているのなら、再びそこに行くであろうから」。

（『トマスの福音書』49）

男と女を一つにして完全な人間（真実の自己）として再生（復活）する時、あなたがそこからやってきた場所（プレーローマ）へと立ち帰り、もはや古い肉のからだを纏うことはないであろう。ということは、再び生と死、あるいは屍（分離の中に死んだ人々）からなるこの地上に戻り来ることはないということだ。なぜなら、真の自己を知り、この世が屍（死者）からなると知った者に「この世はふさわしくない」からだ。しかし、それができなければ、人はこの世界と「中間の場所」（バルド、バズラフ）を転々とすることになる。そして今、この屍からなる幻影の世界に存在していることは、われわれが真の自己認識に至ることもなく、無知と迷い（プラネー）からなる未完の状態にあることの証左なのだ。

イエスが言った、「多くの人々が戸口に立っている。しかし、花嫁の部屋に入るであろう者は単独者だけである」。

（『トマスの福音書』75）

「皮の衣」であるとも知らず、男は女を、女は男を追い求めるが、それはただ外側で出会っているに過ぎないことを「多くの人々が戸口に立っている」と言う。人の子として誰もが心惹かれ、引き裂かれることのない愛を求めていながら、それは死ぬまで「戸口」に留まる、ごく浅い出会いなのだ。だからこそ、それには必ず終りが来るのだ。その悲しみをわれわれ何度も経験してきたが、悲しいことに、その経験が身につかないのが凡夫（衆生）と言われるわれわれ人間なのだ。続いて、「花嫁の部屋」とは、われわれが男と女を一つにして、単独者（完全な人間）として自らに誕生を齎すことができたら、神の国に入るであろうということだ。分かり易く言えば、多くの場合、男女の出会いは外側（皮の衣）が出会っているだけで、内側において男と女を一つにする真の結婚は起こっていないと言えばいいだろうか。そして、ひとたび内なる結婚に至り、真の復活を成し遂げた者（単独者）はもはや娶るということも、また嫁ぐということもない。

復活の時には、人はめとることも、とつぐこともなく、天の御使いのようです。

（『マタイの福音書』）

しかしイエスの真意は、あなたが結婚するしないということではなく、男と女を一つにして、単独者（霊のからだ）として甦る時あなたは性を超えるであろうということにある。霊のからだで再び生まれることは、肉のからだ（男女）、すなわち生と死を超えることとであったから、性を超えることと生と死を超えることは同じ一つの出来事だということが分かるだろう。逆に言えば、性を超えることができなければ人間は生と死から逃れることはできないということだ。すると、人の子として、人間が生と死を超えることが如何に至難の業であるか誰にもすぐ分かるはずだ。

我れ世間の人を見るに　総《す》べて愛欲のためにはかる
これを求めて得ざるあれば　心身さらに憂愁す
たといその欲するところを　ほしいままにするとも　ついにこれ幾春秋ぞ
一たび天堂の楽を受けて　十たび地獄の囚となる
（良寛『草堂詩集』）

語られることとのみ多く（そうでもないが）、空海も「ここに死し、かしこに生き、生死の獄、出でがたく」と言ったように、実際、生と死、すなわち性を超えることはそれこそ稀有な出来事であるのだ。だからこそ、人間はいつまでも「本来の場所」に帰ることもできず、この地上を徘徊する迷道の衆生であり続けるのだ。それは、生死出ずべき道を求めていた親鸞が、自らを省みて「恩愛はなはだたちがたく、生死はなはだつきがたし」と言ったことからも窺える。しかし幸いにも、男と女を一つにし、性を超えることができたら生死はもちろん、善悪、愛憎、美醜、因果……すべての二元性を超えて一元性の世界へと帰って行く。なぜなら、性こそあらゆる二元性の根源であるから、性を超える時、人はすべての二元葛藤から自由になるのだ。つまり、「二つのものを一つにする」時、われわれはそこから流出してきた本来の場所、すなわち幸・不幸をも超えた至福の源泉（プレーローマ）へと帰りゆくのだ。

今後、宗教を語る場合、生死の問題はもちろんのこと、二つの性に分裂した男女の問題をいかに正しい雰囲気の中で解消していけるかに絞られていくことになるだろう。何といっても、生死の問題と男女（の性）は切り離せないものであり、これまで、宗教は生死の問題を前面に打ち出す余り（そうとも言えないが）、性の問題が背後に隠されてきたきらいは否めない。取り扱いの難しさは生（誕生）と死も変わらないのだが、われわれ自身がその中に巻き込まれていく事実もあって（それなら死についても同じである）、故意に避けてきたこともあるだろう。ともあれ、われわれ人間が人の子として避けて通れない問題は性と死であることは間違いないところであり、この二つの問題を避けて宗教、あるいは人間存在について語っても余り意味がないということだ。いささかくどい説明になってしまったが、このテーマの最後を締め括るのに、一遍（1239－1289）ほど相応しい人はいないだろう。人間存在の危うさと本質を見事に言い当てた言葉として、これに並ぶものは、数ある宗教の文献の中にもそう見出すことはできないのではと私は思っている。

生死本源の形は男女和合の一念、
流浪《るろう》三界の相は愛染妄境の迷情なり。
男女形やぶれ、妄境おのずから滅しなば、
生死本無にして、迷情ここに尽ぬべし。

（『一遍上人語録』）

生まれたと言っては喜び、死んだと言っては悲しみの涙を流す。また、生に意味があるかないかと騒いだところで、元を糺せば、あなたの与り知らない男女和合の一瞬（一念）ではないか。生死に迷う流浪三界の世界（この世）も所詮は男女の妄愛（迷情）が造り出した幻影の世界（愛染の妄境界）に過ぎない。それある限り愛の悲喜劇が遂に終るということはないが、男女の形が破れる、つまりあなたが男と女を一つにして、男を男でないように、女を女でないようにするならば、自ずと愛染妄境の世界は消え、そこはもとより生もなく死もなく、迷情は尽きて本源の世界（一遍はそれを「法性の都《みやこ》」と呼んだ）へとあなたは帰って行く。しかし、その条件と可能性はすべての人に平等に与えられてはいるが、三界流浪の男女の遠く及ばない世界であるようだ。何人も愛の道具であり、また犠牲者なのであるから……。

参考文献

『廓庵の十牛図』はちくま学芸文庫（上田閑照・柳田聖山）、『トマスの福音書』は講談社学術文庫（荒井献）からの引用で、少し手を加えたところがあることをお断りしておく。その他の引用についても左記に挙げた労作に依っている、併せて深く感謝を申し上げる次第である。

アウグスチヌス『告白』（山田訳）中央公論社
『アウグスチヌス著作集』（泉他訳）教文館
荒井・大貫『ナグ・ハマディ文書』（I）（II）（III）岩波書店
荒木見悟『楞厳経』筑摩書房
井筒俊彦『イスラーム哲学の原像』岩波書店
入矢義高『馬祖の語録』禅文化研究所
『臨済録』、『碧眼録』岩波書店
ウィルバー『量子の公案』（吉福他訳）工作社
『空像としての世界』（井上他訳）責土社
エックハルト『説教集』（田島訳）岩波書店
宇井・高崎『大乗起信論』岩波書店

小川環樹　『老子』　中央公論社
大橋俊雄　『一遍上人語録』　岩波書店
カプラー　『タオ自然学』　（吉福他訳）　工作社
鏡島元隆　『道元禅師語録』　講談社
『チベットの死者の書』　（川崎訳）　筑摩書房
『キリスト教神秘主義著作集』　（南原他訳）　教文館
キルケゴール　『不安の概念』　（田淵訳）　中央公論社
悟元老人　『精印道所十二種』　（上・下）　新文豊出版
コルバン　『イスラーム哲学史』　（黒田他訳）　岩波書店
『弘法大師空海全集』　（宮坂他）　筑摩書房
坂本・岩本　『法華経』　（上・中・下）　岩波書店
柴山全慶　『無門関講義』　創元社
宗密　『原人論』　（鎌田茂雄）　明徳出版
シュレーディンガー　『人間とは何か』　（岡他訳）　岩波書店
親鸞　『教行信証』、『歎異抄』　（金子大栄）　岩波書店
『禅の語録』　全二〇巻　（柳田他）　筑摩書房
高崎直道　『楞伽経』、『維摩経』　大蔵出版

タゴール『ギタンジャリ』（森本訳）第三文明社
『大乗仏典』全一五巻（長尾他）中央公論社
『大乗仏典』（世界の名著）中央公論社
デイビィス『神と新しい物理学』（戸田訳）岩波書店
『ドイツ神秘主義叢書』第九巻（薗田他訳）創文社
道元『正法眼蔵』岩波書店
長尾雅人『摂大乗論』（上・下）講談社
『日本の禅語録』全二〇巻（入矢他）講談社
袴谷憲昭他『大乗荘厳経論』大蔵出版
バック『かもめのジョナサン』（五木訳）新潮社
パスカル『パンセ』（松浪訳）河出書房
平野宗浄『一休狂雲集』（上・下）春秋社
『プラトン全集』（田中他訳）岩波書店
『プロチヌス全集』（田中他訳）中央公論社
法蔵『華厳五教章』（鎌田茂雄）大蔵出版
ボーム『全体性と内臓秩序』（井上他訳）青土社
モッラー・サドラー『存在認識の道』（井筒訳）岩波書店

森三樹三郎『荘子』中央公論社
柳華陽『金仙証論』大成書局石印
『ルーミー語録』（井筒訳）岩波書店
柳田聖山『円覚経』筑摩書房
　『禅語録』中央公論社
ユング『転移の心理学』（林他訳）みすず書房
ヨナス『グノーシスの宗教』（秋山他訳）人文書院

Al-Jili; Universal Man. Beshara
Arberry; Discourses of Rumi. Murray
Attar,F; Muslim Saints and Mystics. RKP
Chang Po-Tuan; The Inner Teachings of Taoism. Shambhala
Capra,F; Tao of Physics. Shambhala
Chittick; The Sufi Path of Love. Suny
———. The Sufi Path of Knowledge. Suny
Cleary; The Blue Cliff Record. Shambhala
Corbin,H; Spiritual Body and Celstial Earth. Prinston

Eckhart,M; Deusche Predigten und Traktate,von J.Quint. Munchen
Guenther,H; The Eye of Spirit. Shambhala
Jonas,H; The Gnostic Religion. Boston.
Ibn Arabi; The Bezels of Wisdom, tras Austin. London
Jung.C.G; The Practice of Psychotherapy(vol.16). Princeton
Karmay,S; The Great Perfection. E.J.Brill
Kelsang Gyatso; Clear Light of Bliss. Wisdom
Kierkegaads Papier. 2den Udgave. Kobenhavn
Lama Mipham; Calm and Clear. Dharma
Lati Rinbochay & Hopkins; Death, Intermediate and Rebirth. Snow Lion
Lauf,D; Secret Doctrines of the Tibetan Books of the Dead. Shambhala
Liu-I-miug; Awakening to the Tao. Shambhala
Meyer,M; The Gospel of Thomas. Haper Collins
Morris,J; The Wisdom of the Throne. Prinston
Namkhai Norbu; The Crystal and the Way of Light. RKP
Nasr,S.H; Islamic Art and Spirituality. Golgonooza
Nicholson,R; The Mystics of Islam. Cambridge

Pagels,E; The Gnostic Gospels. Vintage

Radhakrishnan; The Principal Upanisads. Oxford

Richard Back; Jonathan Livingston Seagull. Avon Books

Rumi,J; The Mathnawi. Gibb Memorial Trust

Robert W. Funk; The Five Gospels. A Polebridge Press Book

Robinson,J; The Nag Hammdi Library. Collins

Shankara; Viveka-Chudamani. Vedanta Press

Snellgrove,D; The Hevajra Tantra. Oxford

Sogyal Rinpoche; The Tibetan Book of Living and Dying. Collins

Thich Nhat Hanh; Old Path White Clouds. Parallax

Trungpa,C; The Tibetan Book of the Dead. Shambhala

Tulku Thondup; Buddha Mind. Snow Lion

Wilber,K; No Boundary. New Science Library

Wittgenstein,L; Philosophical Investigation. Basil Blackwell

エピローグ

この著作は、昨年の五月に公にした拙著『瞑想の心理学―大乗起信論の理論と実践―』（法藏館）の副産物、あるいは応用編として生まれたものである。『廓庵の十牛図』と『トマスの福音書』は禅とキリスト教の典籍という違いはあるものの、タイトルにもなっているように、どちらも自己を認識することの意義と方法（プロセス）を説いている。果たして、自己を知ることの重要さがどれほど伝わったか、その判断は読者諸賢に譲るとして、今日、いかがわしいものの代名詞のごとく思われている宗教が、本来自己認識の問題であり、その自己の究明と浄化の中に人間存在の神秘を解く鍵は隠されているのだ。

生も夢、死もまた夢なら（白隠）、その間（あわい）で起こるどんな事柄もそれほど確かなリアリティがあるとは思えない。すべては一時の夢に過ぎないであろう。しかし、それは存在しないということではなく、夢の如く仮有実無であり、ただ美しい夢であるか、おぞましい夢であるかの違いがあるだけなのだ。そして、人はその夢をめぐって喜怒哀楽を露《あらわ》にするが、それもまた夢であると知るのは何時《いつ》の日であろうか。

生前　太《はなは》だ愚痴にして　今日の悟りを為《な》さず
今日　許《か》くの如く貧しきは　総《すべ》て是《こ》れ前世の倣《わざ》なり

今生　又た修めずんば　　来世　還《ま》た故《もと》の如くならん

（『寒山詩』）

かくの如く貧しき三世（前世・現世・来世）の夢は私たちが自己（本来の面目）を知るまで続いていくと見ているのが宗教であり、幸運にも自己を知るに至るならば、生死の夢は忽ち消え、その後に生は汲み尽くせない真実と歓びを顕にしてくる。要するに、自己の認識に欠ける時、夢の如き仮有実無の世界が攫々と現れ、真に存在するものが見えてこないというのが存在の法則なのだ。

神や仏の信仰と思われがちな宗教を、今一度、自己の問題と捉え直し、またその数だけ、いかようにも定義されるであろう宗教が、その実践的プロセス（方法）としては自己認識に帰着するであろうことを明らかにすべく纏めたものであるが、私のささやかな試みが、東洋と西洋の実存的対話の可能性を拓くだけではなく、その道を辿ることによって、自己の眼（慧眼）が開かれる機縁ともなればと願っている。なお、本書は平成十三年度京都光華女子大学短期大学部の出版助成を得たものであることを記し、謝意を表しておきます。

最後に、本書の出版に至る一切のお世話を頂いた法藏館の上別府茂・上山靖子両氏に、衷心から感謝の意を表する次第である。

二〇〇〇年十月

可藤豊文

可藤豊文（かとう　とよふみ）

1944年、兵庫県に生まれる。京都教育大学理学科（物理化学）卒業。大谷大学大学院文学研究科博士課程（真宗学）をへて、コペンハーゲン大学キルケゴール研究所、およびカルガリー大学宗教学科でチベット密教などを学ぶ。主要論著として『神秘主義の人間学―我が魂のすさびに―』、『瞑想の心理学―大乗起信論の理論と実践―』（法藏館）、「The Esoteric Buddhism in Nyingma」（真宗文化）など。専攻は宗教学、なかでもキリスト教神秘主義、スーフィズム、ヴェーダーンタ、道教、チベット密教など、東西の神秘思想の系譜を辿る一方で、実践的ワークに取り組む。現在、京都光華女子大学短期大学部教授、ならびに京都光華女子大学真宗文化研究所主任。

連絡先　〒604-8163　京都市中京区室町通六角下ル鯉山町518-1011
TEL & FAX　075(255)0367
E-mail; rk068@gwm.koka.ac.jp

自己認識への道―禅とキリスト教

二〇〇一年四月一五日　初版第一刷発行

著　者　可藤豊文
発行者　西村七兵衛
発行所　株式会社法藏館
京都市下京区正面通烏丸東入
郵便番号　六〇〇―八一五三
電話〇七五（三四三）〇〇三〇（編集）
〇七五（三四三）五六五六（営業）

印刷・製本　リコーアート

ISBN 4-8318-7268-7 C1010